中国边疆经济研究系列丛书

广西大学哲学社会科学文库

国家自然科学基金项目"北部湾城市成群结圈的文化动力机制研究

（批准号：72163002）阶段研究成果

北部湾城市群研究

李 红 等著

中国商务出版社

·北京·

图书在版编目（CIP）数据

北部湾城市群研究／李红等著. —北京：中国商
务出版社，2023.6
ISBN 978-7-5103-4746-7

Ⅰ.①北… Ⅱ.①李… Ⅲ.①北部湾—城市群—发展
—研究 Ⅳ.①F299.276.7

中国国家版本馆 CIP 数据核字（2023）第 106671 号

中国边疆经济研究系列丛书
广西大学哲学社会科学文库

北部湾城市群研究
BEIBUWAN CHENGSHIQUN YANJIU

李　红　等著

出　　版：中国商务出版社
地　　址：北京市东城区安外东后巷 28 号　　　邮　　编：100710
责任部门：融媒事业部（010-64515164）
责任编辑：徐文杰
直销客服：010-64515164
总 发 行：中国商务出版社发行部（010-64208388　64515150）
网购零售：中国商务出版社淘宝店（010-64286917）
网　　址：http://www.cctpress.com
网　　店：https://shop595663922.taobao.com
邮　　箱：631229517@qq.com
排　　版：北京天逸合文化有限公司
印　　刷：北京建宏印刷有限公司
开　　本：787 毫米×1092 毫米　1/16
印　　张：19　　　　　　　　　　　　字　　数：278 千字
版　　次：2023 年 6 月第 1 版　　　　　印　　次：2023 年 6 月第 1 次印刷
书　　号：ISBN 978-7-5103-4746-7
定　　价：78.00 元

总　序

改革开放 40 多年以来，我国创造了世人瞩目的经济发展奇迹，形成了具有中国特色社会主义的经济发展模式。进入新时代，我国社会的主要矛盾发生了很大的变化，现在需要解决的是"人民日益增长的美好生活需要和不平衡不充分的发展之间的矛盾"。站在新的改革起点，区域协调发展成为我国国内实现经济可持续发展，应对复杂多变的国际新形势新挑战的关键内容，边疆地区也由此从开放"末梢"变为"前沿"。但在社会经济、政治、文化等多个方面，我国边疆地区和沿海、内地形成了经济发展水平差距较大的不同经济社会区域。加快边疆地区经济社会的发展，逐步实现区域平衡发展，成为新发展格局背景下我国经济发展新的增长点。这就不仅需要学术界对改革开放以来边疆经济发展的实践进行总结，更重要的是要在总结经验的基础上，对边疆经济发展实践总结的提升，构建起具有中国特色的边疆经济学理论体系，进而来指导边疆经济的发展。

基于这样的想法，本系列丛书编写组结合实际的工作经历和实践，组织了一批专门从事边疆经济研究的学者，对边疆经济进行了系统研究，最终将形成《边疆经济学概论》《边疆经济发展与周边外交互动研究》《北部湾城市群研究》《自贸试验区建设与边疆经济开放发展研究》《边疆经济开放战略与实践研究》《边疆地区外贸高质量发展的测度与路径研究》《边疆民族消费经济研究》《新发展格局下边疆地区对外开放路径研究》《新发展格局与中国边疆经济发展论文集（上下册）》《西南边疆民族地区创新驱动扩大内需的对策研究》《最优发展战略——结构主义经济学 3.0 导论暨边疆经济学基础理论》《国际货币金融合作与边疆经济开放发展的有效协同机制研究》等著作，并以系列丛书的形式出版，这就是今天展现在大家面前的"中国边疆经济研究系列丛书"。本系列丛书贯彻中央关于新发展理念、构建新发展格局的精神，聚焦边疆经济学理论构建、研究边疆经济发展实践、突出边疆经济发展特色、阐述边疆对外开放、促进周边国家合作等，切实回应新时代建设社会主义现代化强国的需求，对边疆经济发展具有指导意义。本系列丛书重点从以下两个方面展开研究。

一、尝试探索构建一个理论

边疆经济学属于应用经济学的研究范畴，但又与其他应用经济学不同，有其特殊性。因此，国内至今还没有构建起有关边疆经济学的理论体系。

我国最早开始关注"边疆经济学"理论构建的省份是黑龙江。1984 年，哈尔滨师范大学成立边疆经济研究室，徐晓光（1986）提出了中国边疆经济学的构想。对边疆经济理论体系进行了较全面阐述的是牛德林教授。20 世纪 80 年代，牛德林提出"超常发展战略"这一概念，认为边疆地区的经济发展"封则衰"，要突出"开"的特色。同时，他提出"周观经济"与"要素跨国优化论"，为我国边疆地区自身经济发展及跨境合作奠定了理论基础。我国陆地边疆这一地域空间应作为一个整体，考察其经济增长与发展运动规律的经济理论抽象。他认为"要素跨国优化"是国际分工、互补合作的结构，国际间的经济交往往往是从贸易开始，通过产品、资源的交换，实现资源互补，进一步在区域内开展资源开发合作与共享，以最终实现要素的跨国以及国际间的优化组合，保障所有参与国的共同利益和可持续发展。随着边疆经济领域理论的逐渐丰富，把边疆经济学作为一门独立学科来研究的呼声越来越高。

20 世纪 90 年代是我国边疆经济学研究的高峰时期。鉴于当时的国内及国际环境，针对边疆研究的更多重点放在了地缘政治领域，如"巩固边防""屯垦戍边""保卫边疆"等，边疆的经济价值往往被忽略（牛德林，1994）。到 2000 年前后，大部分学术文章都将边疆经济理论的研究与我国边疆地区的发展实际相结合。因此，我国边疆经济建设面临很多特殊的问题，包括思想解放不够、经济基础薄弱、领导者思路及管理方式陈旧等。我国边疆经济的发展要充分考虑这些特殊性，因地制宜地制定出具有可操作性的方针（李明富，1998），深入挖掘在地理位置、生活习惯、历史传统、经济发展状态、发展趋势等方面的发展优势，促进经济建设（邱济洲等，2000）。

任何一种理论的创建，都需要建立逻辑自洽的理论体系，深挖并厘清研究相关概念、研究对象、研究任务、研究内容等方面的内在逻辑（欧阳晓，2018）。邢玉林（1992）指出边疆在古代和近代的定义的区别，他认为"近代边疆是指国家陆路边界线内侧的或在国家海岸线外侧的。且属于该国主权的边缘陆路领土或海洋领土。而古代边疆则是指在本国与外国之间的习惯界线、自然界线内侧的，或在本国海岸线外侧的，且属本国主权的或为本国实际管辖的或为民族生息繁衍的边缘陆路领土或海洋领土"。刘啸霆（1999）认为"边疆是靠近各国边境线的相对完整的行政区域"。马大正（2002）认为"边疆是一个地理、历史及政治的综合概念，并具有军事、经济和文化等多方面的意义，学术界多认同这种综合性的概念框架，一般认为考虑边疆经济价值的时候仅指陆地边疆，陆地边疆指既有国界，又有直接在国土上相邻的国家，并位于国界内侧的一定经济社会区域"。关于边疆经济学的研究对象，牛德林认为，边疆经济学"是以边疆这一特殊区域的特殊经济社会运动过程作为研究对象和客体，研究边疆地区经济运动的特点、经济结构和规律的科学"。这三层含义，具体来说，第一层是边疆地区的经济运动的特点；第二层是边疆地区的社会经济结构，也被称为"边疆地区的社会经济关系"，这种关系包括边疆地区内部各个经济部门、经济形式、产业企业之间的关系，还包括边疆与内地、沿海之间的经济互动；第三层是经济规律。边疆经济学的根本任务，牛德林认为，边疆经济学是研究和介绍边疆地区经济发展过程的特点和特殊规律。研究社会经济基础与上层建筑，在生产方式的深层次上，研究边疆生产力内部、生产关系内部、上层建筑内部以及各个系统之间的联系，从而研究边疆地区人与自然进行物质转换时产生的经济的、政治的、社会的融汇在一起的各种因素，组成一个优化的运动系统，实现取得边疆经济稳定、协调、迅速、持续的发展和增长。具体来看，包括边疆经济社会中的理论问题、边疆地区经济发展中的各种实际经济社会问题、边疆地区发展历史和未来趋势以及边疆地区的国际比较四个方面。学界对于边疆经济理论的发展方向有两种不同的观点。一些学者认为边疆经济理论的发展定位应该是跳跃的，甚至是超常规的。其理由是边疆地区是我国国家发展的真正的"资源库"，必须通过超常规的方法进行资源开发，才能够有效遏制制约我国经济发展的资源瓶颈。虽然经济发展不平衡性在一定的限度之内是正常的，但是若各个区域之间的地区发展差距过大，则极易造成人们心理不平衡甚至有碍社会稳定。而另外一些学者则认为边疆经济学理论应该是适度的、有计划的、有节制的。经济发展水平的不断提高，以及人们生活的不断改善，增加了人们对资源更大的需求，然而任何一个国家都不能保障资源被完全合理及完备地开发和利用，因此资源丰富的边疆地区应该进行有节制的经济增长（黄万伦等，1990）。边疆地区开发开放促进了边疆经济的发展，同时对边疆的社会、生态、安全、环境等方面产生巨大影响，边疆经济是"边疆"这一综合体系中的一环。"边疆经济学"到底是"边疆学"学科的扩展还是新学科的诞生，引起了学界不少的争论。我国边疆学是一门综合性学科，其综合性的特点体现在对各个领域的研究视角和研究方法上（马大正，2003）。边疆学研究中国边疆的形成和发展的历史规律，涉及边疆地区政治、经济、民族、宗教、文化等方面。经过长时间发展，边疆学的学科归属及其构建仍然处于困境（杨明洪，2018）。一方面，学界对边疆学的体系、内涵及特点等诸多问题还缺乏一致认识；另一方面，中国边疆学在国务院学位委员会、教育部多次印发的"学科专业目录"中，不论是一级学科还是二级学科，迄今都没有"边疆学"的名分。梁双陆（2008）认为，中国边疆学可以分为"中国边疆学+基础研究领域"和"中国边疆学+应用研究领域"两个部分。边疆学把边疆地区的社会经济系统作为边疆学的一个子系统，研究边疆各民族的生活生产方式，每个阶段对于边疆的开发与经营，边疆资源的配置和运用，边疆地区的社会经济结构与各个部门的经济，边疆经济的发展及其水平，生态环境与边疆人民的互动关系等（方铁，2007）。

我国目前还没有形成统一的边疆经济学科理论，学科建设成果十分有限，杨明洪（2016）认为，我国学术界对边疆问题的研究并不深入，究其原因，一方面，学术上对边疆经济学这一学科的认识不够，对"边疆经济学"和"经济边疆学"学科存在混淆；另一方面，边疆经济学一般被认为是区域经济学的范畴，但到目前为止，区域经济学并未纳入关于边疆经济学的研究内容。除此之外，我国在边疆经济学领域与其他国家的合作研究较少，Alexander Bukh 等研究人员撰写了大量关于边疆经济发展以及边疆经济理论等方面的文章，非常值得借鉴；但我国学术界对这些文章并未有相关研究，也尚未形成能够指导边疆经济发展的完整的边疆经济学理论体系。边疆经济在我国国民经济与对外开放中的地位和作用越来越重要，边疆区域发展对我国内陆地区经济增长产生极大的正面作用，是我国区域协调发展战略的核心组成部分，也是未来我国经济可持续发展的新动力，因此我国亟须建立能够指导边疆开放发展的科学理论体系。

本系列丛书中的《边疆经济学概论》，第一次从边疆经济学研究的角度，尝试给边疆经济研究的范围进行界定。在此基础上，对边疆经济学的相关概念、研究对象、研究内容及其与其他经济学的关系等进行了分析。最后，对边疆经济理论进行构建，形成了边疆经济学的五大理论体系。可以说，这是国内对于边疆经济学理论研究较为全面的著作，构建了边疆经济学的理论体系，实属国内首创。

二、总结边疆经济发展的实践

本系列丛书包括基本理论、国际关系、对外贸易、对外开放、自贸试验区建设、边疆金融、边疆消费经济等方面的著作，形成了有关边疆经济发展理论与实践的系列成果，国内研究中还没有这样的成果。本系列丛书系统地研究了改革开放以来边疆经济发展的实践，从多个领域进行研究，对边疆经济发展实践进行总结，并对边疆经济发展规律进行了不同程度的探索。在实践方面，本系列丛书以党的十一届三中全会以来的重大会议为主线，以开放为节点分为 1949—1978 年、1979—1990 年、1991—2001 年、2002—2012 年、2013 年至今五个时期。1949—1978 年边疆经济发展的起步期。新中国成立以后，根据当时国际国内形势，我国把重点放在巩固国防、发展经济和满足居民生活需要方面，工业尤其是重工业成为中国经济发展的重要内容，其工业布局主要集中于沿海地区的同时，从国家整体战略考虑，也将工业的一部分布局在内地和边疆地区。在对外开放方面，东北地区在1948年与朝鲜签订了经济协定，并于1953年以此为基础签署了《中朝经济及文化合作协定》，中国丹东成为与朝鲜开展互市贸易和经济合作最重要的口岸城市；在西北地区，对外开放是以1950年中国与苏联签署的《中苏贸易协定》为开端，以新疆塔城的巴克图口岸和霍尔果斯口岸为重点，开展了与苏联的合作；在西南地区，由于与东南亚国家的关系不断建立，经贸往来也开展起来，在我国边疆地区逐渐建立和开放了西藏的亚东口岸，广西的凭祥、东兴等口岸，中国边疆地区经济发展开始起步。1979—1990年边疆经济发展的过渡期。这个阶段包括了我国国民经济计划的"五五"末两年、"六五"、"七五"共12年的时间，一直到"八五"开始。"五五"计划实施的前期，虽然"文革"已经结束，但是"文革"的一些影响还存在，一些思想、错误行为等还未得到系统纠正，经济发展过程中"左"的思想倾向依然存在，严重地影响经济的发展。因此，可以说在党的十一届三中全会召开以前是经济发展的起步期，虽然此时中国经济各领域都开始出现自下而上的改革压力，经济发展仍然存在过热与冒进的情况；但是在1978年党的十一届三中全会召开之后，中国经济发展打破了原来的经济发展模式，以农村开始试行家庭联产承包责任制和城市里私营经济为开端，开启了中国改革开放的新征程，中国开始了由原先的封闭经济向开放经济转变，从计划经济向市场经济的转变。从改革开放之初到1990年，经过12年改革开放发展，我国经济获得了快速的发展。在这一过程中，边疆经济与国家整体经济基本保持一致，在改革开放的进程中也得到了快速发展，年均增长率保持在15%左右。在对外贸易方面，从1980年到1990年，边疆地区进出口贸易总额年均增长率为25.1%，比同期全国与沿海进出口贸易总额年均增长率11.7%和16.4%分别高出13.4和8.7个百分点，其中出口年均增长率为25.6%，进口为24.0%，出口比全国高出12.5个百分点，进口高出13.7个百分点。1991—2001年边疆经济发展的加速期。进入"八五"期间

（1991—1995 年），党中央在《中共中央关于制定国民经济和社会发展十年规划和"八五"计划的建议》中，提出在继续推进沿海地区经济发展的同时，要选择一些内陆边境城市和地区，加大对外开放力度，促进这些地区对外贸易和经济技术交流的发展，使之成为我国对外开放窗口，并且要按照今后十年地区经济发展和生产力布局的基本原则，统筹好沿海与内地、经济发达地区与较不发达地区之间的关系，促进区域经济协调发展。有重点地加大对沿边地区经济发展的支持力度，发展具有本地优势和特色的加工工业，沿边地区的经济发展实施优惠政策，加快陆地边境口岸的建设，积极发展边境贸易。1992 年 1 月 18 日至 2 月 21 日，邓小平先后赴武昌、深圳、珠海和上海视察，并发表了重要讲话。邓小平在讲话中提出了"坚定不移地贯彻执行党的'一个中心、两个基本点'的基本路线，坚持走有中国特色的社会主义道路，抓住当前有利时机，加快改革开放的步伐，集中精力把经济建设搞上去"，要"加快改革开放的步伐，大胆地试，大胆地闯"，"抓住有利时机，集中精力把经济建设搞上去"，"坚持两手抓，两手都要硬"等，并对深圳等经济特区的建设给予了高度的评价，推动了中国改革开放进入了全面发展新阶段。正是在这样的背景下，边疆经济也进入了快速发展阶段。2002—2012 年边疆经济发展的调整期。2001 年 11 月，中国加入世界贸易组织（WTO），标志着中国重返世界经济舞台，开启了改革开放发展的新征程，中国经济发展也进入了"十五"时期。在此背景下，为了更好地融入世界经济发展的大潮中，中国一方面调整现有的边贸政策，以与世界贸易组织接轨；另一方面，开始对边疆经济发展政策进行调整，既要符合世界贸易组织的规则，又要促进边疆经济发展。因此，党中央在《中共中央关于制定国民经济和社会发展第十个五年计划的建议（2001—2005 年）》中，提出"实施西部大开发战略，加快中西部地区发展，关乎经济发展、民族团结、社会稳定，关乎地区协调发展和最终实现共同富裕，是实现第三步战略目标的重大举措"。党中央提出的"促进西部边疆地区与周边国家和地区开展经济技术与贸易合作，逐步形成优势互补、互惠互利的国际合作新格局"，把边疆经济发展纳入中国整体经济发展战略之中，开始谋篇布局。2013 年至今的创新发展阶段。党的十八大以来，我国沿边地区在党中央、国务院领导下，服务国家对外开放大局，艰苦创业、开拓进取，内引外联、突出特色，有效地聚集了人流、物流、资金流、信息流，带动了边疆地区产业快速发展，增进了与周边国家经济合作交流，促进了边疆地区民族团结，沿边地区的经济发展取得了令人瞩目的成效。党的十八届三中全会审议通过的《中共中央关于全面深化改革若干重大问题的决定》提出，加快沿边开放步伐，允许沿边重点口岸、边境城市、经济合作区在人员往来、加工物流、旅游等方面实行特殊方式和政策。习近平总书记指出，中国特色社会主义进入了新时代，这是我国发展新的历史方位。党的十九大报告强调，实施区域协调发展战略。加大力度支持革命老区、民族地区、边疆地区、贫困地区加快发展。推动形成全面开放新格局。中央政治局会议要求，统筹强边固防和"一带一路"建设、脱贫攻坚、兴边富边、生态保护等工作，促进边境地区经济社会发展和对外开放，维护沿边沿海地区和管辖海域安全稳定与繁荣发展。2019 年是新中国成立 70 周年。随着"一带一路"建设和沿边开放战略的深入推进，沿边地区正处于加快发展和转型升级的重要战略机遇期。但受特殊的区位条件、地理环境、资源要素等多方面因素的影响，沿边地区的发展仍面临诸多困难和挑战。未来沿边地区需要进一步加大开放力度，加强基础设施建设，完善投资环境，培育壮大特色优势产业，提升发展水平。站在新的历史起点上，沿边地区如何抓住机遇，实现跨越式发展，构建开放型经济新体系，如何才能真正成为我国新一轮改革开放的前沿等诸多问题需要我们去思考、研究。这一时期，党中央、国务院高度重视边疆经济发展，习近平总书记多次视察边疆地区，并作出重要指示，边疆经济发展方向明确、布局清晰，开始从区域经济协调发展战略上对边疆经济发展进行统筹谋划、顶层设计、战略推进、科学布局、创新发展。

　　总之，本系列丛书在边疆经济诸多研究方向上做了探索，深入挖掘学术思想，形成了一家之言。本系列丛书梳理、总结了边疆经济学理论的发展脉络，论证了边疆经济学的理论基础；分析与归纳了我国边疆开放发展的探索经验，总结出了边疆经济学的中国特色；有针对性地提出了新发展格局下边疆地区对外开放的路径；总结边疆地区自贸试验区建设的经验；既对边疆外贸高质量发展做了深入探索，也对边疆金融与消费做了细致分析。上述研究都是难能可贵的，为边疆经济学的发展奠定了新的研究基础。尽管如此，本系列丛书仍存在很多不足，恳请各位同人批评指正，以使本系列丛书编写组在今后的研究中更加努力，将边疆地区的经济发展、开发开放的研究推向更高水平，使边疆地区真正成为中国改革开放的前沿、新时期开放型经济发展的新增长极。

中国边疆经济研究系列丛书编委会
2021 年 12 月

CONTENTS
目 录

绪　论 ………………………………………………………… 1

第一章　发展条件 …………………………………………… 11

　第一节　自然地理 ………………………………………… 11

　第二节　人文地理 ………………………………………… 17

　第三节　城市群规划范围和内容 ………………………… 24

　第四节　中心城市与都市圈 ……………………………… 30

第二章　基础设施 …………………………………………… 39

　第一节　交通基础设施 …………………………………… 39

　第二节　公共服务设施 …………………………………… 56

　第三节　发展前瞻 ………………………………………… 67

第三章　产业结构 …………………………………………… 76

　第一节　基本格局 ………………………………………… 76

　第二节　特色优势产业 …………………………………… 92

第四章　空间结构 …………………………………………… 107

　第一节　基本特征 ………………………………………… 107

　第二节　演化机制 ………………………………………… 114

　第三节　发展前瞻 ………………………………………… 121

第五章　向海经济 …………………………………………… 126

　第一节　发展概况 ………………………………………… 128

　第二节　条件分析 ………………………………………… 134

　第三节　发展前瞻 ………………………………………… 140

第六章 外向型经济 ·· 145

　第一节　对外贸易 ·· 146

　第二节　利用外资及国际产能合作 ·································· 156

　第三节　口岸及自由贸易开放试验区 ································ 165

　第四节　中国—东盟博览会 ·· 174

　第五节　发展前瞻 ·· 178

第七章 空间治理与区域协作 ······································ 180

　第一节　早期治理阶段 ·· 182

　第二节　南北钦防同城化与一体化治理阶段 ························ 185

　第三节　跨省区城市群空间治理阶段 ································ 190

　第四节　发展前瞻 ·· 197

第八章 生态文明建设 ·· 199

　第一节　生态建设与环境保护 ······································ 199

　第二节　生态共建共享发展 ·· 210

　第三节　发展前瞻 ·· 217

第九章 城市群建设中的港口企业

　　　　　——以广西北部湾国际港务集团为例 ···················· 220

　第一节　发展概况 ·· 221

　第二节　发展环境 ·· 227

　第三节　港口合作 ·· 239

　第四节　发展前瞻 ·· 241

第十章 城市群建设中的城商行

　　　　　——以广西北部湾银行集团为例 ························ 244

　第一节　发展概况 ·· 246

　第二节　优劣势、机遇与挑战 ······································ 255

　第三节　在区域经济发展中的作用 ·································· 263

附录 ·· 269

参考文献 ·· 281

后记 ·· 285

绪　论

全国、粤桂琼以及中国—东盟区域合作视野中的北部湾城市群

中国北部湾城市群是中国第十三个五年（"十三五"）以及第十四个五年（"十四五"）规划建设的 19 个城市群之一，因濒临北部湾海域的中方多个城市紧密联系成群而得名。在中国沿海城镇化轴即 7 大沿海城市群发展轴之中，北部湾城市群位于最南端，是中国城市群当中南至纬度最低的城市群，并与东南亚国家联盟（以下简称东盟）成员越南陆海相邻。根据 2017 年中国国家发展和改革委员会以及住房城乡建设部发布的《北部湾城市群发展规划》，规划陆域面积 11.66 万平方千米，包括广西壮族自治区南宁市、北海市、钦州市、防城港市、玉林市、崇左市，广东省湛江市、茂名市、阳江市，海南省海口市、儋州市以及东方市、澄迈县、临高县、昌江黎族自治县，海岸线4234 千米，包括相应海域。

从 1990 年学术界的"北部湾经济圈"① 概念，到 2008 年国家发展改革委发布的《广西北部湾经济区发展规划》提出"建设南（宁）北（海）钦（州）防（城港）城市群"，进而"十三五"规划提出"规划引导"北部湾城市群，特别是 2017 年《北部湾城市群发展规划》实施，再到"十四五"规划提出"发展壮大"北部湾城市群以及颁布《北部湾城市群建设"十四五"

---

① 周中坚. 从历史走向未来：北部湾经济圈构想及其依据 [A] // 黄枝连，姚锡棠. 亚太经济增长与中国沿海发展战略. 上海：上海社会科学院出版社，1990：195-221.

实施方案》，30 余年来特别是过去 20 年间北部湾城市群建设有了质的飞跃。在此背景下，梳理与测量 20 余年来北部湾城市群成长过程中的基本特征、发展动力以及路向，是本书要解决的问题。

一、中国经济地理格局中的北部湾城市群

（一）全国层面

从全国层面看，北部湾城市群以全国 1.2% 的国土面积，集聚了全国 3.1% 的总人口、2.7% 的城镇人口以及 2.2% 的经济总量，在边海经济、农林渔经济及绿色经济等方面具有特色，但集聚力尚在成长阶段。具体数量特征可以归纳为如下几个方面。

1. 国土空间及资源环境

至 2020 年，北部湾城市群共有 11 个地级市、11 个县级市、23 个县、1 个民族自治县、29 个市辖区、669 个乡镇和 156 个街道，面积 11.7 万平方千米，以上指标分别占全国的 3.8%、2.8%、1.8%、0.9%、3.0%、1.7%、1.8% 和 1.2%（详细数据见附表 1）。大陆海岸线占全国 13.0%，发展向海经济潜力大；陆地边境线长度占全国 3.4%，还有中国与越南的北部湾海上边界。沿海沿边，是北部湾城市群的一大特色。除了 1 个县在北回归线北侧，其余即 98.4% 县市区行政中心以及全部地级市行政中心均在北回归线以南。各地年平均气温均在 22℃ 以上，雨量和热量充沛，热带和亚热带生物资源丰富。在广阔的海域之外，当地（淡）水资源总量占全国 2.3%。绿地面积占全国 2.2%。工业颗粒物排放量、二氧化硫排放量、氮氧化物排放量等分别占全国 1.1%、1.5% 和 2.2%。易见，目前当地工业化程度尚低，资源环境容量大，是绿色与宜居湾区。

2. 人口数量与结构

根据第七次全国人口普查数据，2020 年北部湾城市群（11 个地级市及海南 4 个市县）常住人口合计 4401 万人，占全国总人口 3.1%；人口密度 370 人/平方千米，是全国均值（147 人/平方千米）的一倍多。少数民族人口占比（17.2%）也高于全国均值（8.9%）一倍。0~14 岁即幼年人口占本地人

口 24.2%，接近总人口的 1/4，高于全国同期的比重（18.0%），该年龄段人口占全国高达 4.2%。这些，显示出北部湾地区民族文化多样性以及新萌般活跃的气息。当然，相应地，本地区小学、初中文化程度人口占比都高于全国均值，而高学历的人口尚少，需要培养和吸引更多高学历人才。同时，城镇常住人口 2392 万人，占全国 2.7%，城镇化率 54.4%，比全国均值（63.9%）低近 10 个百分点，即农村人口比重高于全国，显示出未来本地人口城镇化具有很强的内在动力。

值得注意的是，近年来大部分北部湾县市出现常住人口小于户籍人口的"城市收缩"或青壮年劳动力流出的"空心化"现象。在新时代的北部湾城市群发展中，需要不断增强城市群的集聚力。

3. 城市建设和基础设施

2020 年北部湾城市群有城市 22 座，包括地级市 11 座，县级市 11 座（2021 年新增横州市）；城市建成区面积近 1400 平方千米，占全国 2.2%。

11 个地级市 2020 年末实有城市道路面积 18627 万平方米，占全国 1.8%。公路总里程 107397 千米，占全国 2.1%；公路密度 92 千米/百平方千米，是全国均值（54 千米/百平方千米）的 1.7 倍。高速公路总里程 3799 千米，占全国 2.4%；高速公路比重（3.5%）高于全国均值（3.1%）；高速公路密度 3.3 千米/百平方千米，是全国均值（1.7 千米/百平方千米）的 1.9 倍。公路客运量 2 亿人，公路货运量 12 亿吨，分别占全国的 3.1% 和 3.4%。这些显示出当地市政交通基础设施以及运输业已初具规模。城市煤气与天然气即管道供气量仅占全国 1%，但液化石油气供气量占全国 3.9%，城市管道供气还有很大发展空间。

公共服务设施方面，得益于广西首府南宁和海南省会海口的省域行政中心地位，因此当地集中了较多的学校教育、文化事业以及公共卫生资源，占全国的比重多在 2%~4%。其中：普通高等学校 77 所，专任教师 5 万人，均占全国的 2.8%；服务在校学生 113 万人，占 3.4%。中等职业教育学校 205 所，专任教师 2 万人，分别占全国的 2.1% 和 2.3%；服务在校学生 53 万人，占全国 3.2%。普通中学 1848 所，专任教师 19 万人，分别占全国的 2.8% 和

3.3%；服务在校学生 269 万人，占全国 3.6%。普通小学 7250 所，教师 24 万人，分别占全国的 4.6% 和 3.7%；服务在校学生 441 万人，占全国 4.1%。公共图书馆图书藏量近 3000 万册，占全国 2.5%；博物馆数量 62 个，占全国 1.1%。医院数量 679 个，占全国 1.9%；医院床位数量 18 万张，占全国 2.5%；执业医师 11 万人，占全国 2.6%。

此外，在城镇职工基本养老保险、医疗保险以及失业保险等方面，北部湾城市也已建立起一定的网络，不过，参保人数占全国的比重均为 1.6%。以北部湾城市占全国人口 3.1% 和全国城镇人口 2.7% 的比重来看，当地的社会保障网络还比较薄弱。

总体上，北部湾地区的城市建设与基础设施具备了良好的基础，路网及基础教育较为发达，但发展不平衡，与国内发达地区仍有不小差距。

4. 经济总量、结构及发展水平

2020 年北部湾 11 个地级市及海南 4 个市县的地区生产总值（GDP）合计 22310 亿元，占全国 2.2%。其中，第一、二、三产业增加值分别占全国 5.2%、1.6% 和 2.2%。整体三次产业比重 18.0：28.2：53.8，对比全国同期的 7.7：37.8：54.5，凸显出当地第一产业的厚重而第二产业的相对滞后。地均生产总值 1875 万元/平方千米，高于全国 1058 万元/平方千米的均值，但人均地区生产总值 4.9 万元，比全国均值（7.2 万元）低 2.3 万元。地方一般公共预算收入 1391 亿元，占全国 1.4%；地方一般公共预算支出 4227 亿元，占全国 2.0%，特别是科学技术支出仅占全国 0.7%。同时，专利授权及发明的件数也仅占全国 1.0% 和 0.6%，显示出当地研究与发展以及创新方面的不足。这些，跟当地人口结构及产业结构有关。本地区规模以上工业企业仅 5000 余家，企业数量、流动资产和利润等均占全国 1.3% 左右，因而以企业为主体的研发和创新相对滞后于国内发达地区。包括国有单位、城镇集体单位、联营单位、有限责任公司、股份有限公司、外商投资和港澳台投资等在内的城镇非私营单位从业人员 370 余万人，占全国 2.2%，与本地常住人口占全国的比重相同。不过，城镇非私营单位职工工资总额只占全国 1.8%；在岗职工平均工资 9.1 万元，相当于全国同期水平的 92.9%，从侧面反映出当地企业经济、产业经济及城市经济的发展状况。

5. 国内国际"双循环"

2020 年北部湾城市群社会消费品零售总额 8573 亿元，占全国 2.2%，占 GDP 的比重即内循环度为 38.4%，跟全国的平均水平（38.6%）基本相同。但限额以上批发零售商贸企业法人数和商品销售额均占全国 1.8% 左右，显示出大型商业与网络活跃程度以及消费需求偏弱。北部湾 11 个地级市年末金融机构人民币各项存款余额 32691 亿元，占全国 1.5%，相当于 GDP 的 152.4%，低于全国同期的 217.3%；年末金融机构人民币各项贷款余额 33620 亿元，占全国 1.9%，相当于 GDP 的 156.8%，低于全国同期的 167.9%。存贷比为 103%，且高于全国同期水平（81%），显示出投资需求较强但金融业规模仍须壮大。商品房销售面积 5700 万平方米，其中住宅 5023 万平方米，均占全国 3.2%；待售面积 1405 万平方米，占全国 2.8%，房地产市场在全国层面看较为兴旺。

外向型经济方面，货物进口额 2705 亿元，占全国 1.9%；货物出口额 2971 亿元，占全国 1.7%。货物贸易与 GDP 的比值即贸易开放度或外循环度为 25.4%，低于全国同期 31.7% 的均值。一方面，以社会消费品零售总额表示的内需是以货物进出口额表示的外需的 1.5 倍，高于全国均值（1.2 倍），可见当地经济更依赖内需拉动。另一方面，在规模以上工业企业中，港、澳、台商投资企业以及外商投资企业分别只占全国 1.3% 和 0.7%。凭借邻近东盟以及粤港澳大湾区的地缘优势，北部湾城市群的外向型经济发展具备了良好的基础，但距离高度开放和发达还有很长的路要走。

（二）中国城市群层面

城市群在经济增长和效率提升方面具有重要作用。中国城市群被认为是当今中国经济以及区域经济发展的重要支柱和引擎[①]，是国家经济社会发展的最大贡献者。2016 年，中国城市群以占全国 29.12% 的面积，集聚了全国 75.19% 的总人口、72% 的城镇人口和 67.32% 的全社会从业人员，创造了占

---

① 肖金成，袁朱. 经济引擎——中国城市群［M］. 重庆：重庆大学出版社，2022.

全国 80.05% 的经济总量和 91.19% 的财政收入，集中了全国 91.23% 的外资。①

在已经规划的 19 个中国城市群之中，北部湾城市群规划之初（2016 年）的发展指标多处于中等及中下水平（见表 0-1）。其中，规划面积位列第 10；人口密度（325 人/平方千米）位居第 9，低于中国城市群均值（379 人/平方千米）；有城镇 315 个，位居第 14；城镇密度 43 个/万平方千米，低于中国城市群的均值（59 个/平方千米），列第 11 位；城镇化水平 34.24%，居中国城市群末位。但是，在林地以及生态空间占比方面，北部湾城市群明显高于中国城市群均值。

表 0-1 2016 年北部湾城市群主要指标及在中国城市群的位置

指标	北部湾城市群	中国城市群	北部湾城市群排名
规划面积（万平方千米）	11.66	279.57	10
耕地∶林地∶草地∶水域∶城乡工矿居民用地∶未利用土地（%）	31.25∶55.84∶5.50∶2.88∶4.37∶0.16	42.59∶26.27∶16.11∶4.17∶6.63∶4.23	—
人口密度（人/平方千米）	325	379	9
城镇个数（个）	315	13794	14
城镇密度（个/万平方千米）	43	59	11
城镇化水平	34.24	54.92	19
生态∶生产∶生活空间（%，2015 年）	64.38∶31.25∶4.37	50.78∶42.59∶6.63	7∶13∶12

资料来源：根据《中国城市群地图集》相关内容整理。

总之，从中国全国范围和从中国城市群范围来看，比起长三角、珠三角、京津冀和成渝地区等"大块头"，可以说北部湾城市群在全国经济和中国城市群的大家庭中是个"少年"，目前尚在"青春年少"阶段，未来可期。

---

① 方创琳. 中国城市群地图集 [M]. 北京：科学出版社，2020.

二、粤桂琼三省区层面的北部湾城市群

从广东、广西与海南（粤桂琼）三省区层面看，规划中跨越三省区的北部湾城市群占三省区 26.3% 的国土面积、23.6% 的常住人口、18.9% 的城镇人口以及 16.1% 的经济总量。整体上，占三省区的社会经济指标比重多介于 1/6 至 1/4 之间。相比于珠三角地区，北部湾城市的集聚还较弱，特别是工业企业发展、科技投入、外向型经济等方面占三省区的比重尚不足 10%。具体如下。

1. 国土空间及资源环境

北部湾城市群 2020 年的地级市、县级市、县、民族自治县、市辖区、乡镇和街道，分别占三省区的 28.2%、32.4%、26.4%、4.8%、25.4%、26.0% 和 24.4%（见附录表 1）。大陆海岸线占三省区 46.4%；陆地边境线长度占 76.0%。凸显北部湾城市群沿海沿边的特色。当地（淡）水资源总量占三省区 18.0%；绿地面积占 13.2%。由于工业化程度不高（28.2%，低于粤桂黔三省区均值 9 个百分点）且偏重化工业，当地的工业颗粒物排放量、二氧化硫排放量、氮氧化物排放量等分别占三省区 21.2%、18.3% 和 12.1%。

2. 人口数量与结构

根据第七次全国人口普查数据，北部湾城市群常住人口占三省区总人口的 23.6%，其中：0~14 岁、15~59 岁、60 岁以上人数分别占三省区同类人口的 28.3%、21.4% 和 27.3%，即幼年和老年人口比重较高；大学、高中、初中、小学、文盲人口则分别占三省区同类人口的 19.1%、20.3%、23.9%、26.6% 和 26.7%；城镇常住人口占三省区城镇常住人口的 18.9%。人口密度则相当于三省区人口密度（412 人/平方千米）的 90%。从这些数据也折射出珠三角地区人口集聚的强度。

3. 城市建设和基础设施

2020 年北部湾城市群城市建成区面积占三省区城市建成区 17.0%，低于常住人口占比，因而建成区的人口密度较高。北部湾 11 个地级市 2020 年末实有城市道路面积占三省区 16.2%；公路总里程占 20.6%；公路密度高于三

省区均值。高速公路总里程占三省区20.6%，但高速公路比重和密度都低于三省区均值。公路客运量和货运量分别占三省区总量的24.5%和30.0%，货运占比高，显示北部湾地区作为南北物流大通道的特征。北部湾城市在煤气、天然气及液化石油气方面供气量偏低，占三省区10%左右。

公共服务设施方面，教育、文化及公共卫生资源占三省区的比重大多在四分之一以上。其中：普通高等学校、专任教师及本专科在校学生数，分别占三省区总量的27.2%、26.0%、27.6%。中等职业教育学校、专任教师和中职教育在校学生数，分别占三省区28.9%、26.2%和31.4%。普通中学、专任教师和在校学生数，分别占三省区的25.5%、26.1%和27.3%。普通小学、专任教师和在校学生数，分别占三省区35.4%、26.8%、26.7%。公共图书馆图书藏量和博物馆数量，只占三省区一成余。医院、床位数及执业医师数量，占三省区的23%左右。不过，北部湾城市在城镇职工基本养老保险、医疗保险以及失业保险等方面，参保人数占三省区的比重远低于该地区城镇人口占三省区的比重。

4. 经济总量、结构及发展水平

北部湾城市群2020年GDP占三省区总量的16.1%，低于该地区面积与人口在三省区中的比重，而粤港澳大湾区城市群内地九市同期GDP占三省区比重64.7%，即是北部湾城市群的4倍之高。站在大湾区城市这一经济"巨人"旁边，北部湾城市群经济集聚力明显较弱。分产业看，北部湾城市群第一、二、三产业增加值分别占三省区的42.5%、12.2%和15.5%，农林渔产业的优势明显，而制造业与服务业偏弱。地均生产总值相当于粤桂琼三省区均值（3060万元/平方千米）的61.3%，人均地区生产总值远低于珠三角九市11.4万元的水平，相当于三省区均值（7.4万元）65.6%。地方一般公共预算收入与支出分别占三省区11.8%和18.4%，其中的科学技术支出仅占三省区总量的4.2%。同时，北部湾城市群的专利授权及发明件数也仅占三省区5.0%和3.9%，相应地，规模以上工业企业的个数、内外资企业数量、企业资产与利润等占三省区的比重也均为个位数，与人口及经济的两位数比重明显不相称。另外，城镇非私营单位从业人员与工资等也还偏低。这些，再次反映出当地企业经济、产业经济及城市经济有待提升的水平。

5. 国内国际"双循环"

2020 年北部湾城市群社会消费品零售总额占粤桂琼三省区 17.1%，内循环度比同期三省区的均值（36.1%）高 2.3 个百分点，显示内需在当地的更大作用，不过限额以上批发零售商贸企业法人数和商品销售额占三省区不到 12.0%。北部湾 11 个地级市年末金融机构人民币各项存款余额和贷款余额分别占三省区的 10.9%、14.5%，存、贷款余额占 GDP 的比重均低于三省区的均值（分别为 217.3% 和 167.9%），存贷比高于三省区的均值（77.0%）。商品房销售面积以及其中的住宅销售面积均占三省区的 26% 左右，房地产市场较为兴旺。外向型经济方面，货物进口额、出口额分别占三省区的 9.0% 和 6.4%；外贸开放度或外循环度仅为三省区均值（55.4%）的 45.9%，相当于珠三角九市外贸开放度均值（75.6%）的 1/3。

从粤桂琼三省区范围来看，北部湾城市群得天独厚且具备了一定的发展基础，但处在粤港澳大湾区城市群这个"巨人"的边上，可谓相形见绌。未来，如何深度融入粤港澳大湾区以及东盟区域合作，是北部湾城市提升产业与外向型经济以及集聚发展要解决的一大问题。

三、中国—东盟区域合作中的北部湾城市群

北部湾城市群与东盟成员国越南陆海相邻，山水相连。其中，陆地接壤即崇左市与越南接壤的边境线实地长 533 千米；中越《关于两国在北部湾领海、专属经济区和大陆架的划界协定》划定的海上边界线由 21 个坐标点相续连接而成，北自中越界河北仑河的入海口，南至北部湾的南口，全长约 500 千米。因此，北部湾城市群在中国与越南以及东盟区域合作中具有特殊地位。当地以"北部湾—湾挽十一国（即中国与东盟十国）"为豪。从古至今，北部湾是古代海上丝绸之路的始发港之一，中国中南与西南重要的出海口，中越"两廊一圈"（即昆明—老街—河内—海防和南宁—谅山—河内—海防两条经济走廊与"北部湾经济圈"）合作交汇区域，新时期西部陆海新通道的国际门户，在"一带一路"建设和中国—东盟区域合作中具有独特地位。在 2022

年发布的《关于进一步加强和深化中越全面战略合作伙伴关系的联合声明》中，中越双方同意加快推进共建"一带一路"倡议和"两廊一圈"框架，务实开展产能及基础设施建设与互联互通合作。

根据中国海关总署提供的企业进出口数据测算，北部湾城市群对东盟贸易占中国对东盟贸易6%左右。近年来，该比重逐步上升，但仍有很大发展空间。

自2004年中国—东盟博览会落户广西南宁以来，中国—东盟博览会、中国—东盟商务与投资峰会以及泛北部湾经济合作论坛等平台和机制，成为推动中国与东盟合作的"南宁渠道"，也成为北部湾城市集聚和发展外向型经济的强大动力。2017年《北部湾城市群发展规划》颁布之后，海南自由贸易港、《西部陆海新通道总体规划》、中国（广西）自由贸易试验区、《粤港澳大湾区发展规划纲要》以及中国—东盟自贸区升级版等建设相继启动，《区域全面经济伙伴关系协定》（RCEP）也于2022年生效，这些机遇使北部湾城市群在面向东南亚及亚太区域的开放合作中位置进一步显现。

展望未来，作为面向东盟国际大通道的重要枢纽、西南中南华南（"三南"）开放发展新的战略支点、21世纪海上丝绸之路与丝绸之路经济带有机衔接的重要门户、全国重要绿色产业基地、陆海统筹发展示范区，中国沿海发展轴与沿边开放带连接部，北部湾城市群在全国经济地理、中国城市群以及中国—东盟区域合作中的功能将更为突出。通过拓展全方位开放合作，大力发展特色产业及向海经济，加快建设蓝色海湾城市群，北部湾城市在推动中国城市群高质量发展，服务和融入新发展格局以及维护和繁荣边疆海疆方面上将彰显新担当。

第一章 发展条件

北部湾地区背靠中国大西南，毗邻粤港澳大湾区，面向东南亚，西南与越南接壤，处于中国"两横三纵"城镇化战略格局中沿海纵轴最南端，是中国沿海沿边开放的交汇地区。作为中国西部唯一的沿海地区，也是唯一与东盟海陆相连的区域，中国北部湾地区具有东承西接、沿海沿边的独特地缘与区位优势。既是中国实现以东带西、东中西共同发展新格局的重要节点，也是走向东盟和世界的重要门户，还是促进中国与东盟全面合作的重要桥梁和战略枢纽，在与东盟开放合作的大格局中具有重要战略地位。

第一节 自然地理

一、地理区位

北部湾，就海域而言，根据 2000 年中国和越南社会主义共和国《关于两国在北部湾领海、专属经济区和大陆架的划界协定》，是指北面为中国和越南两国陆地领土海岸、东面为中国雷州半岛和海南岛海岸、西面为越南大陆海岸所环抱的半封闭海湾。其南部界线是自地理坐标为北纬 18 度 30 分 19 秒、东经 108 度 41 分 17 秒的中国海南岛莺歌嘴最外缘凸出点经越南昏果岛至越南海岸上地理坐标为北纬 16 度 57 分 40 秒、东经 107 度 08 分 42 秒的一点之间的直线连线①。相关海域面积约 12.8 万平方千米，是中国南部最大海湾。根

---

① 中国人大网. 中华人民共和国和越南社会主义共和国关于两国在北部湾领海、专属经济区和大陆架的划界协定 [EB/OL]. http://www.npc.gov.cn/wxzl/gongbao/2004-08/04/content_ 5332197.htm，读取日期：2020 年 11 月 30 日。

据划界协定，中国与越南在北部湾的领海、专属经济区和大陆架的分界线共由 21 个坐标点相续连接而成，北自中越界河北仑河的入海口，南至北部湾的南口，全长约 500 千米，双方海域面积相当。

就陆域而言，中越两国毗邻北部湾的区域就是北部湾地区，或称"环北部湾区域"，其中，中方部分主要包括广西南部、广东西南部以及海南岛西部等地。20 世纪 90 年代初期，中国科学院等主持的"中国环北部湾地区总体开发与协调发展研究"项目中界定中国环北部湾地区包括广西壮族自治区的南宁、北海、钦州、防城港四市，广东省的湛江、茂名等地以及海南全省，陆域面积约 8.7 万平方千米（孙尚志，1997），并认为该区地处大东南亚轴心部位，面向南中国海，是大西南的主要出海通道和近年来世界经济增长最快的地区之一，未来经济发展具有巨大潜力，在促进内地开发及对外开放中发挥着十分重要的作用。随着社会经济发展与区域合作，中国北部湾地区的范围与地位也在不断调整，目前共包括广西、广东与海南的 11 个地级市（见表 1-1）以及琼西省 4 个市县。

二、气候与水资源

中国北部湾地区大部分位于北回归线南侧，属于亚热带季风气候区，部分地区属于热带季风区。气候特点可概括总结为：阳光充足，降雨充沛，夏长冬短。具体而言，日照时间长，太阳辐射强烈，全年日照时长都在 1200 小时以上，部分地区甚至达到全年 2000 小时以上。霜少无雪，气候温热，年平均气温超过 22℃，冬季最冷时段多在 0℃以上，因而有不冻港分布。雨量充沛，年平均降水量皆在 1000 毫米以上，降雨季节性特征显著。夏秋季节暴雨频发，冬季降水较少，因而夏秋季节台风等气象灾害频发；冬季偶有干旱。总体而言，气温由北至南逐渐上升，相差 4~5℃，降水量由北至南也大致呈增加趋势，南北差 500 毫米左右，水资源丰富。具体各市气候如表 1-1 所示。

表 1-1 北部湾主要城市气候及水资源一览表

地区	2020 年平均气温 （℃）	2020 年降水量 （mm）	城市气象站点 年平均降水量（mm）	水资源总量 （亿立方米）
南宁市	22.1	1110.7	1222.4	119.0
北海市	24.5	1582.7	1509.2	19.2
防城港市	22.9	2364.0	1672.5	68.0
钦州市	23.7	1764.4	1936.9	66.0
玉林市	22.9	1086.2	1405.7	54.3
崇左市	22.5	1124.7	1026.5	84.0
湛江市	24.7	1221.7	1468.5	72.9
茂名市	24.3	1165.7	1634.0	91.1
阳江市	23.9	1782.9	2428.0	120.6
海口市	25.8	1220.4	1798.7	16.5
儋州市	25.0	1522.4	1522.4	12.1

资料来源：各市人民政府网站、各市 2021 年统计年鉴及气象局网站整理。

三、地质地貌

中国北部湾地区北、西、东三面多为平原、丘陵与山地，其中丘陵面积约为 1.9 万平方千米，覆盖率在 17.8% 以上；山地面积约为 5272 平方千米，覆盖率在 4.9% 以上；平原面积约为 1.8 万平方千米，覆盖率在 17% 以上，仅次于丘陵。具体各市土壤地貌情况如表 1-2 所示。

表 1-2 北部湾主要城市土壤地貌一览表

单位：km²

地区	地形地貌	土壤类型	土地	丘陵	平原	耕地
南宁市	山地、盆地和丘陵	赤红壤、水稻土、菜园土等	22099	409	1037	6777
北海市	丘陵、滨海平原	砖红壤、水稻土、沼泽土等	3989	—	242	1245
防城港市	丘陵为主	水稻土、砖红壤、赤红壤等	6238	4853	—	9140
钦州市	丘陵为主	砖红壤、赤红壤、水稻土等	10897	3532	473	2133
玉林市	丘陵、盆地和岗地	水稻土、红壤、赤红壤等	12824	1473	913	2390
崇左市	丘陵平原	石灰土、红壤、赤红壤等	17332	1582	1086	5870

地区	地形地貌	土壤类型	土地	丘陵	平原	耕地
湛江市	平原、丘陵和山区	赤红壤、砖红壤、滨海沙土等	13263	4509	8754	4660
茂名市	山地、丘陵、台地	水稻土、黄壤、红壤等	11428	7500	2600	2264
阳江市	低山丘陵地貌	红壤、黄壤	7956	5378	1734	1488
海口市	滨海平原、河流阶地	水稻土、砖红壤、潮沙泥土等	2305	>156	1626	6850
儋州市	波状低丘陵	红壤	3399	—	—	44887

注："—"表示未单独列出当地资料。

资料来源：土地面积、海岸线资料来源于各市人民政府网，丘陵、山地、平原资料来源于《南宁市志综合卷》《北海市志（上）》《钦州市志》《玉林市志》《崇左县志》，防城港市人民政府网、湛江市人民政府网、阳江市人民政府网、海口市人民政府网、茂名市人民政府网。读取日期：2021年11月20日。

四、特色自然资源

除上述的气候、水、土地等资源之外，北部湾地区还拥有许多特色自然资源。该地区珍稀植物及优质的海洋资源丰富，是中国优良渔场之一，除沙丁鱼、金枪鱼等50余种具有经济价值的鱼、虾、贝类外，同时拥有中国最大的红树林基地。北部湾海底较平坦，属于新生代的大型沉积盆地，沉积层厚达数千米，蕴藏着丰富的石油和天然气资源。北部湾海上及沿海地区风能潜力巨大，在国家建设多元化低碳清洁能源体系中具有重要地位，阳江沙扒、湛江外罗、钦州、海南西部等海上风电场以及北部湾海上风电基地已有一定发展基础。此外，沿海、沿边以及生物多样性使得北部湾地区具有独特的自然景观，因而成为旅游胜地，拥有多个国家3A级以上景区。具体各市特色自然资源如表1-3所示。

表1-3　北部湾主要城市特色自然资源一览表

地区	动物资源	植物资源	旅游资源	矿产资源
南宁市	大鲵、金丝猴等野生脊椎动物208属272种	蕨类、乔木树等维管束植物209科3000余种	青秀山风景区、大明山风景区等国家4A级以上旅游景区39家	褐煤、石煤、铜等矿产资源63种

地区	动物资源	植物资源	旅游资源	矿产资源
北海市	穿山甲、狐狸、勺嘴鹬等	南亚松、铁线子等陆地植物700多种	北海银滩景区等国家4A级以上旅游景区15家	钛铁矿、砂金、石膏、建筑石料用灰岩等47种
钦州市	野猪、鹧鸪等陆生野生脊椎动物271种	马蹄森、格木等陆地野生植物150科476属765种	三娘湾、月亮湾等国家3A级以上旅游景区26个	铅锌矿、煤矿、锰矿等46种
防城港市	哺乳动物、鸟纲动物、两栖动物、爬行动物等共269种	松、杉、玉桂等林木1500多种	白浪滩、东兴屏峰雨林公园等国家4A级景区	煤、锰、叶腊石、花岗岩等48种
玉林市	蟒蛇、黄嘴白鹭等多种国家重点保护动物	水松、大叶桫椤等维管束植物229科4343种	大容山国家森林公园、真武阁、勾漏洞等	钼、铋、钨、稀土、萤石等
崇左市	白头叶猴、黑叶猴、蜂猴、穿山甲等陆栖脊椎野生动物共696种	水松、望天树、苏铁、广西火桐等植物共234科3071种	德天跨国瀑布、花山岩画景区、友谊关景区等国家4A级以上旅游景区7处	煤、锰、铁、钨等36种
湛江市	鳖、花雀、华南虎等脊椎野生动物种类25种以上	胭脂、沙罗、樟木、苦楝等主要天然林木共52科76种	湖光岩世界地质公园等旅游景点70处	稀土砂矿、玻璃用砂、银矿、水晶等42种
茂名市	昆虫种类超过1500种，野生脊椎动物371种	杉、松、红荷花等高等植物120多科1400余种	高州仙人洞景区、大雾岭自然保护区、浮山岭等	高岭土、油页岩、地热、锡、金等矿产53种
阳江市	云豹、大灵猫等国家重点保护动物	伯乐树、桫椤等1000多种国家重点保护植物	海陵岛大角湾海上丝路旅游区、玉溪三洞等国家3A级以上旅游景区12家	能源、金属等矿产共39种
海口市	红胸角雉、山鹧鸪等野生陆栖脊椎动物199种	苏铁、坡垒、海南黄花梨等野生植物1980种	假日海滩、西秀海滩、白沙门海滩等	石油、铝土等矿产资源20种

地区	动物资源	植物资源	旅游资源	矿产资源
儋州市	水鹿、穿山甲、金钱豹等国家保护动物 10 余种	青海、母生红木罗等植物有 644 种，隶 426 属 128 科，天然林树种有 530 种	火山海岸、新英湾、蓝洋温泉等	长坡褐煤、兰洋重晶石、光村石英砂等主要矿藏十多种

资料来源：根据各市人民政府网整理。读取日期：2021 年 11 月 20 日。

丰富的海洋资源、发达的水运、广阔的滩涂和浅海、弯曲的海岸线以及河流形成了多个天然良港，多个城市因港而兴，如洋浦港、湛江港、防城港、钦州港和北海港等。主要城市水文与海洋资源如表 1-4 所示。

表 1-4　北部湾主要城市水文与海洋资源一览表

地区	海岸线（km）	河流	海洋资源
南宁市	—	邕江、右江、左江、红水河、武鸣河、八尺江等	—
北海市	669	南流江及其支流洪潮江、张黄江、武利江和丹竹江、白沙河、南康江等	白鲳、马口鱼等鱼类 500 余种
钦州市	526	钦江、大风江、茅岭江等	20 米等深线内虾类 35 种，蟹类 191 种，螺类 143 种，鱼类 326 种
防城港市	538	明江、八尺江、茅岭江等	鱼虾等各类海洋生物 1155 余种
玉林市	—	南流江、九洲江、郁江水系	—
崇左市	—	左江干流及平而河、水口河、明江、黑水河、汪庄河等	—
湛江市	2024	鉴江、九洲江、南渡河、遂溪河等	鲍鱼、对虾等沿海生物种类 2000 多种
茂名市	248	鉴江、袂花江、罗江、黄华江和小东江	鱼虾等具有经济价值生物 140 多种
阳江市	470	漠阳江	罗非鱼、鳗鲡等经济价值鱼类 105 种

地区	海岸线（km）	河流	海洋资源
海口市	300	南渡江水系等主要河流17条	马鲛鱼、黄花鱼等经济价值海水鱼类100多种
儋州市	300	石滩河、北门江、茅坡涝等	红鱼、石斑鱼等鱼类600多种和带子、珍珠贝等100余种

注："—"表示无该项资料。

资料来源：根据各市人民政府网整理。读取日期：2021年11月20日。

概括而言，北部湾地区拥有中国南部大海湾，生态环境质量全国一流。独特的地缘优势赋予其丰富的海洋、油气、岸线、港口、土地、农林及旅游等资源；地势平坦，国土开发利用潜力较为充足，环境容量较大，有较强的经济发展承载能力。

第二节　人文地理

一、人口数量

根据第七次中国人口普查公布的数据汇总，2020年北部湾城市群常住人口4401万人（见表1-5），比2010年第六次全国人口普查时的3937万人增加464万人，占全国人口增量（7205万人）的6.4%，年均增长率（1.1%）高于全国平均水平（0.5%）约1倍。该地区人口占全国人口的比重从2010年的2.9%略提升至2020年的3.1%。11个地级市中除湛江市之外，其他10市2020年人口均比2010年有所增长。但68个县区市之中，有17个即1/4县区市的人口比2010年有所减少。

根据《中国城市统计年鉴》的数据，2020年本地区户籍人口4944万人，占全国总人口3.5%，常住人口低于户籍人口543万人，整体呈现出人口净流出格局。除南宁、北海、防城港及海口市之外，11个地级市中7个市呈人口净流出，68个县区市中只有21个人口净流入。

2020年全国城市常住人口排名中，南宁第36、湛江第53、茂名第63、玉林第 67、钦州第 154、海口第 174、阳江第 192、崇左第 229、北海第 237、防城港第 275、儋州第 280，城市间人口数量差异明显。其中南宁、湛江和茂名 3 座城市的全市人口均超过 600 万人（见图 1-1），但三市 2020 年人口占本地区总人口的比重（49.8%）仅比 2010 年时的比重（49.5%）提升 0.3 个百分点。作为区域的一大核心，南宁市 2020 年人口占本地区总人口的比重（19.9%）比 2010 年时的比重（16.9%）提升了 3 个百分点。地区人口上呈现总体分散和局部集聚并存的趋势。

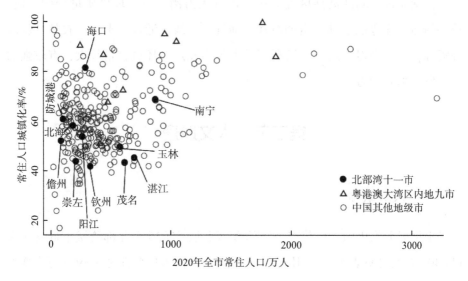

注：根据第七次全国人口普查数据绘制，不包含未公布数据的部分城市。

图 1-1　2020 年北部湾城市在全国地级市常住人口与常住人口城镇化率中的位置

二、人口结构

北部湾城市群人口以汉族为主体，约 3645 万人，占 82.8%，少数民族比重（17.2%）高于全国平均水平（9%）8.2 个百分点。其中，崇左市、南宁市、防城港市少数民族人口比重分别为 85.3%、51.5% 和 41.9%。

分性别结构看，男性人口 2293 万人，人口性别比（以女性为 100，男性对女性的比例）为 108.8，高于全国平均水平（105.1）近 4 个百分点。

单位：万人

表1-5 北部湾地区人口分布情况

地区	2010年常住人口	2020年年末户籍人口	0~14岁人口	15~59岁人口	60岁及以上人口	65岁及以上人口	大学（指大专及以上）文化程度人口	高中（含中专）文化程度人口	初中文化程度人口	小学文化程度人口	城镇人口	常住人口城镇化率
南宁市	666	791	178	567	129	93	165	137	301	180	602	68.9
北海市	154	182	40	115	30	21	22	31	69	42	108	58.4
钦州市	308	418	95	183	52	38	24	37	115	110	139	42.0
防城港市	87	101	25	65	15	11	11	14	40	27	64	61.5
玉林市	549	741	168	320	92	67	37	70	231	169	288	49.8
崇左市	199	252	44	128	38	28	22	24	80	59	92	43.9
湛江市	699	860	182	399	117	83	62	98	258	181	317	45.5
茂名市	582	823	167	347	104	75	50	93	224	168	269	43.6
阳江市	242	302	59	158	44	33	24	40	92	74	141	54.2
海口市	205	195	53	199	36	25	71	56	89	44	235	81.8
儋州市	93	97	18	56	14	10	7	11	33	23	45	47.4
东方市	41	47	10	29	6	4	5	6	16	12	26	58.0
澄迈县	47	58	11	30	9	6	4	6	24	11	30	60.4
临高县	43	51	10	26	7	5	2	4	21	9	21	49.9
昌江黎族自治县	22	26	5	15	3	2	2	3	9	6	14	60.7
城市群整体	3937	4944	1065	2635	694	501	507	631	1600	1115	2392	54.4
占全国比重（%）	2.9	3.5	4.2	3.0	2.6	2.6	2.3	3.0	3.3	3.2	2.7	85.1

资料来源：根据各地公布的全国第七次人口普查统计公报及统计年鉴整理。

分年龄结构看,该地区 0~14 岁人口 1065 万人,占本地区总人口 24.2%,比全国平均水平(18.0%)高 6.2 个百分点;15~59 岁人口 2635 万人,占本地区总人口 59.9%,低于全国均值(63.4%);60 岁及以上人口 694 万人,占本地区总人口 15.8%(全国为 18.7%),其中 65 岁及以上人口 501 万人,占本地区总人口 11.4%(全国为 13.5%)。如果将 15~64 岁计为劳动人口,则 2020 年北部湾地区的平均抚养比为 35.6%,其中幼儿抚养比、老年抚养比分别为 24.2% 和 11.4%,比全国同期相应的总抚养比(45.9%)、幼儿抚养比(26.2%)和老年抚养比(19.7%)均低(见表 1-5)。整体上,显示出该地区年轻化与活力化趋势。

受教育程度方面,北部湾地区拥有大学(指大专及以上)文化程度的人口为 507 万人;拥有高中(含中专)文化程度的人口为 631 万人;拥有初中文化程度的人口为 1600 万人;拥有小学文化程度的人口为 1115 万人(以上各种受教育程度的人包括各类学校的毕业生、肄业生和在校生)。大学和高中文化程度的人口比重低于全国均值,初中和小学文化程度的人口比重则高于全国均值。本地区文盲人口 89 万人,占全国同期文盲人口的 2.4%。

常住人口中城镇人口 2392 万人,占本地区总人口 54.4%,城镇化率低于全国平均水平(63.9%)9.5 个百分点,只有海口市和南宁市城镇化率高于全国均值。

三、文化资源

北部湾地区具有丰厚的历史底蕴,其文化资源丰富、特点鲜明。除壮族外,北部湾地区还是瑶族、苗族、黎族等多个少数民族的聚居地,因此多民族、多种文化交织融合是北部湾历史文化的一大特点。各地级市民族与文化资源具体如表 1-6 所示。

表 1-6 北部湾主要城市民族与文化资源一览表

地区	民族	文化资源	地方特产
南宁市	汉族、壮族、瑶族、苗族等 48 个民族	壮族歌圩、壮族三声部民歌、邕剧、宾阳炮龙节、壮族百鸟衣故事等多项国家级非物质文化遗产	壮锦、绣球、荔枝等

续表

地区	民族	文化资源	地方特产
北海市	汉族、蒙古族、苗族、壮族、朝鲜族、满族等44个民族	南珠文化、疍家文化、客家文化及全国重点文物保护单位24处	南珠、贝雕、牛角雕等
钦州市	壮族、汉族、瑶族、苗族、京族、侗族等23个民族	跳岭头、采茶戏、八音等非物质文化遗产	坭兴陶、果园鸡、黑叶荔等
防城港市	汉族、壮族、瑶族、京族4个民族	那良古街、林俊廷那良故居等	红姑娘红薯、上思香糯、牛大力等
玉林市	汉族、壮族、瑶族、苗族、侗族、仫佬族、毛南族等	岭南文化、侨乡文化、客家文化、玉商文化	荔枝、桂圆、沙田柚等
崇左市	壮族、汉族、瑶族、苗族、侗族等38个民族	壮族天琴艺术、壮族霜降节等非物质文化遗产	指天椒、八角、苦丁茶等
湛江市	汉族、壮族、苗族、蒙古族等45个民族	东海人龙舞、湛江傩舞、湛江醒狮等国家级非物质文化遗产	红橙、菠萝、芒果、荔枝等
茂名市	汉族、侗族等51个民族	高州木偶戏、化州跳花棚、冼夫人信俗等非物质文化遗产	沉香、红心鸭蛋、角雕、荔枝等
阳江市	汉族、瑶族、壮族、苗族、黎族等39个民族	阳江山歌、刀剪子、漆器、风筝、粤剧文化等	豆豉、小刀、漆器
海口市	汉族、黎族、苗族、回族、满族、瑶族、蒙古族等48个民族	珠崖岭城址、五公祠、丘濬故居等文物保护单位153处156个点	珍珠、黎锦、椰雕等
儋州市	汉族、黎族、苗族等20多个民族	儋州调声、"全国诗词之乡"	土糖、紫玉淮山、海头地瓜等

资料来源:各市人民政府网。读取日期:2021年11月25日。

四、开发开放基础

历史上,以今广西合浦和广东徐闻为代表的丝绸之路始发港,在中国对外开放和交流中起着重要作用。进入现代,琼州(海口)口岸于1858年、合浦于

1877年开埠通商，此后其他城市也相继开埠，北部湾地区逐渐汇聚成中国西南、中南及华南的出海大通道。目前，北部湾地区以较为发达的海运、铁路、公路、航空等基础设施，成为"21世纪海上丝绸之路"的重要节点区域。

经济与城市集聚方面，北部湾城市发展活力日渐提升。经济增速近年持续保持在全国平均水平以上，海洋经济、休闲旅游等特色产业和临港型工业集群正逐步形成，创新创业活力不断涌现，人力资源渐趋丰富，经济综合实力不断增强。自2017年《北部湾城市群发展规划》实施以来，5年左右的时间城市群经济社会发展基础不断夯实。南宁、海口、湛江等重点城市人口和经济集聚能力不断增强，常住人口城镇化率提升约7个百分点。多个城市的人均和地均生产总值在全国均值之上（见图1-2）。至2020年末，城市群常住人口超过4400万人，占全国总人口的3.1%；地区生产总值2万亿元，约占全国的2.2%。其中，南宁市区已发展成为300万人以上的大城市，海口、湛江等城市引领作用逐步增强，南（宁）北（海）钦（州）防（城港）、湛（江）茂（名）阳（江）、海（口）澄（迈）等地区城镇较为密集，其他中小城市和小城镇发育加快，基础设施日益完善，为城市群的发展奠定了良好的城镇基础。

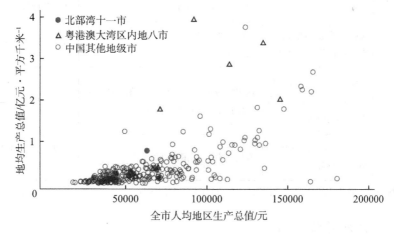

注：图中使用2020年中国地级市人均地区生产总值与地均生产总值数据；深圳市地均GDP为13.86亿元/平方千米，远超其他各市，作为极端值剔除，并未体现在图中。

图1-2　2020年北部湾城市在全国地级市人均GDP与地均GDP中的位置

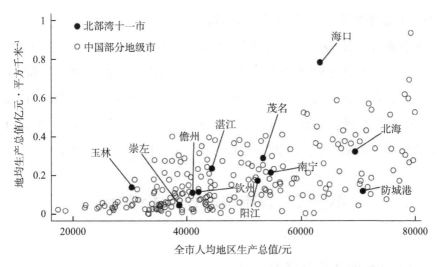

图 1-3　2020 年北部湾城市在全国地级市人均 GDP 与地均 GDP 中的位置（放大图）

　　开放合作方面，以北部湾港口群为起点的海上开放通道和以边境口岸为支撑的陆上开放通道加快形成；中国—东盟博览会、海南国际旅游岛、重点开发开放试验区、边境经济合作区、中马"两国双园"等开放平台建设发展基础良好；开放合作领域不断拓展，开放型经济初具规模。随着对外开放不断深化，北部湾城市群进出口总额快速增长，海南自由贸易港加快建设，中国（广西）自由贸易试验区等重大开放平台建设稳步推进，与东盟国家经贸、人文交流合作持续深化。2020 年，北部湾进出口总额为 4861 亿元，占全国出口贸易总额的 1.5%。即使在新冠疫情期间，2021 年西部陆海新通道上的海铁联运班列共开行 5754 列，发送 57 万标箱，同比分别增长 59%、22%，北部湾港完成吞吐量约 3.6 亿吨，同比增长 21.2%，增速位居全国前列，航线网络覆盖东盟和中国主要港口。

　　但区域内存在的突出问题也为北部湾地区的开发和开放带来挑战。例如，经济发展水平总体不高且缺乏辐射带动作用强的中心城市，部分节点城市发展不及预期，城市数量少且分布稀疏；海港间无序竞争，港口功能分工不够清晰，同质化竞争明显，对外通道建设滞后，城际交通网络不健全；产业结构趋同且新旧动能转换困难，碳达峰碳中和目标下传统发展路径亟待转型；环境基础设施短板突出，部分海域环境容量趋于饱和，一些地区红树林面积缩减、生态功能降低，海洋环境污染风险加大等。

总体而言，东承西联、沿海沿边的独特区位优势为北部湾城市群的发展带来动能。该地区的经济发展有利于深化中国—东盟战略合作、促进"一带一路"倡议建设，有利于拓展区域发展新空间、促进东中西部地区协调发展；边疆海疆的地理区位有利于推进海洋生态文明建设和维护国家安全。目前，涵盖桂南、粤西及海南等北部湾周边地区的城市群已在发育之中（张学良，2015）。

第三节　城市群规划范围和内容

一、规划的历程与空间范围

2000 年末，中国和越南签署《关于两国在北部湾领海、专属经济区和大陆架的划界协定》及《北部湾渔业合作协定》。2004 年 6 月，这两个协定生效后，两国开始探讨建立以昆明和南宁至河内及海防的交通线为主干的两条经济走廊，以及包含越北、桂南与粤西等地区沿海的环北部湾经济圈（即"两廊一圈"）。中国—东盟博览会及相关的泛北部湾区域合作论坛、大湄公河次区域合作等机制逐步建立，持续推动经济合作深化与拓展。与此同时，北部湾沿岸城市发起的"北部湾旅游合作""北部湾经济合作组织"等合作平台也在不断充实。

2008 年，中国国家发展和改革委颁布实施《广西北部湾经济区发展规划》，明确了南宁、北海、钦州、防城港等城市的发展与功能定位。2010 年，《全国主体功能区规划》将北部湾列入国家的重点开发区，计划推进形成区域性城市群。《全国海洋功能区划（2011—2020 年）》和 2015 年的《全国海洋主体功能区规划》，将北部湾与海南岛附近海域等列入全国优化开发区域。2016年发布的《中华人民共和国国民经济和社会发展第十三个五年规划纲要》进一步提出要规划引导北部湾城市群的发展。

2017 年 1 月 20 日，中国国务院批复《北部湾城市群发展规划》，作为近期培育发展北部湾城市群的指导性、约束性文件。规划范围包括广西南宁市、北海市、钦州市、防城港市、玉林市、崇左市，广东湛江市、茂名市、阳江市和海南省海口市、儋州市、东方市、澄迈县、临高县、昌江县，以及相应海域。规划面积11.66平方千米，常住人口4141万人。

截至2021年初，北部湾城市群建成区面积共1602平方千米，市区常住人口2614万人，共包含Ⅰ型大城市1个（南宁市），Ⅱ型大城市1个（海口市），中等城市3个（玉林市、茂名市、湛江市），Ⅰ型小城市11个（北海市、钦州市、廉江市、雷州市、吴川市、高州市、化州市、信宜市、阳江市、阳春市、儋州市），Ⅱ型小城市7个（横州市、防城港市、东兴市、北流市、崇左市、凭祥市、东方市），共23座城市（见表1-7）。其中设区市10座，县级市12座。

表1-7　北部湾地区23市2020年面积与人口一览表

地区	面积（km²）			人口（万人）					城市级层
	市区	城区	建成区	市区常住	市区户籍人口	市区暂住	城区户籍人口	城区暂住	
南宁市	9947	865	327	598	409	149	253	140	Ⅰ型大城市
横州市	3464	111	38	90	127	1	18	1	Ⅱ型小城市
北海市	957	957	86	99	70	21	35	18	Ⅰ型小城市
钦州市	4767	354	91	104	154	7	33	6	Ⅰ型小城市
防城港市	2816	238	51	64	60	8	20	7	Ⅱ型小城市
东兴市	549	130	14	22	16	3.4	9	2	Ⅱ型小城市
玉林市	1251	302	78	123	117	20	61	18	中等城市
北流市	2457	135	29	121	156	4	22	2	Ⅱ型小城市
崇左市	2951	50	38	44	38	2	18	2	Ⅱ型小城市
凭祥市	650	40	13	13	12	1	7	1	Ⅱ型小城市
湛江市	1703	116	111	159	178	10	153	—	中等城市
廉江市	2835	67	39	136	186	19	28	3	Ⅰ型小城市
雷州市	3459	39	29	132	187	0.1	53	0.1	Ⅰ型小城市
吴川市	859	37	28	91	123	0.3	27	0.3	Ⅰ型小城市
茂名市	2748	168	128	254	272	22	86	2	中等城市

地区	面积（km²）			人口（万人）					城市级层
	市区	城区	建成区	市区常住	市区户籍人口	市区暂住	城区户籍人口	城区暂住	
高州市	3276	165	38	133	186	1	35	1	Ⅰ型小城市
化州市	2357	146	37	129	180	0.2	41	0.1	Ⅰ型小城市
信宜市	3102	64	27	102	151	5	29	4	Ⅰ型小城市
阳江市	2483	606	100	159	125	7	48	6	Ⅰ型小城市
阳春市	4102	320	33	88	122	1	23	0.5	Ⅰ型小城市
海口市	2290	562	204	289	196	76	131	76	Ⅱ型大城市
儋州市	3400	194	36	45	97	27	19	7	Ⅰ型小城市
东方市	2273	58	29	22	47	6	9	7	Ⅱ型小城市

资料来源：国家住房和城乡建设部《2020 年城市建设统计年鉴》《广西统计年鉴 2021》《湛江统计年鉴 2021》、茂名市统计局"2020 年年末常住人口公报"、阳江市统计局"阳江第七次全国人口普查公报"、《海南统计年鉴 2021》，其中横州市资料来源于《2021 年城市建设统计年鉴》。

2022 年，国务院批复同意《北部湾城市群建设"十四五"实施方案》，明确指出北部湾城市群建设以西部陆海新通道为依托，深度对接长江经济带发展、粤港澳大湾区建设等区域重大战略；协同推进海南自由贸易港建设，融入共建"一带一路"倡议，积极拓展全方位开放合作，大力发展向海经济，加快建设蓝色海湾城市群。同时强调北部湾城市群在维护边疆海疆安宁上的重要责任与担当，战略地位更加凸显。

二、城市群规划的主要内容

1. 定位与目标

北部湾城市群的总体定位是：发挥地缘优势，挖掘区域特质，建设面向东盟、服务"三南"（西南、中南、华南）、宜居宜业的蓝色海湾城市群。具体是要加快发展面向东盟国际大通道的重要枢纽、"三南"开放发展新的战略支点、21 世纪海上丝绸之路与丝绸之路经济带有机衔接的重要门户、全国重要绿色产业基地、陆海统筹发展示范区。

2017 年，城市群规划的中期目标是到 2020 年基本建成生态环境优美、经济充满活力、生活品质优良的蓝色海湾城市群框架。基本确立蓝色海湾生态格局，有效构建对内对外开放新格局，初步健全城镇体系和基础设施支撑体系，基本建立一体化发展体制机制。到 2025 年北部湾城市群进一步发展壮大，常住人口城镇化率提高 5 个百分点以上，一体化发展水平持续提升，生态环境优美、经济充满活力、生活品质优良的蓝色海湾城市群初步建成。向海经济加快发展，现代化绿色临港产业基地基本建成，与东盟产业链供应链协作持续深化，基础设施互联互通水平显著提升。

远期目标是到 2030 年城市群建设达到国际一流品质，面向东盟开放合作的战略高地全面建成，城镇体系更加完善，城镇人口总量和经济密度显著提升，绿色产业竞争力明显提高，实现向国家级城市群的战略性跃升。展望2035 年，全面建成具有区域性国际影响力的品质一流的蓝色海湾城市群。

2. 空间布局

按照中国主体功能区规划、全国海洋主体功能区规划和三省区陆域、海域主体功能区规划，以及区域主体功能定位和城镇、农业、生态三类空间分类，《北部湾城市群发展规划》提出打造"一湾双轴、一核两极"的城市群框架：强化南宁核心辐射带动，夯实湛江、海口的支撑作用，重点建设环湾滨海地区和南北钦防、湛茂阳城镇发展轴，提升国土空间利用效率和开发品质（表1–8 为主要城市的定位与功能分工）。

"一湾"指环北部湾沿海地区，主要包含北海、湛江及海口等沿海城市。"一湾"建设坚持生态优先，统筹岸线开发、港口建设、产业发展和城镇布局，主要目标是打造环北部湾沿海经济带并建设蓝色宜居宜业海湾。

"双轴"指南北钦防、湛茂阳城镇发展轴。发展轴依托现有产业基础，同时承接粤港澳大湾区转移的高端制造业和轻工业，最终目标是实现现代制造业和服务业集聚，提升临港产业绿色发展水平。此外依托南宁—北海综合运输通道及沿海综合运输通道，强化面向东盟开放合作平台建设，并建设珠三角连接东盟、北部湾城市群连接港澳的陆路大通道。

"一核"指广西首府——南宁。南宁将通过建设面向东盟的金融开放门户、广西自由贸易试验区、南宁临空示范及东盟开放合作的数字新高地（中国—东盟信息港），强化国际合作、金融服务、信息交流、商贸物流、创业创新等核心功能，建设现代产业集聚区。建成为引领北部湾、面向东盟的特大城市和现代化大都市区。

"两极"指以海口和湛江为中心的两个增长极。同样是发挥比较优势，海口以综合政策优势为主，推进海澄文一体化。湛江则以南方大港优势为主，建设全国海洋经济创新发展示范城市、生态型海湾城市。

表1-8　北部湾城市群中主要城市的定位与功能分工

地区	定位	功能分工
南宁市	核心城市	以建设特大城市和区域性国际城市为目标，发挥核心带动作用，推进要素集聚；建设现代产业集聚区，带动相关城镇组团一体化发展；规划建设面向东盟对外开放合作平台，构建"一带一路"倡议有机衔接的门户枢纽城市和内陆开放型经济高地
北海市	重要节点城市	以建设生态宜居滨海城市和北部湾旅游度假区核心城市为目标，同湛江和海口一同支撑环北部湾沿海地区的发展；加快打造海上丝绸之路文化名城，建设高新技术与海洋经济合作示范区及现代产业集聚地
钦州市	重要节点城市	以建设现代化生态滨海城市和北部湾临海核心工业城市为目标，强化对蓝色宜居湾区建设的支撑作用；加快完善面向东盟的开放合作平台，打造"一带一路"倡议有机衔接重要门户港、区域性产业合作新高地
防城港市	重要节点城市	以打造面向东盟的国际枢纽港、北部湾现代化主要港口城市及生态宜居城市为目标，强化对蓝色宜居湾区建设的支撑作用；加快沿边城镇开发开放和国家重点开发开放试验区的建设
玉林市	重要节点城市	以建设智慧新城和综合型商贸物流基地为目标，发挥带动粤桂交界地区发展的能力，加快跨国旅游文化产业园的建设
崇左市	重要节点城市	以打造中越开放合作的边境口岸城镇为目标，发挥带动沿边城镇开发开放的能力，同防城港一道打造边关风情旅游发展带，加快中泰产业园建设
湛江市	增长极城市	以打造21世纪海上丝绸之路战略支点城市为目标，发挥支撑带动作用；发挥南方大港优势，构建区域性综合交通枢纽、先进制造业基地和科教创新中心，建设全国海洋经济创新发展示范城市、生态型海湾城市
茂名市	重要节点城市	以强化与珠三角城市群的联系为目标，打造商贸物流基地，建设茂名高新技术开发区、重点工业园区和综合型物流商贸基地
阳江市	重要节点城市	以强化与珠三角城市群的联系为目标，打造阳江新能源基地及海上丝绸之路旅游区

续表

地区	定位	功能分工
海口市	增长极城市	以打造 21 世纪海上丝绸之路战略支点城市为目标，发挥支撑带动作用；发挥"三南"地区重要出海口作用，打造"三南"开放发展新战略支点；发挥政策优势，加快现代化产业集聚，建设海岛及南海海洋研发和综合产业开发基地

资料来源：根据国家发展和改革委员会及住房和城乡建设部于 2017 年 2 月发布的《北部湾城市群发展规划》整理。

3. 产业体系

城市群特色产业体系围绕三方面构建。一是培育绿色产业集群，包括推动北海、钦州、防城港、湛江、茂名、阳江、儋州（洋浦）、东方等地临港工业绿色化改造；培育电子信息、高端装备、海洋产业、新能源、生物、地理信息等新兴产业集群；以商贸物流、信息服务、现代金融、商务会展、海洋服务、文化服务等为重点，推进南宁、海口等城市现代服务业集聚发展，打造钦州、防城港、湛江、玉林、茂名综合型商贸物流基地；发展特色农海产品加工集群；共建国际旅游休闲目的地等（见表 1-9）。二是搭建产业发展平台，建设中国—东盟产业合作园及区域间产业协作平台。三是打造双向承接产业转移平台，优化产业转移环境。

表 1-9 北部湾城市群产业集群重点布局指向

地区	高端装备制造产业集群	冶金石化产业集群	电子信息产业集群	旅游产业集群
南宁市	轨道交通、通用航空等		计算机整机生产与零配件产业基地、光电显示研发基地和电子信息产业园，南宁—钦州—北海电子信息核心产业带	
北海市		有色金属冶炼、原油加工、油气开发和精细化工、化工新材料等		邮轮游、滨海游、养生游
钦州市	轨道交通、通用航空、港作机械、轻型飞机等			滨海游
防城港市	港作机械、轻型飞机、游艇制造			滨海游、边关风情旅游发展带
崇左市				
玉林市	工程机械			

续表

地区	高端装备制造产业集群	冶金石化产业集群	电子信息产业集群	旅游产业集群
湛江市	轨道交通、通用航空、冶金设备制造等	钢铁基地		滨海游、养生游
茂名市	冶金设备制造	原油加工、油气开发和精细化工等		滨海游
阳江市		高端不锈钢产业基地		滨海游
海口市	轨道交通、通用航空、汽车制造			邮轮游、滨海游、养生游

资料来源：根据国家发展和改革委员会及住房和城乡建设部于 2017 年 1 月发布的《北部湾城市群发展规划》整理。

第四节　中心城市与都市圈

一、南宁市及南宁都市圈

南宁市于 1958 年 3 月成为广西壮族自治区首府，是广西政治、经济、文化、教育、科技和金融中心。距钦州港 104 千米、防城港 172 千米、北海港 204 千米，距中越边境 200 千米，具有近海、近边，沿江、沿线即"两近两沿"的特点[①]，是中国距离东盟国家最近的省会城市和中国—东盟博览会常设举办地。作为北部湾城市群的核心城市，市区人口与经济规模在北部湾城市群各地级市中均居首位。

南宁市人口以壮族为主体，有壮、汉、瑶、苗、侗等多个民族。2020 年全市常住人口 875 万人，其中市区人口 598 万人（见表 1-10），市区人口在全国前 30 大城市之列。全市常住人口的城镇化率为 68.9%，在全国地级市排第 78 位。按 2020 年数据计算，南宁全市常住人口在北部湾城市群 11 个地级市中的比重为 19.9%，列第 1 位。

---

① 南宁市人民政府. 南宁简介［EB/OL］. http://www.nanning.gov.cn/zjnn/lcjj/t4360717.html，读取日期：2020 年 2 月 20 日。

全市现辖兴宁、江南、青秀、西乡塘、邕宁、良庆、武鸣 7 个城区和横州、宾阳、上林、马山、隆安 5 个市县级行政单位及南宁高新技术产业开发区、南宁经济技术开发区、广西—东盟经济技术开发区 3 个国家级开发区，共 84 个镇、15 个乡、3 个民族乡、22 个街道。2020 年全市及建成区的面积分别是 22245 平方千米和 327 平方千米，在全国设区市中分别排在第 58 位和第 27 位（见表 1-10），在城市群 11 个地级市中的比重分别是 28.2% 和 26.2%，均为北部湾各市之首。

经济总量方面，2020 年全市地区生产总值 4726 亿元，在全国设区市列第 47 位，居北部湾城市群各市之首（占 23.0%），占广西全区 GDP 的 21.3%；三次产业比重为 11.3∶22.9∶65.8。市辖区地区生产总值 3845 亿元，占全市 GDP 的 81.4%，在全国设区市列第 32 位，居北部湾城市群各市之首。市区的人均和地均 GDP 分别为 54669 元、2125 万元。

表 1-10　南宁市主要经济指标（2000/2020 年）

经济指标	2000 年		2020 年	
	全市	市辖区	全市	市辖区
年末户籍人口（万人）	291 [168]	136 [58]	791	409
常住人口（万人）	—	—	875 [36]	598
行政区域土地面积（平方千米）	10029 [146]	1834 [84]	22245 [58]	9947
建成区面积（平方千米）	—	100 [43]		327 [27]
地区生产总值（当年价，亿元）	294 [93]	215 [50]	4726 [47]	3845 [32]
人均地区生产总值（元）	10099	15867	54669 [139]	65406 [132]
地均地区生产总值（万元）	293	1173	2125	
三次产业占 GDP 的比重（%）	16.5∶30.3∶53.2	4.9∶30.1∶65.0	11.3∶22.9∶65.8	7.6∶21.9∶70.5
年末金融机构人民币各项存款余额（亿元）	—	—	11498	10496
当年实际使用外资金额（亿美元）	0.8	0.8	4.4	
社会消费品零售总额（亿元）	268	250	2180	1940

注："［ ］"内数值为在当年于数据统计的全国设区市中的排名。"—"表示无数据可用。

资料来源：根据 2001 年和 2021 年《中国城市统计年鉴》数据计算。

根据 2011 年 10 月国务院正式批复的《南宁市城市总体规划（2011—2020）》，作为北部湾经济区中心城市和西南地区连接出海通道的综合交通枢纽，南宁城市主导发展方向为：以邕江为轴线，西建东扩，完善江北，提升江南，重点向南。明确中心城"一轴两带多中心"的城市空间结构和布局形态，逐渐从"南湖时代"走向"邕江时代"。通过近年的"以邕江为轴线，西建东扩，完善江北，提升江南，重点向南"[①]，推进五象新区开发的城市建设策略，南宁的城市框架不断拓展，中心城市的辐射带动力得到增强。

2018 年《南宁市加快打造北部湾城市群核心城市实施方案》与《南宁市推进新型城镇化和城乡融合发展重点工作方案》等提出，在常住人口和户籍人口城镇化率要分别达到 65% 以上和 46% 以上的同时，提升南宁核心城市综合功能和集聚辐射带动北部湾城市群的能力，高标准规划和建设南宁都市圈。交通方面推进南宁经玉林至深圳高铁、贵阳至南宁铁路、南宁至崇左城际铁路、南宁至玉林城际铁路等重要交通基础设施项目，柳州经合山至南宁、南宁吴圩至上思、平果至南宁等高速公路项目。产业方面培育特色与优势，健全北部湾城市群市际合作机制；加强南宁与"北钦防"在电子信息、生物医药、装备制造等领域合作；推进北部湾经济区同城化、公共服务共建共享和生态环境联建联防联治，共同建设"南宁—北钦防"城镇发展轴，促进"北钦防"融入南宁大都市圈。

目前，南宁都市圈处于"发育期"（安树伟，2019）。体现在交通方面，市区至外缘市区的公路车程都在 1 小时以上，高铁 1 小时以内车程到达南宁的周边城市主要有钦州和防城港市，以及不在北部湾城市群范围内的贵港、来宾及柳州等市。与北海、钦州、玉林等市的日通行列车为 35 班、33 班和 15 班，以南宁为核心的广西北部湾城市群同城化效应正逐步显现。

为提升南宁的经济集聚与辐射带动力，2019 年广西壮族自治区党委和政府推动实施强首府战略，提出要在 2025—2035 年将南宁基本建成面向东盟开

---

① 南宁市人民政府. 行政区划［EB/OL］. http://www.nanning.gov.cn/zjnn/lcjj/t681816.html, 读取日期：2020 年 2 月 20 日。

放合作的区域性国际大都市,"一带一路"倡议有机衔接的重要门户枢纽城市,北部湾城市群与粤港澳大湾区融合发展的核心城市,以及具有浓郁壮乡特色和亚热带风情的生态宜居城市。重点推动与"北钦防一体化"深度联动发展,促进北海、钦州、防城港融入南宁都市圈,共建"南宁—北钦防"城镇发展轴,并推动广东、广西、海南三省区年度合作,实现北部湾城市群与粤港澳大湾区联动发展。

市区内的产城融合方面,未来发展重点是要优化工业园区产业和空间规划布局,推进武鸣区伊岭工业集中区、隆安华侨管理区、宾阳县黎塘工业园区等自治区产城互动试点园区建设;加快江南工业园、六景工业园等重点产业园转型升级;加速兴宁区、江南区、青秀区、西乡塘区、良庆区产城融合。推动建设宾阳县、隆安县农产品加工集聚区建设;推进国家全域旅游示范区创建,加快打造环首府生态旅游圈。

二、湛江市及湛茂都市区

湛江市位于中国大陆最南端、广东省西南部,包括整个雷州半岛及半岛北局部。东濒南海,南隔琼州海峡与海南省相望,西邻北部湾海域,西北与广西合浦、博白、陆川3县毗邻,东北与茂名市的茂南区和电白区、化州市相接。海岸线总长2024千米,其中大陆海岸线1244千米。湛江是广东省域副中心城市、粤西和北部湾城市群中心城市、全国首批沿海开放以及"一带一路"海上合作支点城市,中国西南与中南的重要出海口岸。

2020年全市总人口居北部湾城市群各市之首,而市区人口列北部湾各市第4位。2020年市区人口193万人,全市常住人口698万人(见表1-11),在全国地级市中列第52位,北部湾地级市第2位;常住人口城镇化率45.4%,在全国地级市中列第257位。

全市总面积13263平方千米,在2020年全国地级市中列134位(见表1-11),在北部湾城市居第3位。下辖赤坎、霞山、坡头、麻章4区,吴川、廉江、雷州3市,徐闻、遂溪2县,82个镇、2个乡、37个街道、307个居委会、1636个村委会,以及湛江经济技术开发区(国家高新技术产业开发区)

和奋勇高新区、南三岛滨海旅游示范区、海东新区 4 个功能区。其中市区面积 1703 平方千米，在北部湾城市居第 9 位；建成区面积 112 平方千米，排全国第 112 位，在北部湾城市居第 4 位。

经济规模与结构方面，2020 年全市地区生产总值 3100 亿元，占北部湾城市群总量的 15.06%，排全国第 86 位，在北部湾城市群 11 市中排第 3 位。市区生产总值 1425 亿元，排全国第 80 位，居北部湾城市第 2 位。市区的人均和地均 GDP 分别为 44408 元、2337 万元。全市三次产业结构为 20.1∶33.9∶46.0。

表 1-11　湛江市主要经济指标（2000/2020 年）

经济指标	2000 年		2020 年	
	全市	市辖区	全市	市辖区
年末户籍人口（万人）	695 [36]	140 [51]	859	—
常住人口（万人）	—	—	698 [52]	193
行政区域土地面积（平方千米）	12471 [111]	1460 [110]	13263 [134]	—
建成区面积（平方千米）	—	61 [74]	—	112 [112]
地区生产总值（当年价，亿元）	408 [65]	204 [52]	3100 [86]	1425 [80]
人均地区生产总值（元）	5870	14594	44408 [179]	74297 [111]
地均地区生产总值（万元）	327	1399	2337	—
三次产业占 GDP 的比重（%）	26.6∶38.0∶35.4	8.3∶55.1∶36.5	20.1∶33.9∶46.0	5.3∶49.3∶45.5
年末金融机构人民币各项存款余额（亿元）	—	—	39245	2212
当年实际使用外资金额（亿美元）	0.9	0.8	3.7	—
社会消费品零售总额（亿元）	119	64	1638	851

注："［　］"内数值为在当年于数据统计的全国设区市中的排名。"—"表示无数据可用。

资料来源：根据 2001 年和 2021 年《中国城市统计年鉴》数据计算。

交通方面，黎湛铁路、河茂铁路、粤海铁路、洛湛铁路、深湛铁路在湛江交汇。2018 年 6 月，深圳—湛江高铁建成开通，湛江进入高铁时代。但湛江与海南和广西之间的高铁还有待建设时速 350 千米合浦—湛江高铁、张家界—海口高铁、湛江—海口高铁和广州—湛江客专来连通。207 国道、228 国道、325 国道贯穿，广（州）湛（江）、渝（重庆）湛（江）、湛（江）徐

（闻）、汕（头）湛（江）、玉（林）湛（江）高速公路交汇。这些，与天然深水良港湛江港的发展相联动。2020 年湛江港口集装箱吞吐量 123 万 TEU，货物吞吐量 23391 万吨，分别列全国港口排名第 29 位和第 22 位。

高铁和高速将湛江与茂名基本连成一个 1 小时都市区，并辐射阳江。其中，通过高铁，从湛江市区到吴川、茂名、雷州、廉江、阳江等地的时间分别是 26 分钟、32 分钟、41 分钟、50 分钟和 74 分钟，而从茂名到吴川、阳江等地的时间分别是 12 分钟和 54 分钟。沿着高速，从湛江市区到遂溪、雷州、廉江、吴川、化州、茂名等地的时间分别是 28 分钟、54 分钟、54 分钟、59 分钟、65 分钟和 70 分钟车程，而从茂名市区到高州、化州、吴川、阳西、廉江等地的时间分别是 35 分钟、39 分钟、41 分钟、55 分钟和 67 分钟车程。湛江与茂名市区基本实现了一小时通勤圈。

茂名与湛江不但距离近，而且人口和经济规模相当。2020 年茂名市市区人口 272 万人，在全国有统计数据的 290 余个地级市区中排第 76 位；地区生产总值 3279 亿元，列全国地级市第 76 位，北部湾 11 市中第 2 位；建成区面积 128 平方千米，列全国地级市第 102 位。湛茂都市区总体经济体量在北部湾城市群中表现突出（见表 1-12）。因而，湛茂两城以及与阳江的都市区建设，是近年来粤西及北部湾城市群发展的一个重点。

表 1-12　2020 年北部城市群 3 大都市圈主要指标对比

指标	人口数量（万人）	地区生产总值（GDP）（亿元）	社会消费品零售总额（亿元）	金融机构本外币存款余额（亿元）
南宁都市圈	791	4726	2180	11498
湛茂都市区	1377	6379	2995	7870
海口都市圈	230	1671	836	5156

资料来源：相关城市 2020 年国民经济和社会发展统计公报。

广东省党委、省政府 2019 年 7 月《关于构建"一核一带一区"区域发展新格局促进全省区域协调发展的意见》，2020 年 5 月《广东省建立健全城乡融合发展体制机制和政策体系的若干措施》，以及 2020 年 8 月《关于加大有效投资力度加快构建"一核一带一区"区域发展格局的意见》，提出加快构建"一核一带一区"（即珠三角地区、沿海经济带与粤北生态发展区）的区域发展新格局，科学制定包括湛茂都市圈在内的五大都市圈发展规划，加强湛江与茂名、阳江的协同发展。在包括珠三角沿海七市和东西两翼地区七市的沿海经济带中，汕头、湛江作为两个省域副中心城市进行建设。以湛江市为中心的西翼，包括湛、茂、阳三市，重点发挥湛江作为北部湾地区中心城市作用，推进湛茂阳都市区加快发展；强化基础设施建设和临港产业布局，疏通联系东西、连接省外的交通大通道，拓展国际航空和海运航线；对接海南自由贸易港和北部湾城市群，扩展大西南和东盟发展腹地；参与国家南海开发，共同打造世界级沿海经济带①。目前，湛茂都市圈各市已构建协商机制。2020年6月，湛茂阳三市党政主要领导第一次联席会议在湛江召开，签署了《协同推进现代化沿海经济带西翼高质量发展合作框架协议》，湛茂两市签署《空港经济区框架协议》。

从目前湛江的交通布局来看，向东，以推进广湛高铁、湛江国际机场、茂湛高速改扩建工程等项目为重点，积极融入珠三角2小时交通圈。向南，以徐闻港区南山作业区客货滚装码头、湛海高铁等项目为重点，打造与海南的半小时交通圈。向西，以湛江港40万吨级航道工程、合湛高铁、张海高铁、河茂铁路西延线、玉湛高速等项目为重点，进一步提升与大西南地区连通水平。未来，不论是与粤港澳大湾区、海南自贸港，还是与北部湾城市群的通达水平，均将全面提升。

三、海口市都市圈

海口市地处海南岛北部，1988年海南建省，海口市成为海南省省会，进而成为海南省政治、经济、科技、文化中心和最大的交通枢纽，以及海南自由贸易港核心城市。市区人口与经济规模在北部湾城市群各设区市中分别居

---

① 广东省人民政府. 省委省政府印发意见构建"一核一带一区"区域发展新格局促进全省区域协调发展［EB/OL］. http://www.gd.gov.cn/gdywdt/gdyw/content/post_ 2540205.html，读取日期：2020年10月30日。

第 3 位和第 4 位。现辖秀英、龙华、琼山、美兰 4 区，21 街道、22 镇、211 社区和 248 个行政村。总面积 3127 平方千米，其中陆地和海域面积分别占 2297 平方千米和 830 平方千米。2020 年建成区面积 204 平方千米，在北部湾城市中居第 2 位。

全市 2020 年底常住人口 288 万人，占海南省人口 24.6%，其中，秀英区 57 万人，龙华区 80 万人，琼山区 66 万人，美兰区 85 万人。常住人口城镇化率为 81.7%，在全国地级市排名第 28 位。年末户籍人口 195.05 万人。具体指标如表 1-13 所示。

经济总量方面，2020 年市区地区生产总值 1792 亿元（见表 1-13），占北部湾城市群总量的 8.71%，在北部湾设区市中列第 4 位，在全国列第 150 位，人均地区生产总值 63309 元，列全国第 114 位。三次产业结构比为 4.5∶15.0∶80.5。

与周边城镇的交通连接方面，目前海口与北部湾城市群中的连通程度还不高（Wang J., Cheng J., Qin N. & Chen Q，2019）。与城市群中城际通达时间在 1 小时以内的城市主要集中在湛江与茂名区域，分散的地形和不便的交通，也使得有些县市到达海口的通达时间接近 10 小时车程。跟南宁类似，海口与周边都缺少通勤车程 1 小时的小城市，且海口尚缺乏轨道交通网络，对周边城镇的辐射带动以及海口都市圈均有待提升。

2017 年海南省发布《海澄文一体化综合经济圈发展规划（2016—2030）》，通过一批重大交通基础设施项目等推进海口、澄迈、文昌即"海澄文"一体化。提高"海澄文"地区生产总值占全省经济总量到四成以上。琼州海峡经济合作，推动着湛江—海口高铁规划建设；湛江、北海、钦州等地环北部湾水上飞机通航旅游网络等，正促进海口与北部湾地区立体交通体系网络融合。

表 1-13　海口市主要经济指标（2000/2020 年）

经济指标	2000 年		2020 年	
	全市	市辖区	全市	市辖区
年末户籍人口（万人）	57.34［259］	—	195	—

续表

经济指标	2000 年		2020 年	
	全市	市辖区	全市	市辖区
常住人口（万人）	150	—	288［174］	—
行政区域土地面积（平方千米）	236［264］	—	2297［286］	—
建成区面积（平方千米）	—	—	—	—
地区生产总值（当年价，亿元）	134［201］	—	1792［150］	—
人均地区生产总值（元）	23302	—	63309［114］	—
地均地区生产总值（万元）	5662	—	7801	—
三次产业占 GDP 的比重（%）	2.4∶25.9∶71.7	—	4.5∶15.0∶80.5	—
年末金融机构人民币各项存款余额（亿元）	—	—	5019	—
当年实际使用外资金额（亿美元）	3.5	—	17	—
社会消费品零售总额（亿元）	107	—	835	—

注："［ ］"内数值为在当年于数据统计的全国地级市中的排名。"—"表示无数据可用。

资料来源：根据 2001 年和 2019 年《中国城市统计年鉴》数据计算。

第二章　基础设施

　　基础设施是指为社会生产和居民生活提供服务的物质工程设施，用于保障国家或地区社会经济活动正常进行的公共服务系统，是一个国家或地区赖以生存、发展的物质条件和基础，包括交通、邮电、水电供应、科教文卫、环境保护、园林绿化等市政公用工程和公共生活服务设施。

　　北部湾城市群地域广阔，由于陆海与三省区交会、边疆与海疆等区位因素，以及经济发展起步较晚和城市行政隶属划分调整等历史因素，形成了整体分散、局部集聚的城市空间形态，也塑造了北部湾城市群基础设施总体建设滞后和城市间异质性的特点。本章分析交通基础设施和公共服务设施状况，以及其在北部湾城市群发展中的作用，并针对发展机遇与未来挑战提出对策建议。

第一节　交通基础设施

　　北部湾城市群致力于打造"一湾双轴，一极两核"的城市发展新空间，这一愿景对城市群交通基础设施提出新的要求，既要解决当前城市群交通网络结构的制约，又需在完善交通网络结构中考虑对接"一带一路"倡议、西部陆海新通道以及陆疆和海疆的边城口岸基础设施，建设高效、便捷、安全的双向开放的综合交通网络结构。本小节从北部湾城市群交通基础设施建设现状分析出发，归纳其整体概况，描绘城市群经济社会发展与交通网络结构之间相互促进、相互依存的关系，以揭示交通网络结构在城市群形成和发展过程中的贡献和掣肘。

一、港口航运

北部湾城市群以横跨琼州海峡和三省区沿海之地势，拥有众多的港口和河流，向上延伸至上中游城市形成内河港口，向下串联河港与海港，可以实现内河与外海联运（见表2-1）。虽然城市群内河航道及港口的航运功能受到河流水量、汛期以及河道深浅宽窄等自然因素的影响，但由于地处亚热带季风气候区，年均降水量大，极端天气少，河流年均可通航时间长，使得主要的西江—珠江内河航道颇具航运价值。海港和内河航运让城市群可实现"海港+内河"的廉价、便捷的水路运输；南北走向的航道平陆运河于2022年8月28日开工建设，建成后北部湾城市群将形成全方位的水路航运系统。然而，虽然北部湾城市群在海港和内河航运方面具有先天优势，但碍于城市群整体经济发展水平不高，运量需求潜力仍有待开发，航运价值尚未完全凸显。因此，如何提高航运运量需求，使陆路—内河—外海联运实现高效衔接是北部湾城市群航运发展亟待解决的问题，也是发展向海经济、外向型经济布局的重要一环。

表2-1 北部湾城市群主要港口

地区	港口名称	港口类型	港口属性	港区数量
南宁市	南宁港	—	河港	2
北海市	北海港	I类	海港	—
钦州市	钦州港	I类	海港	—
防城港市	防城港	I类	海港	3
湛江市	湛江港	I类	海港	4
茂名市	茂名港	I类	海港	3
阳江市	阳江港	I类	海港	2
海口市	海口港	I类	海港	3
儋州市	洋浦港	I类	海港	4
东方市	八所港	I类	海港	3

资料来源：根据2021年各市统计年鉴及中国港口网数据整理，缺玉林市、崇左市相关资料。

（一）水路运输量

水路运输具有运量大、成本低，但速度较慢、灵活性欠缺、受自然因素影响大等特点，所以相对于客运而言，水运更适合考虑重量和成本双重因素的货物运输。相关数据显示，北部湾城市群的水路货运在数量、重量和价值量上都远超客运，并且货运量和客运量与城市经济发展水平、人口密集度正相关。此外，城市功能定位也是影响港口客货运量的一个重要因素。

表2-2和表2-3显示，总体来看，北部湾城市群的水运货运总量呈稳步增长趋势（除2020年由于新冠疫情影响出现下降），10年内增长近58.1%，但其占全国水运货运量比重较低，仅为3%左右，并且比重呈现下降趋势。这表明北部湾城市群水运货运在全国范围内缺乏竞争力，增长速度低于全国平均水平，水运的发展逐渐滞后于其他港口城市。具体而言，通过北部湾各城市水运客货运量对比可见，水运货运发展更为迅速。水路货运量增长较为明显的城市为茂名市、南宁市、防城港市、钦州市和海口市。其中防城港市、钦州市和海口市水路货运量迅速增长得益于沿边以及沿海的区位优势。这3个城市也因此成为中国西南、中部和东部沿海省份货物出口至东南亚、中亚、非洲、欧洲的中转站和集散地，并且是中国从这些地区进口货物的重要港口。特别地，南宁作为内河港口，2011—2020年水路货运量增长近73.7%，增速最快，这表明作为广西壮族自治区首府以及北部湾城市群核心城市，经济发展给南宁带来了大量的货运需求，成本低、运量大的水运成为首选。此外，近年来南宁铁路运输网络不断完善，新建货运铁路对港口城市的水路货运量既存在替代作用也存在促进作用，但是总体上促进作用更为明显，因此铁路建设也通过促进南宁经济发展而间接提升了水路货运量。随着北部湾城市群经济潜力的进一步释放，内河港运力和运量有限的缺点可能会成为南宁经济发展的桎梏，因此未来南宁的交通基础设施建设应在保持内河港口运量运力稳定增长的同时，建设更密集的铁路运输网以弥补内河港口的运力不足，并使陆运与河运形成互补。

此外，水路货运量在地区间差异明显，体现在货运总量在海港之间、河港之间差异很大，海港大于河港。湛江、茂名、阳江、北海、防城港、钦州、海口这几个拥有优良海港的城市，水运在货运中发挥着重要作用；除阳江和茂名外，其余几个海港城市水运货运量多在千万吨级别以上。海口的水运货运量第一，是其他城市的数倍之多；湛江、钦州和防城港紧随其后；阳江的水运货运量在2015年后出现急剧下降。此外，南宁、玉林和崇左3个内河港口货运总量相对较低，南宁港占3个内河港口货运总量的90%以上；而玉林和崇左的水运货运不发达，主要原因在于受到城市经济水平和内河航运能力的双重制约。

与货运相比，北部湾城市群的水运客运量总体上升（除2020年受新冠疫情影响外），占全国的比重约为10%，且比重呈上升趋势。水运客运的相对优势来源于北部湾城市群众多的港口以及海口和北海两座国际旅游海滨城市。具体来看，近十年里北部湾城市群的水运客运总量略微增长，部分年份下降幅度较大，但港口之间客运量和增速差异显著。湛江、海口、北海的港口客运量较大，达到百万人次，三市的港口客运量占城市群的96.7%。其中湛江港的客运量逐年下降，北海和海口则上升。出现这一现象的原因是湛江港的客运功能逐渐减弱，而北海和海口作为旅游城市，水运客运很多时候既是交通方式，也是吸引游客的手段，因而客运量呈上升趋势。其余城市的港口客运量都很低，基本在50万人次以下。

表2-2　主要年份北部湾城市群水运货运量

单位：万吨

地区	年份									
	2011年	2012年	2013年	2014年	2015年	2016年	2017年	2018年	2019年	2020年
南宁市	2349	2983	2500	2714	3263	3486	3698	3854	4221	4080
北海市	839	855	836	656	696	737	905	1065	831	816
钦州市	1252	1813	2164	2208	2361	2352	2402	2409	2555	—
防城港市	1117	1284	1284	1286	1302	1374	1382	1724	1750	—
玉林市	175	179	192	130	133	135	138	141	153	—
崇左市	247	347	22	28	28	30	30	31	41	—
湛江市	3159	3043	2791	2966	3566	3672	4207	4298	5235	4100

续表

地区	年份									
	2011年	2012年	2013年	2014年	2015年	2016年	2017年	2018年	2019年	2020年
茂名市	352	353	462	516	542	600	664	682	765	698
阳江市	227	594	781	993	1010	869	91	46	53	91
海口市	5469	5981	7057	8001	6929	6971	6006	6141	8408	8443
合计	15186	17432	18089	19498	19830	20226	19523	20391	24012	18228
占全国比重（%）	3.6	3.8	3.2	3.3	3.2	3.2	2.9	2.9	3.2	2.4

资料来源：根据相关年份各市统计年鉴及《广西统计年鉴》《广东统计年鉴》《海南统计年鉴》整理。

表2-3　主要年份北部湾城市群水运客运量

单位：万人

地区	年份						
	2011年	2014年	2015年	2017年	2018年	2019年	2020年
南宁市	—	—	—	—	—	9	8
北海市	128	209	238	355	365	405	224
钦州市	15	7	7	7	—	—	—
防城港市	12	16	22	23	9	17	—
玉林市	—	—	—	—	—	1	—
崇左市	1	1	1	2	2	4	—
湛江市	1012	592	731	788	764	758	589
茂名市	38	60	63	22	24	32	15
阳江市	9	6	6	5	8	9	8
海口市	811	1007	929	1012	930	962	715
合计	2026	1898	1997	2214	2102	2197	1559
占全国比重（%）	8.3	7.2	7.4	7.8	7.5	8.1	10.4

资料来源：根据相关年份各市统计年鉴及《广西统计年鉴》《广东统计年鉴》《海南统计年鉴》整理。

（二）港口吞吐量

港口吞吐量是指一段时间内由水运方式输入、输出港区，并经过装卸作业的货物总量，是反映城市群港口生产经营活动的重要数量指标，在一定程度上显示了港口城市的向海经济和腹地城市的内外贸易以及流域经济发展情况。本小节利用该指标衡量城市群港口活跃程度和承运能力，从宏观层面分析港口基础设施完备程度和发展质量。

表2-4显示，北部湾城市群的港口货物吞吐量整体上呈增长趋势，并且其占全国港口货物吞吐量的比重逐渐上升。这表明北部湾城市群正有效发挥港口众多的沿海优势，也间接反映出港口腹地城市的经济和贸易发展将持续推动北部湾港口之间的竞争与合作。具体来看，北部湾城市群中位于广西的港口数量为4个，其中防城港属于陆疆和海疆港口；位于海南与广东的港口数量均为3个。各港口吞吐量基本上都呈增长趋势，增幅较大的有湛江港、阳江港、钦州港、海口港和儋州洋浦港。

表2-4 主要年份北部湾城市群主要港口货物吞吐量

单位：万吨

地区	港口属性	年份							
		2011年	2012年	2014年	2015年	2016年	2017年	2019年	2020年
南宁市	河港	777	1070	1150	1004	1312	1380	796	845
北海市	海港	1591	1757	2276	2468	2750	2236	3496	3736
钦州市	海港	4716	5622	6412	6510	6954	8338	11931	13649
防城港市	海港	9024	10058	11501	11504	10688	10355	10141	12182
湛江市	海港	15539	17092	20238	22036	25612	28209	21570	23391
茂名市	海港	2307	2390	2654	2685	2560	2491	2508	2683
阳江市	海港	1121	1605	1748	2139	2337	2734	3235	3350
海口市	海港	6549	7271	8915	9204	8867	10113	12447	11781
儋州市（洋浦港）	海港	3101	3225	3525	3901	4058	4285	5015	5664
东方市（八所港）	海港	997	1068	1400	1767	1516	1605	1507	1501
合计	—	45722	51158	59819	63218	66654	71746	72646	78782
占全国比重（%）	—	5.0	5.2	5.3	5.0	5.3	5.7	5.7	6.2

资料来源：根据相关年份各市统计年鉴及《广西统计年鉴》《广东统计年鉴》《海南统计年鉴》整理。

北部湾城市群各港口发展质量的异质性较大。广西 4 个港口的吞吐量之和仅与湛江港的总量相近。南宁作为内河港口，吞吐量受到内河运输的限制很大，因而增长有限；防城港的吞吐量破 10000 万吨，可见陆疆边境口岸叠加海疆港口具有很大的增量效应，但增速较慢；而北海港更多发挥旅游城市的旅客集散作用，港口吞吐量增幅不高；钦州港近年来港口基础设施建设逐渐完善，吞吐量增幅很大，增长势头很强，加上其作为平陆运河的出海港，可以预见未来钦州港吞吐量增长会更大。湛江市依托粤西经济腹地，以及连通桂东与海南等区位优势，内外贸易发展迅速，港口吞吐量远超其他城市，在 2017 年达到最高值，之后虽然出现波动，但总量基本维持在 20000 万吨以上，大幅领先于第二、三名的防城港和海口港。海口港吞吐量在经过多年增长后于 2017 年突破 10000 万吨，并逐渐超过防城港——防城港吞吐量近十年内仅小幅度上涨。出现这种"反超"现象的原因是海南省落实国家"海洋强国"和"国际旅游岛建设"等重大发展战略，整合港口资源，以市场化、专业化、产业化等方向发展港航业，港口吞吐量有了较大提升，在长期也一定程度上促进了城市经济发展。防城港是国内唯一的硫磷专业化港口和装卸货物种类最多的港口，受制于此功能定位，虽然目前海运市场回暖，但防城港的港口吞吐量依旧呈缓慢增长的趋势，近十年徘徊在 10000 万吨上下。

二、公路运输

公路交通设施能够促进区域经济发展，其运输量也是反映区域社会经济发展与交通运输服务水平的重要指标。近年来，高速公路里程稳步提升，公路运输快速发展，结构也不断优化。

（一）公路里程

北部湾城市群公路基础设施发展的差异较大。这里按公路通程里程数对城市进行梯队划分，第一梯队为 10000 千米及以上，第二梯队为 5000～10000 千米，第三梯队为 5000 千米及以下。表 2-5 和表 2-6 显示，湛江市、茂名市、阳江市、南宁市和玉林市 5 个城市为第一梯队，公路通程里程数均突破 10000 千米，以湛江市为首，茂名市次之，南宁市、阳江市、玉林市分别位列第三、四、五名。钦州市和崇左市为第二梯队，其余城市属于第三梯队。边疆城市多位于第二、三梯队，即使是高速公路里程也处在城市群中的靠后位置，公路网建设相对滞后。相对特殊的是海南省的市、县的公路里程相对较短，里程最长的海口市拥有各级公路总长度仅在 1000 千米左右，其他市、县的公路里程均低于 500 千米。主要原因在于海南省地理面积不大，常住人口较少，相对较低的公路里程即可以满足人口、物资的流动需求，并且环岛高速公路建成后，东部地区的公路交通可达性大于中西部，而儋州市、东方市、临高县又都位于西部，偏离海南省公路基础设施建设的中心，导致公路里程较低。因此就公路里程而言，不把海南的城市与其他的城市进行直接比较。

具体而言，湛江市、阳江市、茂名市处于粤港澳大湾区经济辐射带，公路建设较快。南宁市的公路里程大于大部分城市，更重要的是南宁市在高速公路里程上远超城市群中的其他城市，这表明其作为核心城市，同时也承担着城市群内要素快速流动的交通枢纽职能。再者，防城港和崇左两个边境城市拥有中越跨境的国家一级口岸，人流、物流和商贸活动频繁，但公路和高速公路里程不长，占北部湾城市群公路和高速公路总里程的比重分别为3.3%、3.9%和7.6%、11%，说明两个城市处于交通网络和边疆的双重边缘位置，与其他城市的互联互通不够便捷。此外，公路交通基础设施的短板可能阻碍了口岸和边城经济的发展。

表 2-5　主要年份北部湾城市群公路里程

单位：km

地区	年份									
	2011 年	2012 年	2013 年	2014 年	2015 年	2016 年	2017 年	2018 年	2019 年	2020 年
南宁市	10567	11527	12195	12458	12656	12652	12795	12943	13149	13320
北海市	2414	2577	2586	2728	2796	—	2393	6859	3012	3041
钦州市	5357	5617	6170	6170	6693	6955	7092	7335	7335	7523
防城港市	2571	3320	2845	2901	3024	3035	3116	2978	3204	3178
玉林市	8640	8766	9747	10146	10202	10325	10363	8072	10031	10747
崇左市	6507	6648	6935	7016	7047	7278	7299	7223	7392	7350

续表

地区	年份									
	2011 年	2012 年	2013 年	2014 年	2015 年	2016 年	2017 年	2018 年	2019 年	2020 年
湛江市	21502	21489	21800	21800	21792	22146	22252	22137	22145	22445
茂名市	15616	15638	15642	15643	17461	17422	17603	17651	18659	18920
阳江市	7461	7465	7473	9984	10061	10513	10459	10480	10483	10813
海口市	1082	1107	1122	1142	1162	—	—	—	—	6381
儋州市	212	319	326	334	340	—	—	—	—	3920
东方市	109	115	120	120	125	—	—	—	—	—
澄迈县	36	43	43	51	53	—	—	—	—	—
临高县	42	49	58	58	63	—	—	—	—	—
昌江县	109	111	111	114	111	—	—	—	—	—

资料来源：根据相关年份各市统计年鉴及《广西统计年鉴》《广东统计年鉴》《海南统计年鉴》整理。

表 2-6　2020 年北部湾城市群高速公路里程

单位：km

年份	南宁	北海	钦州	防城港	玉林	崇左	湛江	茂名	阳江	海口
2020	943	188	431	142	403	405	319	363	377	107

资料来源：根据相关年份各市统计年鉴及《广西统计年鉴》《广东统计年鉴》《海南统计年鉴》整理。

（二）公路客货运量

公路交通运输需求来源于社会经济的发展和人民生活的需要，反映了地区要素流动频率和经济活跃程度，是地区经济发展活力的重要指标。受高铁和航空客运等因素的影响，近十年来北部湾城市群公路货运量总体呈上升趋势，客运量呈下降趋势；省际、城际之间货运量增量和增速的差异很大，客运量的差异则相对较小。城市群公路货运功能不断强化，公路客运功能在相对弱化，这表明城市群的经济发展不仅得益于区域人口集聚，也有商品和要素流动的作用。

1. 货运量

表 2-7 显示，北部湾城市群中广西城市的公路货运量明显高于其他两个

省的城市，总量前五的城市广西有 3 个，分别为南宁市（第一）、玉林市（第二）、钦州市（第四）。可见这几个城市经济发展对公路交通运输的依赖度高，同时公路运输适合中短途距离的特性也侧面反映这些城市的货物运输基本局限在城市群内部及周边。2013 年以后钦州市和防城港市的铁路建设取得突破，铁路货物运输部分取代公路运输，公路货运量出现大幅度下降。崇左市的公路货运量不断增长，除了口岸经济发展外，也有本身铁路线路单一、水运不发达、交通运输方式可选性较少等原因，造成货运高度依赖于公路。其他城市除海口市外，公路货运量都偏低，并且增速较慢。结合前文分析中防城港市、崇左市、海口市等公路里程数不高的结论，显示出目前北部湾城市群公路运输在边疆和口岸互联互通上比较薄弱。广东三市的公路通程里程虽然相对较高，但是公路货运总量只相当于整个城市群的 25.7%，可能是因为这三个城市的经济发展水平在城市群中并尚不突出，且货物运输大部分通过铁路和港口。

2. 客运量

随着北部湾城市群铁路网络的建设，高铁和动车逐渐成为人们中短途迁移的首要选择，公路客运在高速、便捷以及舒适度上都难以与之竞争，故公路客运量逐渐萎缩。表 2-8 显示，各城市客运量在 2013 年后出现下降，且大多数降至 10000 万人以下，此后并未出现明显回升，其中湛江市、南宁市和海口市下降幅度最大，其余城市的降幅较小。以海口市为例，海口市公路客运量在 2013 年以前依旧保持上升趋势，但 2013 年以后下降，原因在于，2010—2013 年海南环岛铁路建设逐渐完成，极大分散了公路客运量。

表 2-7　主要年份北部湾主要城市公路货运量

单位：万吨

地区	年份							
	2011 年	2012 年	2013 年	2014 年	2017 年	2018 年	2019 年	2020 年
南宁市	21363	26182	27872	30035	31212	34299	36880	32500
北海市	3989	4386	5423	5853	6074	6674	7178	6322
钦州市	18069	21456	24185	10956	11386	12510	13452	11851

地区	年份							
	2011 年	2012 年	2013 年	2014 年	2017 年	2018 年	2019 年	2020 年
防城港市	7678	9170	3617	3888	4042	4441	4776	4206
玉林市	12926	14865	19636	21149	21978	24150	25969	22879
崇左市	3338	4168	3957	4269	4436	4874	5243	4619
湛江市	5688	6487	7799	11191	13352	14712	16921	14537
茂名市	4849	5804	6661	8344	9856	10658	11722	9604
阳江市	2753	3579	6891	9347	9923	10186	10485	5408
海口市	3119	3655	4122	3448	3023	4678	5334	2939
合计	83772	99752	110163	108480	115282	127182	137960	114865

资料来源：据根据相关年份各市统计年鉴及《广西统计年鉴》《广东统计年鉴》《海南统计年鉴》整理。

表 2-8 主要年份北部湾主要城市公路客运量

单位：万人

地区	年份							
	2011 年	2012 年	2013 年	2014 年	2017 年	2018 年	2019 年	2020 年
南宁市	9748	10624	6867	6702	5482	5196	4972	3902
北海市	3433	3736	2356	2393	1958	1858	1776	1389
钦州市	4173	4429	4710	1864	1525	1447	1384	1082
防城港市	2353	2508	1024	1009	823	781	748	583
玉林市	6588	7280	3537	3666	2997	2843	2714	2092
崇左市	2556	2590	1507	1530	1250	1190	1137	884
湛江市	12880	13690	15042	7132	8641	8423	8691	3140
茂名市	7389	8131	8620	5604	6493	6634	6721	5768
阳江市	4282	4307	4309	1566	1544	1574	1585	524
海口市	31532	36394	41180	2100	2666	2548	2504	1429
合计	84934	93689	89152	33566	33379	32494	32232	20793

资料来源：根据相关年份各市统计年鉴及《广西统计年鉴》《广东统计年鉴》《海南统计年鉴》整理。

总体而言，北部湾城市群的公路货运量与客运量呈反向增长趋势，即公路货运量上升伴随着客运量下降。交通基础设施完善、交通方式的变革和运输方式的多样化对城市群公路客货运量产生了很大影响。此外，北部湾城市群经济结构、功能定位也是重要的影响因素。公路货运量与北部湾城市群经济总量成正相关，客运量则主要与城市功能、交通运输方式调整以及人口流动性等相关。南宁市作为北部湾城市群中经济总量规模最大的城市，客货运量都很高；其他经济总量较大的城市如湛江市、茂名市、阳江市、玉林市的货运量也较高。海口市是著名的旅游城市，同时集中了超过40%的海南省人口，公路面临外来旅客以及本地居民流动的双重运输需求，因而客运规模较大。

三、铁路运输

目前，北部湾城市群已形成以南广、南昆、贵广、湘桂、焦柳、黔桂、黎湛等干线为骨架，沿海城际铁路及环岛铁路为辅助，高速铁路公交化运行，连接粤湘黔滇的铁路运输网络。一方面，就重要性而言，铁路运输具备持续性强、运量大、成本低、安全等优点，是北部湾城市群大宗型货物远距离运输以及人口大规模迁移的主要方式，并且铁路基础设施可以很大程度上减弱边境的贸易屏蔽效应[1]；另一方面，就现状而言，北部湾城市群的铁路客货运量远低于公路，并且各城市的铁路客货运量差异较大。可见铁路客货运量与城市在交通网络中的地位有关，交通枢纽城市一般拥有更大规模客货运量。

（一）货运量

表2-9显示，北部湾城市群铁路货运量整体呈波动上升，具体增长情况因城市而异。铁路货运量增长最快的是湛江市、阳江市，其中湛江市一直位列第一，这与其港口城市功能定位、连通粤桂的区位因素有关；阳江市则成为第二大铁路货运城市。但南宁市在2014年之前增速和增幅较大，之后不断大幅度下降。其余城市铁路货运保持较为缓慢增长态势。值得注意的是，

---

[1] 谢东升，李国民. 交通基础设施对我国边境贸易的影响 [J]. 统计与决策，2021，37（09）：116-119.

2013 年是铁路货运量的分水岭，在此之前广东三市一直是铁路货运的"领头羊"，2013 年之后广西和海南的城市，特别是沿海城市和内陆口岸城市快速增长，而其他内陆城市的增长则较为缓慢。由此可见，港口及口岸运量需求大的特性与铁路运输运量大、成本低的特点能够完美契合。铁路网延伸至边境城市、口岸和沿海港口，如防城港市至东兴市口岸铁路建设、湘桂线南宁市至凭祥市段扩能改造完善出境通道（南凭高速铁路）、防城港市企沙工业园铁路、钦州市大榄坪铁路、北海市铁山港支线、钦州市大榄坪至保税区铁路支线和钦州市临海工业园铁路建设等，推动了水铁联运，使处在边缘的边疆地区能快速高效地连通城市群核心城市。

（二）客运量

北部湾城市群铁路客运量近十年来增长超过 3 倍，铁路客运功能逐渐增强。表 2-10 显示，南宁市、湛江市和海口市的客运量处于领先地位，其他城市客运量增长缓慢，基本在 300 万人以下。2016 年以后，南宁市、湛江市和海口市与其他城市拉开差距，并且南宁市取代海口市成为首位。除茂名市保持增长外，其他城市铁路客运量规模较小，且呈波动性上升趋势。另外，2013 年此区域高铁逐步开通后，除玉林市、崇左市之外所有城市的铁路客运规模均扩大，表明这两个城市在北部湾城市群铁路网络建设中处于边缘地位，高铁、动车线路通车较晚，班次较少，铁路客运功能无法有效发挥，公路客运仍占据主导地位。

表 2-9　主要年份北部湾城市群铁路货运量

单位：万吨

地区	年份							
	2011 年	2012 年	2013 年	2014 年	2016 年	2017 年	2018 年	2019 年
南宁市	610	616	1981	828	—	226	223	211
北海市	176	422	439	315	230	223	231	155
钦州市	470	112	1454	4338	982	—	—	—
防城港市	3284	3167	3222	3563	3432	3837	3716	
玉林市	102	75	92	327	—			

续表

地区	年份							
	2011 年	2012 年	2013 年	2014 年	2016 年	2017 年	2018 年	2019 年
崇左市	235	203	164	146	77	—	—	—
湛江市	2756	3248	3180	18690	2741	3720	3301	3440
茂名市	670	660	667	603	602	662	660	859
阳江市	211	229	648	689			724	799
海口市	696	754	964	870	8005	9728	1078	1185
合计	9210	9486	12811	30369	16069	18396	9933	6649

资料来源：根据相关年份各市统计年鉴及《广西统计年鉴》《广东统计年鉴》《海南统计年鉴》整理。

表 2-10 主要年份北部湾城市群铁路客运量

单位：万人

地区	年份							
	2011 年	2012 年	2013 年	2014 年	2016 年	2017 年	2018 年	2019 年
南宁市	1088	1053	1103	1502	2576	3040	3506	3732
北海市	34	39	9	21	700	838	993	1051
钦州市	29	56	31	76	353	—	—	—
防城港市	24	15	16	46	107	122	184	—
玉林市	290	275	313	24	1199	336	383	423
崇左市	143	139	126	109	109			
湛江市	180	188	163	191	178	220	401	613
茂名市	138	152	168	174	173	182	515	821
阳江市	—	22						
海口市	1066	1189	1422	1582	2337	2724	2990	3059
合计	2992	3128	3351	3725	7732	7462	8972	9699

资料来源：根据相关年份各市统计年鉴及《广西统计年鉴》《广东统计年鉴》《海南统计年鉴》《南宁市统计年鉴》《湛江统计年鉴》整理。

北部湾城市群铁路网络目前已基本形成以湘桂、南昆、黎湛、益湛、南防、钦北、黎钦线和钦港线为主，接内地、通港口、连越南的出省、出海、出境，通粤东、粤港澳大湾区的铁路运输网络，在此基础上建设以核心城市为中心、多个枢纽城市并存的城市群铁路运输网络，将进一步发挥北部湾城市群的边海区位优势。

四、航空运输

航空运输是指利用飞机或其他航天器运送人员、货物或邮件的一种运输方式，具有快速、机动的特点，是远程旅客运输以及国际贸易中的贵重物品、鲜活货物和精密仪器等运输的重要方式。目前，城市群内的本土航空公司有广西北部湾航空和海南航空，基于城市群跨省域和海域的空间分布特殊性，两家本土航空公司在航空客货运输方面拥有着绝佳的区位优势、市场潜力及需求。

北部湾城市群机场主要分布在南宁市、海口市、北海市、湛江市（见表2-11）。南宁市与海口市在机场等级、航线和通航城市数量上领先于北海市和湛江市，这表明前两者航空运输发展较快，原因是两者既是省会城市，又是区域经济中心以及商品和要素流动枢纽，航空业发展条件优越。同时，得益于地缘上与东南亚国家邻近以及国际展会等因素，北部湾各机场通常既是前往东南亚的出发地，又可作为中东部省份航空运输来往东南亚的中转站。

中国交通运输部2019年民航统计数据显示，南宁市和海口市的航空港发展水平较高，体现在：南宁市吴圩机场开通国内外航线121条，通航城市93个；海口市美兰机场开通国内外航线235条，通航城市122个；并且，两者客货运量均是湛江与北海航空港的数倍。此外，海口市的旅游业享誉国际，对外的陆上交通不够便利，外来旅客进入海口市更倾向于乘坐飞机，所以其航空客运量是城市群几大航空港中最大的，年均客运量超过3000万人次。相对而言，北海市航空业发展主要得益于其旅游业，客运量季节性波动很大；而湛江市航空业发展主要是基于广深经济辐射圈的支线定位。

表 2-11　2019 年北部湾城市群航空港概况

地区	机场名称	等级	航线	通航城市（个）	航站楼（座）
南宁市	吴圩	4E	121	93	2
北海市	福成	4D	33	32	1
湛江市	霞山/吴川	4C	21	27	1
海口市	美兰	4F	235	122	2

资料来源：根据中国民航局网站 2019 年公布数据整理。

表 2-12　主要年份北部湾城市群主要航空港货运量

单位：万吨

机场	年份							
	2011 年	2012 年	2013 年	2014 年	2017 年	2018 年	2019 年	2020 年
南宁吴圩国际机场	4	4	5	5	63079	65079	122000	—
北海福成国际机场	0	0	0	0	5009	6446	7217	—
湛江吴川国际机场	0	0	0	0	5239	5945	6000	6000
海口美兰国际机场	23	23	25	27	351349	403719	418800	221000
合计	27	27	30	32	424676	481189	554017	227000

资料来源：根据相关年份各市统计年鉴及《广西统计年鉴》《广东统计年鉴》《海南统计年鉴》
整理。

表 2-13　主要年份北部湾城市群主要航空港客运量

单位：万人

地区	年份							
	2011 年	2012 年	2013 年	2014 年	2017 年	2018 年	2019 年	2020 年
南宁市	334	365	424	493	722	771	808	542
北海市	70	71	84	100	170	228	268	163
湛江市	49	52	69	101	209	256	298	223
海口市	1481	1667	1961	2209	3198	3645	3617	1813
合计	1934	2155	2538	2903	4299	4900	4991	2741

资料来源：根据相关年份各市统计年鉴及《广西统计年鉴》《广东统计年鉴》《海南统计年鉴》《南宁统计年鉴》整理。

五、交通可达性

交通网络结构对北部湾城市群的经济增长作用越发凸显，不仅可以扩大核心城市和中心城市的服务半径，还可以发挥同城效应，带动区域协同发展。以交通可达性指数简单衡量交通基础设施为北部湾城市群带来的福利效应。

可达性概念是用以反映既定的交通系统为出行者提供从出发地到目的地的便利程度，其广泛应用在交通建设、城市布局和规划等多个领域。[①]目前学界较多从客观层面解释可达性理论，即物理区位评价，使用某一交通系统从空间上实现点对点移动的难易程度，通常用于网络覆盖、便捷程度、资源配置等基础设施的评价。[②]可达性的影响因素一般可以归类为4种，即土地利用、交通设施、个体主观性、时空因素，各类可达性评价方法一般在此基础上考虑采用部分或全部影响因素。

南宁、防城港、北海、钦州、玉林、崇左组成的广西沿海城际公路铁路交通网络，覆盖了区域经济核心和人口密集区，是经济发展的交通动脉，主要包括城际公路客运枢纽、南—钦高铁、钦—防高铁、钦—北高铁、南—玉高铁等。2019年，南钦防玉北崇六市的综合交通可达性指数分别为南宁（36.12）、钦州（47.22）、防城港（51.11）、玉林（57.63）、北海（58.25）、崇左（61.17），指数越高表示可达性越差，可达性最优的城市为南宁，钦州次之，防城港第三，最低是崇左[③]，两大边城的交通可达性相对较低。

湛江、茂名和阳江的陆路交通里程在城市群中排名靠前，并且它们的交通网络可与湛江相连接，交通可达性也较好。[④] 2013年环岛高速和高铁网络

① Hansen, W G. How Accessibility Shapes Land Use [J]. Journal of the American Planning Association, 1959, 25 (02)：73-76.

② 杨涛，过秀成. 城市交通可达性新概念及其应用研究 [J]. 中国公路学报，1995 (02)：25-30+73.

③ 陈小红，陈慧. 北部湾经济区综合交通优势度与区域经济耦合协调 [J]. 绿色科技，2021 (24)：234-237+245.

④ 陈善浩，陈忠暖，蔡霞. 基于区位几何要素的省域副中心城市铁路出行便捷性分析——以广东省湛江市为例 [J]. 地域研究与开发，2016，35 (05)：81-85+104.

建设完成，缩短了岛内的交通时长，海口作为省会城市和经济中心，成为交通网络的起点城市，交通可达性大大改善。

第二节　公共服务设施

基础设施建设是社会发展的重要支撑，是民生保障的基石。完善的基础设施可以加速社会经济活动，是社会发展的有力支撑。基础教育、医疗服务等公共服务会影响劳动力的流向，同时，公共服务均等化在一定程度上可以促进劳动力的空间分布更加均匀化。[①] 自 2017 年《北部湾城市群发展规划》实施以来，北部湾城市群经济社会发展基础不断夯实，基础设施布局、功能、结构和发展模式得到优化。但与其他地区相比，作为边疆地区的北部湾城市群长期存在基础薄弱、基础设施条件差、公共服务配套弱等现象，严重制约其经济发展。基础设施的建设有利于增强人口经济承载能力，推动公共服务资源下沉。因此，对北部湾城市群而言，要实现高质量发展，必须加快基础设施建设，提升公共服务水平。

一、教育与医疗

（一）教育

教育方面，十年以来北部湾各主要城市小学个数与中等职业技术学校数量呈下降趋势，与全国保持同步，表明教育资源逐步实现整合优化。普通中学（高中、初中）学校数量增加，承载学生能力提升。图 2-1 使用的数据是2020 年中国地级市普通中学生师比与普通中学个数。生师比数量越小通常代表该地师资力量更足，教育资源更加丰富。图 2-1 显示，除海口外，北部湾11 个主要城市的普通中学生师比均大于 10，且高于全国多数城市。从整体来看，北部湾城市群综合教育水平在全国范围内较为落后，特别是防城港、北海、崇左、钦州四市。

---

① 夏怡然，陆铭. 城市间的"孟母三迁"——公共服务影响劳动力流向的经验研究［J］. 管理世界，2015（10）：78-90.

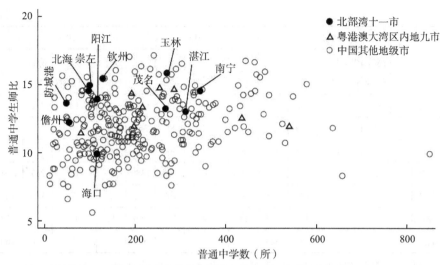

注：本图使用 2020 年中国地级市普通中学数（所）、普通中学生师比数据。

图 2-1　2020 年中国地级市普通中学生师比与普通中学个数对比及北部湾相关城市所处位置

就高校数量而言，北部湾各市差异较大，分布不均衡，教育资源主要集中在南宁和海口。到 2020 年，南宁市高校个数居于首位，共 35 所（见表 2-14）；海口其次，为 12 所；防城港、玉林、阳江各有 1 所高等院校。从整体来看，北部湾区域内部教育资源配置不均衡，各城市间差距较大，不利于人才的培养与引进。因此，应发挥好南宁核心城市辐射作用，完善高等教育结构，加强区域内各类教育合作、教育交流，从而逐步实现北部湾城市群内教育资源共享，提高城市群内人才培养能力。

表 2-14　主要年份北部湾主要城市学校数量

单位：所

地区	2011 年				2015 年				2020 年			
	高等院校	中等职业技术学校	初高中	小学	高等院校	中等职业技术学校	初高中	小学	高等院校	中等职业技术学校	初高中	小学
南宁市	31	68	346	1504	32	73	339	1379	35	58	343	1085
北海市	4	8	86	392	4	7	94	386	4	6	97	326
钦州市	2	20	120	1073	2	9	121	1282	3	10	128	1005
防城港市	—	3	44	564	1	3	47	518	1	3	48	518

地区	2011 年				2015 年				2020 年			
	高等院校	中等职业技术学校	初高中	小学	高等院校	中等职业技术学校	初高中	小学	高等院校	中等职业技术学校	初高中	小学
玉林市	—	—	292	1472	1	21	290	1423	1	18	270	1306
崇左市	5	11	109	5027	6	14	86	369	8	10	99	238
湛江市	3	60	353	2059	3	55	306	779	6	37	311	911
茂名市	2	2	287	1765	2	2	260	1389	6	15	267	1380
阳江市	3	10	109	225	1	6	107	139	1	5	116	164
海口市	11	51	94	295	11	54	101	200	12	43	115	157
儋州市	—	—	—	328	—	—	50	301	—	1	54	160

资料来源：根据 2011 年、2015 年、2020 年《中国城市统计年鉴》整理。

（二）医疗

医疗卫生是满足人的健康需要、提升健康素质的基础性工作，其对应的基本医疗保障制度是社会保障制度的重要组成部分，对国民经济发展具有重要的保障和促进作用。图 2-2 使用 2020 年每万人医疗机构床位数与职业（助理）医生人数来代表公共服务中医疗事业的发展情况。每万人拥有的医疗卫生机构床位数越多，当地医疗硬件条件越好，综合医疗水平越高，居民医疗保障能力越强。从全国来看，南宁市综合医疗水平在全国居于前列，领先于北部湾其他各市；海口、湛江、阳江处于中等水平；防城港、北海、钦州等市医疗水平在全国城市中排名靠后。

从医院个数来看，南宁、北海、茂名、海口等市医院数量呈增长态势（见表 2-15），表明这些城市的医疗资源不断丰富。截至 2020 年，南宁、湛江两市医院个数与床位个数居于前列，体现出较强的医疗承载能力。其中湛江市作为北部湾"一核两极"城市群框架中的"一极"，仍需加快完善医疗服务体系，打造北部湾医疗高地。崇左、北海、防城港、儋州四市与其他各市的差距较大，其医院床位数均未过万，仍需加大力度不断提升医疗服务水平。可见，随着经济的发展，北部湾城市群近几年来医疗卫生事业有了明显进步。但总体来看，区内各城市间医疗卫生水平参差不齐，差距较大，部分地区相对滞后。目前，

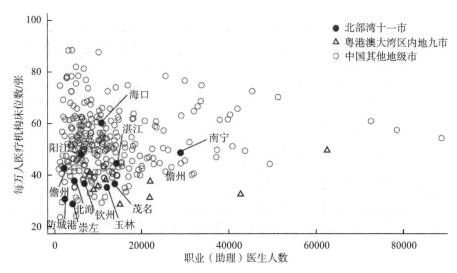

图 2-2　2020 年中国地级市医疗资源水平对比及北部湾相关城市所处位置

资料来源：根据 2021 年《中国城市统计年鉴》整理，剔除缺失数据（绥化市）和极端值（那曲市）。

北部湾部分城市已实现社保参保人员信息互联共享、定点医疗机构互认和异地就医直接结算，加速推进医疗卫生资源共享。2021 年 8 月 30 日，广西壮族自治区人民政府印发《防城港国际医学开放试验区总体方案》，制定了至 2025 年、2030 年建成一系列医学主导产业和国家重点医学实验室、技术创新中心等发展目标。由此可见，北部湾城市群医疗资源会迎来快速增长的时期。

表 2-15　主要年份北部湾主要城市医院与床位数量

地区	2012 年		2014 年		2016 年		2018 年		2020 年	
	医院个数	床位张数	医院个数	床位张数	医院个数	床位张数	医院个数	床位张数	医院个数	床位张数
南宁市	200	29650	211	34306	228	39984	120	38532	148	42671
北海市	49	6140	50	7031	52	8052	27	6056	27	7007
钦州市	84	11512	77	13157	84	14128	26	9762	37	12198
防城港市	42	2811	43	3719	41	3928	16	2730	16	3245
玉林市	161	16776	154	20094	191	10219	51	17121	59	20508
崇左市	110	5634	115	6891	120	7513	29	5060	29	6057

地区	2012 年		2014 年		2016 年		2018 年		2020 年	
	医院个数	床位张数	医院个数	床位张数	医院个数	床位张数	医院个数	床位张数	医院个数	床位张数
湛江市	74	15742	82	19343	92	22730	108	26850	121	31205
茂名市	48	11785	54	15601	64	18952	73	21502	76	22726
阳江市	76	7450	76	8939	83	10402	96	12865	61	12568
海口市	68	9910	105	11712	139	13247	47	14470	83	17465
儋州市	19	2462	21	3224	21	3204	19	3076	22	3777

资料来源：根据相关年份各市统计年鉴及《广西统计年鉴》《广东统计年鉴》《海南统计年鉴》整理。

二、邮政与电信

(一) 邮政

邮政方面，2011—2019 年北部湾城市群 11 个主要城市邮政业务收入均实现跨越式增长。截至 2019 年，南宁与湛江两市邮政业务收入居于前列，分别为 54.27 亿元和 19.53 亿元（见表 2-16）；儋州、北海、防城港、钦州等市在总量上较为落后，与其他城市差距明显，但仍呈现出增长的态势。阳江、茂名、海口、崇左、玉林之间差距不大，相对发展较为均衡。北部湾城市群作为中国面向东盟国际大通道的重要枢纽，西部陆海新通道的核心覆盖区，邮政物流的发展将推动邮政快递与产业深度融合发展。因此，应发挥南宁核心城市的辐射作用以及枢纽城市的资源禀赋与产业优势，为高质量建设西部陆海新通道做好支撑，同时推动跨境电商发展，发挥好北部湾城市群独特的区位优势与口岸资源优势。

表 2-16　主要年份北部湾主要城市邮政业务收入

单位：亿元

地区	年份								
	2011 年	2012 年	2013 年	2014 年	2015 年	2016 年	2017 年	2018 年	2019 年
南宁市	5.32	5.63	6.14	5.08	5.52	7.04	8.35	10.77	54.27

续表

地区	年份								
	2011 年	2012 年	2013 年	2014 年	2015 年	2016 年	2017 年	2018 年	2019 年
北海市	0.68	0.73	0.81	0.77	1.56	2.05	2.58	3.25	3.66
钦州市	1.15	1.33	1.59	1.65	1.65	2.98	3.68	4.70	5.16
防城港市	0.44	0.51	0.59	0.53	0.56	0.61	0.72	0.83	1.01
玉林市	2.12	2.42	2.79	3.03	4.47	3.82	7.47	9.64	9.83
崇左市	0.98	1.10	1.31	1.34	1.89	2.45	2.00	2.54	16.34
湛江市	3.82	4.77	5.91	6.10	7.92	13.84	15.36	18.49	19.53
茂名市	2.33	2.71	4.32	4.96	6.35	8.44	9.82	11.75	13.28
阳江市	1.60	1.86	2.16	2.45	2.87	6.47	7.63	9.15	11.63
海口市	1.40	1.82	2.69	3.81	2.65	8.56	11.52	13.85	15.51
儋州市	—	—	—	—	—	0.57	1.20	0.97	1.58

资料来源：根据相关年份各市统计年鉴及《广西统计年鉴》《广东统计年鉴》《海南统计年鉴》整理。

（二）电信

相较于邮政业务，北部湾城市群电信业务收入增长速度较缓且不平稳（见表 2-17）。南宁、茂名、湛江属第一梯队，玉林、海口属第二梯队，其他六市属第三梯队，总体上看，北部湾城市的通信产业综合竞争力仍需提升。

表 2-17　主要年份北部湾主要城市电信业务收入

单位：亿元

地区	年份							
	2011 年	2012 年	2014 年	2015 年	2016 年	2017 年	2018 年	2019 年
南宁市	54.01	72.34	76.67	72.99	82.62	87.70	91.44	87.16
北海市	11.19	12.89	13.74	13.63	14.40	33.48	15.67	15.55
钦州市	11.22	13.51	14.43	15.00	16.99	17.30	17.64	17.96
防城港市	6.85	7.98	7.93	7.79	8.36	8.51	8.44	8.80
玉林市	20.00	23.21	24.43	25.37	28.31	30.04	31.00	31.28
崇左市	8.98	10.44	11.14	11.51	12.56	13.34	13.57	13.73
湛江市	12.82	13.35	92.93	114.80	192.21	47.58	48.70	51.20

续表

地区	年份							
	2011 年	2012 年	2014 年	2015 年	2016 年	2017 年	2018 年	2019 年
茂名市	38.79	44.95	63.48	80.47	33.05	44.63	35.53	82.92
阳江市	14.93	17.57	17.77	17.63	18.49	19.44	19.37	20.05
海口市	41.48	37.44	43.63	41.42	35.96	38.59	39.56	39.23
儋州市	—	—	—	—	1.51	7.48	6.90	7.01

资料来源：根据相关年份各市统计年鉴及《中国城市统计年鉴》《广西统计年鉴》《广东统计年鉴》《海南统计年鉴》《中国统计年鉴》整理。

三、其他基础设施

（一）供水

从综合生产能力来看，南宁、海口、茂名三市始终居于前列（见表 2-18），其中仅南宁市呈现增长趋势，十年间增幅达 30.3%；茂名与海口综合生产能力逐年下降，趋于平稳。崇左与其他城市有较大差距。从数据来看，除玉林和茂名两市公共服务用水量与 2010 年相比有所下降，十年间北部湾各市公共服务用水量均有大幅增加。到 2020 年，南宁市公共服务用水量达 1.01 亿立方米，远超其他各市，成为唯一过亿量级的城市。崇左居于末位，公共服务用水量仅为 476 万立方米。综合来看，北部湾主要城市供水能力得到提升，但仍应补足短板，保障城市社会公共生活、居民生活与企业生产，为加快建设现代北部湾城市群提供有力支持。

表 2-18　主要年份北部湾主要城市供水能力及公共服务用水量

单位：万立方米/日，万立方米

地区	2010 年		2012 年		2014 年		2016 年		2018 年		2020 年	
	综合生产能力	公共服务用水	综合生产能力	公共服务用水	综合生产能力	公共服务用水	综合生产能力	公共服务用水	综合生产能力	公共服务用水	综合生产能力	公共服务用水
南宁市	135	5289	147	5420	139	6075	165	7806	175	8987	176	10122
北海市	33	995	33	942	33	989	36	1428	36	1565	32	1920

地区	2010 年		2012 年		2014 年		2016 年		2018 年		2020 年	
	综合生产能力	公共服务用水	综合生产能力	公共服务用水	综合生产能力	公共服务用水	综合生产能力	公共服务用水	综合生产能力	公共服务用水	综合生产能力	公共服务用水
钦州市	16	318	32	238	32	300	31	663	31	1688	30	1342
防城港市	13	128	16	231	18	195	18	428	20	591	24	701
玉林市	17	788	19	907	19	745	19	761	38	1	37	557
崇左市	5	209	5	295	5	430	5	440	12	523	12	476
湛江市	48	656	48	849	49	—	45	—	54	—	74	5270
茂名市	97	1444	66	1478	25	1703	26	1722	32	1609	43	1141
阳江市	26	124	26	351	26	501	44	261	53	333	49	603
海口市	106	2727	81	3271	82	1027	84	3469	73	3756	82	4248
儋州市	17	—	12	—	12	2322	12	2368	10	—	10	2682

资料来源：根据相关年份各市统计年鉴及《广西统计年鉴》《广东统计年鉴》《海南统计年鉴》《中国统计年鉴》整理。

（二）供气

从供气管道长度来看，除南宁市外，其余各市在十年间供气管道长度均有不同程度的增长，其中海口供气管道长度以 1959 千米居于首位，阳江、北海次之。崇左市 2020 年天然气供气管道仅为 301 千米（见表 2-19）。从天然气供气总量来看，到 2020 年，共 5 个城市天然气供气总量超亿立方米，其中北海居于首位，达 5.7 亿立方米；其次为南宁、阳江、海口、湛江，其中阳江与海口天然气供气总量相差较小，湛江排第五名，为 1.1 亿立方米。崇左、防城港天然气供气总量与其他城市相差较大，其中，崇左是唯一一个仅有百万量级的城市。单独来看，2014—2020 年，崇左市供气管道长度和供气总量均大幅增长，发展势头明显。相较于 2010 年，防城港十年间天然气供气总量增幅为 136.7 倍，有较大增长。

表 2-19　主要年份北部湾主要城市天然气供气管道长度与供气总量

单位：千米，万立方米

地区	2010 年		2012 年		2014 年		2016 年		2018 年		2020 年	
	供气管道长度	供气总量	供气管道长度	供气总量	供气管道长度	供气总量	供气管道长度	供气总量	供气管道长度	供气总量	供气管道长度	供气总量
南宁市	2048	4235	2469	6554	571	12588	770	22048	951	25780	1107	31078
北海市	415	1481	515	1883	568	2580	670	3810	900	3904	1383	56519
钦州市	114	257	138	561	155	763	356	1304	462	2679	853	4937
防城港市	63	17	86	68	180	193	257	629	295	1381	400	2342
玉林市	130	309	193	500	238	1721	350	2868	436	3687	561	5791
崇左市	—	—	—	—	17	7	55	48	65	271	301	869
湛江市	300	4926	345	7828	667	8374	997	10074	1165	12471	811	10928
茂名市	84	36	42	561	115	1299	420	2336	545	2842	578	3101
阳江市	27	804	49	1160	—	1318	72	1741	996	2950	1456	23689
海口市	731	10031	906	12143	1191	19014	1429	16780	1625	15961	1959	22584
儋州市	10	—	16	548	22	560	44	503	—	766	251	1116

资料来源：根据相关年份各市统计年鉴及《广西统计年鉴》《广东统计年鉴》《海南统计年鉴》《中国统计年鉴》整理。

（三）污水处理

从污水排放量来看，各个城市均有不同程度的增长，其中南宁、海口、湛江居于前列，均超过一亿立方米，远超其他城市。到 2020 年，南宁污水排放总量达 5.28 亿立方米，崇左污水排放量仅有 0.18 亿立方米（见表 2-20）。2010—2020 年，各市污水处理能力也不断提升，污水处理总量与污水排放量逐渐接近。到 2020 年，南宁、北海、玉林、海口、阳江、儋州六市污水处理率均在 99% 以上，其中南宁、海口、阳江、儋州污水处理率达 100%。相较之下，崇左市 2020 年污水处理率仅为 95.31%，居于末位。

表 2-20　　主要年份北部湾主要城市污水排放与污水处理总量

单位：万立方米

地区	2010 年		2012 年		2014 年		2016 年		2018 年		2020 年	
	污水排放量	污水处理总量	污水排放量	污水处理总量	污水排放量	污水处理总量	污水排放量	污水处理总量	污水排放量	污水处理总量	污水排放量	污水处理总量
南宁市	30062	28039	30161	28590	30501	26566	40217	35998	41959	39334	52803	52803
北海市	3226	2615	3887	3205	3630	2815	5928	5762	6833	6745	6682	6674
钦州市	3386	2754	3713	2487	3802	3380	4055	3888	4719	4554	6603	6497
防城港市	2015	716	2681	1837	3104	2214	3297	2879	4278	3893	4224	4180
玉林市	3817	3750	4355	4315	5260	5213	5373	5327	6913	6854	7854	7795
崇左市	1849	1412	794	404	1021	423	1120	383	1729	1645	1845	1759
湛江市	961	178	10836	10472	617	463	594	460	19289	17520	17692	17485
茂名市	7530	7007	4136	3549	12695	12272	5595	5278	6406	5775	6372	6303
阳江市	3468	2872	3158	2637	3709	2547	4726	4154	5817	5625	7162	7162
海口市	2558	1823	14117	12437	14779	12573	15862	15067	15897	15134	20181	20181
儋州市	837	837	1542	559	1680	558	1534	1441	—	—	1815	1815

资料来源：根据相关年份各市统计年鉴及《广西统计年鉴》《广东统计年鉴》《海南统计年鉴》
整理。

（四）园林绿化

就城市绿化而言，到 2020 年，南宁、阳江、钦州三市绿地面积居于前
列，均大于 1 万公顷（见表 2-21），防城港、崇左两市居于末位，与其他城
市差距较大。2010—2020 年，南宁、阳江两市绿地面积呈减少趋势。但比较
而言，南宁市 2020 年绿化面积与绿地覆盖面积相差较多。各市绿化覆盖面积
不断增加，崇左和防城港两市居于末位。综合来看，南宁、钦州、阳江三市
的绿化程度高于其他城市。

表 2-21 主要年份北部湾主要城市绿化覆盖面积与绿地面积

单位：公顷

地区	2010 年		2012 年		2014 年		2016 年		2018 年		2020 年	
	绿化覆盖面积	绿地面积	绿化覆盖面积	绿地面积	绿化覆盖面积	绿地面积	绿化覆盖面积	绿地面积	绿化覆盖面积	绿地面积	绿化覆盖面积	绿地面积
南宁市	37125	35992	38603	37225	42510	39811	41515	39718	41848	39999	53262	14217
北海市	2068	1771	2534	2172	2917	2454	3073	2599	3505	3009	5909	5390
钦州市	1549	1243	3186	2720	3367	2893	12751	11095	12857	11163	13122	11366
防城港市	1092	877	1179	979	1234	1034	1382	1252	1895	1688	2162	1916
玉林市	2195	1932	2824	2637	2758	2588	2865	2680	3241	3063	3365	3136
崇左市	762	635	809	663	1183	920	1258	982	1408	1243	1599	1390
湛江市	5565	3307	5704	3888	715	600	6032	4254	6059	4614	5162	4650
茂名市	5188	2972	3675	3128	4300	3663	4445	4029	5093	4851	5582	5231
阳江市	17560	16462	1911	1778	1923	1823	2878	2702	3054	2888	13315	12905
海口市	4046	3657	5191	4660	6487	5745	5665	5038	7502	6676	8142	7232
儋州市	421997	41959	42132	41915	4732	4524	4738	4623	—	4542	4751	4542

资料来源：根据相关年份各市统计年鉴及《广西统计年鉴》《广东统计年鉴》《海南统计年鉴》整理。

（五）垃圾处理

各市生活垃圾处理量逐年增长，2010—2020 年，主要指标增幅明显。具体而言，南宁市与海口市 2020 年生活垃圾处理量较高于其他城市，分别为 138 万吨和 130 万吨，崇左仅为 6 万吨（见表 2-22）。海口市生活垃圾无害化处理能力达 3600 吨/日，在城市群中居于首位；南宁市生活垃圾无害化处理能力为 3335 吨/日，仅次于海口，位居第二。2020 年崇左、防城港与北海三市的生活垃圾处理量和无害化处理能力均低于其他城市，其中，无害化处理能力分别为 200 吨/日、500 吨/日和 576 吨/日。茂名、阳江、钦州、儋州三市垃圾无害化处理能力居中。

表 2-22　主要年份北部湾主要城市生活垃圾处理量与无害化处理能力

单位：万吨，吨/日

地区	2010 年		2012 年		2014 年		2016 年		2018 年		2020 年	
	生活垃圾处理量	无害化处理能力	生活垃圾处理量	无害化处理能力	生活垃圾处理量	无害化处理能力	生活垃圾处理量	无害化处理能力	生活垃圾处理量	无害化处理能力	生活垃圾处理量	无害化处理能力
南宁市	58	1400	76	1400	91	1200	107	3400	126	3335	138	3335
北海市	15	400	15	700	23	700	30	700	33	700	38	576
钦州市	13	460	15	460	15	530	15	1130	25	1130	28	1130
防城港市	7	300	6	300	7	300	9	800	10	500	12	500
玉林市	17	950	17	650	20	650	29	650	22	650	28	1450
崇左市	5	200	5	200	3	200	5	200	5	200	6	200
湛江市	27	721	33	1200	32	1000	40	2500	49	2608	67	2702
茂名市	19	—	19	—	22	1100	25	1150	32	1100	43	1810
阳江市	12	426	13	542	14	650	28	1145	34	1219	39	1534
海口市	42	1000	53	2200	72	2200	95	3400	117	3600	130	3600
儋州市	9	—	10	280	11	280	11	280	9	—	12	1280

资料来源：根据相关年份各市统计年鉴及《广西统计年鉴》《广东统计年鉴》《海南统计年鉴》
整理。

第三节　发展前瞻

西部陆海新通道和平陆运河赋予北部湾城市群新的发展机遇，有利于发挥当地的边海优势，打造衔接东盟与"一带一路"沿线国家的物流港与信息服务中心，催发城市群在国际经贸合作中的内生动能。与此同时，基础设施存在的问题使北部湾城市群进一步发展面临较大挑战。因此，本区域发展战略和对策的制定需结合发展机遇，充分考虑存在问题和未来挑战。

一、发展机遇

（一）平陆运河

2022 年开始建设的平陆运河是广西内河水路规划中重要的一条出海通道，始于南宁横州市西津库区平塘江口，经钦州灵山县陆屋镇沿钦江进入北部湾。运河连通西江航运干线与北部湾国际枢纽海港，可通过左江、右江、黔江、红水河、柳江、都柳江等多条支流连通贵州、云南；规划全程约 140 千米，可通行 3000 吨级海轮，年货运量单线可达 5500 万吨以上。届时，运河将整合广西沿海、沿边、沿江的优势和资源，集水利、铁路、公路、水路、物流、港口等基础设施网络于一体。运河建成后，西江中上游地区入海航程缩短近 560 千米，南宁经平陆运河由钦州港出海里程仅 291 千米，大大降低运输成本和运输时间，预测平陆运河 2035 年、2050 年将分别为西部腹地节约物流费用约 40 亿元、50 亿元[①]。

平陆运河沟通城市群海运和西江黄金水道，使西江航运干线和海港形成河海相通、水陆联运的综合运输网，为南宁、贵港、崇左、百色、来宾等城市提供新的出海通道，有效缓解西江航线的运输压力，并为钦州、防城港和北海等港口连通广西内陆腹地提供新的水路疏港通道，为海运货物提供更多便捷的内河集散装卸点。对内，可以通过公路铁路联运直接辐射云南和贵州，同时将为广西及中国西南地区、中南部分地区开辟距离最短、更加经济和更为便捷的入海水路新通道。另外，以运河建设打造北部湾经济区升级版，建设珠江—西江经济带，为推进开发开放试验区、跨境经济合作区发展创造了更多的条件，有助于形成沿海沿江沿边三区统筹发展格局。对外，平陆运河可以纵向贯通西江干流与北部湾国际枢纽海港，缩短到东盟航程 750 千米，成为中国—东盟贸易往来最便捷的水路通道，极大释放航运优势和潜力，使本区域更大力度、更广范围融入中国—东盟命运共同体建设，更好服务构建新发展格局。除航运功能外，平陆运河同时兼顾供水、防洪、灌溉、改善生

[①] 侯政，高劲松. 从溯源的角度试析西部陆海新通道（平陆）运河的作用及其建设思路 [J]. 大学教育，2022（04）：264-266.

态环境等功能，将大力推动城市群的建设与发展。

（二）西部陆海新通道

2019 年，国家规划实施的西部陆海新通道为北部湾城市群的开放开发带来新机遇，如粤港澳大湾区的产业转移、中国自由贸易试验区建设以及西部大开发战略升级，这些机遇将从内外连通两个方面为北部湾城市群建设提供动力。

在对内联动方面，西部陆海新通道为北部湾城市群带来通道经济，增强与其他城市群的联系。北部湾城市群可以作为粤港澳大湾区城市群、长三角城市群、成渝城市群以及中原城市群利用西部陆海新通道的互助平台，也可以作为内陆地区和其他沿线地区的经济体"走出去"的前沿地带。这在一定程度上可以促进北部湾城市群的对内开放，提高其国内大循环的参与度。

在对外连通方面，北部湾城市群可以在西部陆海新通道中为快速增长的中国与新加坡以及中国—东盟经贸合作提供通道服务。来自中国东部、中部以及西部地区中欧班列的货物可以在北部湾城市群转运至东南亚地区以及《区域全面经济伙伴关系协定》（RCEP）伙伴国；这些地区和国家的货物经西部新通道出口到中国也将产生巨大的经济效应，激发北部湾城市群的市场潜力。

二、未来挑战

北部湾城市群基础设施建设存在不少问题，体现在：第一，交通基础设施建设资金投入不足，客货运输压力较大；第二，城市之间联系不够紧密，核心城市辐射与带动效应不强，增长极作用未能凸显；第三，公共服务设施的服务范围较窄，服务设施资源相对匮乏，对北部湾城市群的支撑作用有限。这些问题将可能为北部湾城市群的发展带来挑战。

（一）交通可达性

面对西部陆海新通道以城市群之间联动带来的区域合作，从内部而言，北部湾城市群的可达性有待提升。例如，海港集疏能力不足，连接港口、口岸的铁路多为单线，标准低、运载量小，部分路段运载能力受限，常年造成港口、口岸客货流积压堵塞；同时，跟航空运输联系不畅，严重影响港口及口岸经济发展。湛江、茂名和阳江凭借广东省对交通基础设施的投入，公路和铁路网络完善度高于桂、琼。湛江拥有湛江站和湛江西站两个铁路枢纽，同时配备数个客运中心以及港口码头，市内、区际及城市群内的可达性都较高，但地理阻隔、联运成熟度等将成为未来影响交通可达性的主要因素。

同时，城市之间的交通可达性较差。这首先体现在粤桂的几个城市之间高铁网络连接不够紧密：南宁和湛江、茂名、阳江三市至今仍无直达动车或高铁，直达航班也十分稀少，要素流动目前主要依赖公路、普快火车，可达性较低；其次，粤桂与琼的交通网络无法相连：由于琼州海峡的地理阻隔，粤桂的陆路交通网络无法直接延展至海南，海口作为海南的交通枢纽城市，也仅有一条"船上铁轨"与湛江市的徐闻相连接，与广西的城市则基本依靠水路实现客货运。这些使北部湾城市群的交通可达性在新时期面临新挑战。

（二）交通网络结构

1. 总体结构

第一，交通网络层次化。沿海地区产业向中西部转移的产业格局要求城市的客货运输功能进行重大调整，尤其是新型快速交通运输方式的大规模使用，如飞机和高铁，使城市群原有交通网络受到冲击，逐渐由单一层次向多层次转变，即国内交通网络、城市群内部交通网络、次区域交通网络三大层次。

第二，交通网络立体化。随着海南环岛交通、广西高铁工程的铺开，以及湛江、玉林等城市的航空港规划，城市群交通系统中高铁、航空使用率大幅度提高。但目前只是针对客运而言，货运仍然以公路运输为主，这显然是拥有 10 个港口、5 个航空港以及 1 个岛屿城市的北部湾城市群经济发展的一大障碍，因此北部湾城市群将要推动铁路、水路建设，发掘城市群陆路和港口潜力，发展新兴国际航空物流，形成多方位的立体交通网络。

第三，交通管理一体化。交通资源分散是城市群面临的一大难题，2017

年北部湾城市群提出打造 2 小时快速综合交通网络，旨在实现"主要城市 2 小时到达、邻近城市 1 小时到达"的目标。因此，北部湾城市群需要利用信息技术手段和平台化整合资源，实行统一管理的航运体系、合作紧密的航空港、分工明确的铁路网，避免恶性竞争和重复建设。

2. 局部结构

局部交通网络结构呈现出可达性空间差异性、网络分布不均衡、综合性欠缺等特征。第一，交通可达性在空间中体现为国内可达性适中、城市群内可达性较低、次区域内部可达性高的"中—低—高"格局。仅南宁和海口与国内其他城市的交通线较多，其余城市与国内其他城市的交通联系并不便利，主要原因在于城市群的经济体量较小，处在全国经济的边缘。粤桂琼早期由于地方发展政策的不同造成各自交通网络连通程度较低，使次区域内的城市交通衔接较好，但次区域相互间交通连接度不高。第二，交通网络分布局部不均衡。东部交通网络密集度较高，节点城市、枢纽城市交通设施较为完善，西部和南部交通网络较为稀疏；南北陆路交通网络出现一定程度的断裂。第三，缺少统一管理，未能形成综合性、一体化的高效交通网络。各城市的交通网络从规划、建设，再到运营、管理，都近乎孤立，粤桂部分城市之间的陆路交通网络甚至近些年才得以互通；分散的规划又造成现今城市群交通管理难以统一运营等问题。局部交通网络结构的特征将会影响北部湾城市群交通基础设施的福利效应，制约地区经济的发展。

（三）城市群基础设施整合面临的问题

北部湾城市群基础设施呈"核心—边缘"模式，即核心城市和中心城市处于基础设施的核心，其余城市尤其是沿海沿边城市则处于边缘。此外，基础设施分布空间失衡，具有"次区域趋同"与"城市分异"并存的特征。通过分析前文交通可达性指数、网络结构以及基础设施分布情况，发现北部湾城市群的基础设施整合存在以下问题。

1. 陆路交通网络局部不均衡

广西、海南的城市陆路交通通道偏少，有效运力不足。以公路为例，广东湛茂阳三市得益于本省经济发展，公路和铁路网络较为完善。从公路里程总数和货运量即可知,湛茂阳三市坐拥最长的公路里程,但单位公路货运量低于广西和海南的城市,特别是广西的城市以较少的公路里程承担较大规模的货运量。这一方面显示出公路交通不够完善使已有公路的货运负担增加;另一方面也显示出铁路网络有效运力的不足。

2. 港口分工不明确,同质化竞争大于协作

北部湾城市群拥有众多港口,其职能和服务地区应是各不相同、整体协调、各司其职,但目前粤、桂、琼的港口缺乏统一协调运转,职能划分不明确。广东"湛茂阳"三港依托粤港澳大湾区经济腹地,应当作为物流集散至粤西、粤北、广西、海南以及国外的中转站。广西"南北钦防"四港由于工业和旅游服务业并存的布局,应作为客货运输的水陆联运枢纽。海口、儋州和东方三港中,海口港兼备客货运职能,同时可将部分货运职能分散至其余两港。目前来看,北部湾城市群的港口在这方面仍需改进,并且腹地城市辐射带动能力有限,湛江港与防城港、钦州、北海三港更多是竞争关系,这将导致港口功能无法充分发挥。

3. 航空港较少,航线稀疏

由于经济发展水平较低,北部湾城市群的航空港具有数量少、规模小、航线多样性不足等缺点。本土的北部湾航空和海南航空主营业务为廉价航空,服务群体较狭窄,并且近年来受到高铁运输的竞争和挑战。同时航空港的货运功能较弱,无法形成规模经济以降低货运成本。虽然新建了机场航站楼、高铁站以及客运站,但是北部湾城市群内部没有形成国际交通枢纽城市,因而仍需打造综合的立体客货运输体系。

4. 交通网络不够完善,运输结构有待优化

以广西的城市为例,目前几大综合交通枢纽(南宁凤岭、中国—东盟国际物流园区、钦州东站等)有效衔接不够,功能较为分散,急需整合;缺少水陆联运设施,显示出运输方式的水平、垂直衔接力度均不足。虽然近年来城市群三大运输的客货运量都呈增长趋势,但从前文分析可以看出,公路依旧是区内各城市客货运输的重要选择,航空和铁路的增长势头还无法超过公路,运输潜力有待进一步开发。引导城市群水、路、空运输方式向交通"形

式一体化""功能一体化"发展,才能保障未来城市群一体化建设。①

5. 公共服务设施资源匮乏与分布失衡

北部湾城市群的公共服务设施数量较少,资源分布失衡,主要集中在核心城市和中心城市,其他城市的公共服务设施密度较低。与全国对比,北部湾城市群的交通、水利、通信和电信等设施建设仍然滞后,原因在于北部湾城市群的边海区位因素。"陆疆"和"海疆"是构成"中国边疆"的两大基本要素。② 北部湾城市群多处于中国的边缘地带,是传统意义上的边远地区。边疆地区因其独特的区位特征,在发展中既有优势也有劣势。一方面,边疆地区具有地缘优势,既是军事防御的前沿,又是联系周边国家的纽带;另一方面,边疆地区承担着保卫国土安全、能源供给、环境保护、民族团结的职责。③ 在这些力量的塑造下,边疆地区基础薄弱,基础设施条件差,公共服务配套能力弱。北部湾城市群内部资源分布不均衡、发展不同步的问题是限制发展的薄弱环节。

三、对策建议

北部湾城市群综合交通网络建设要强化对内对外双向开放,服务国家通道战略,主动融入"一带一路"倡议和西部陆海新通道,加强区域战略合作,以"两个打造"推动形成统一的一体化综合交通网络。首先,建设面向东盟国家及 RCEP 成员国重要港口的向海网络,内接西部陆海新通道,外承"海上丝绸之路"的海陆多式联运系统。其次,构建中国—东盟多式联运联盟,特别是城市群通往东南亚地区的航空路线,形成"空中丝绸之路"。最后,构建对接粤港澳大湾区、长江经济带和海南自由贸易港的交通网络。

随着新型城镇化推进,北部湾城市群成为华南区域一体化经济增长的重要依托。未来中国经济将向更协调、更高质量和更具竞争力的方向发展,城

---

① 郭珂歆, 彭国庆, 郑新奇, 李文勇. 北部湾城市群综合交通网络一体化分析与评价 [J]. 地理与地理信息科学, 2021, 37 (04): 57-63.

② 李大龙. "中国边疆"的内涵及其特征 [J]. 中国边疆史地研究, 2018, 28 (03): 12-21+212.

③ 王垚. 新时代中国边疆经济治理的理论基础与政策框架 [J]. 云南社会科学, 2022 (05): 1-13.

市群将是这一过程的重要载体。为此，未来北部湾城市群基础设施建设应主动抓住区位优势，规避地缘劣势。

（一）两个"打造"

1. 打造现代空海航运体系

一方面，提升南宁、海口机场的国际化水平，实现与东盟国家主要城市航线全覆盖，形成分工明确、合作紧密的机场群；另一方面，优化沿海港口布局和分工协作，避免恶性竞争和重复建设，加快深水泊位、专业码头和深水航道等配套设施建设，强化港口集疏运体系规划建设，提高多式联运水平。

2. 打造快速交通网络

一是以南宁、海口、湛江综合交通枢纽为支点，以高速铁路、城际铁路、普通铁路等多层次轨道交通和高等级公路为骨干，构建"两横两纵一环"快速交通网络。二是打通防城港—钦州—湛江—阳江沿海高速铁路通道，推进南宁—崇左城际铁路和南宁—浦北—云浮高速公路建设，构建"两横"骨干通道。三是提升南宁—北钦防高速铁路城际服务功能，推进湛江—海口跨海通道，构建"两纵"骨干通道，力争实现主要城市间 2 小时通达、邻近城市间 1 小时通达。四是构建城市群边境口岸与东盟国家快速交通网络。

（二）两个"提高"

1. 重点加强基础设施建设，提高公共服务水平

除水利、卫生、能源、运输、电信等传统基础设施之外，新型基础设施也是地区经济高质量发展的重要表现和重要支撑。因此北部湾城市群作为中国面向东盟的门户，要在 5G 基站、工业互联网等新基建领域上发力，引进人工智能、物联网等先进技术，提升港口现代化水平，打造现代化港口群。以新发展为理念、技术创新为驱动，构建信息共享、资源共用的协同环境，为北部湾城市群的发展提供数字转型、智能升级、融合创新的基础设施服务体系。

2. 提高基础设施一体化水平

基础设施一体化影响着城市经济活动的空间分布，通过基础设施一体化促进人口、资金、信息、技术等生产要素在城市间的流动与重组，提高城市

综合承载力和韧性①，从而促进北部湾城市群高质量发展。同时，公共服务均等化有助于缩小城市间发展差距，促进北部湾城市群协同发展。对此，国家发改委发布《关于印发北部湾城市群建设"十四五"实施方案的通知》，方案明确提出，未来将提升北部湾城市群公共服务水平，强化基层公共卫生体系建设，鼓励发展区域医疗联合体，支持创建国家区域医疗中心，推动门诊费用跨省直接结算；扩大城市间劳务合作，联合开展有针对性的职业技能培训；推动公共服务便捷化，深化区域公共服务信息共享。同时，着力实现北部湾城市群公共教育、公共卫生、公共交通、医疗保障等公共服务与一体化，促进教育医疗资源共享，打造北部湾城市群高质量发展的重要载体和有力支撑。

基础设施一体化程度还可以提高北部湾城市群经济效率，扩大核心城市的经济实力和影响力，形成城市分工合作的良好局面。以基础设施一体化为目标，在错位发展的基础上加快实施北部湾城市群一体化发展。具体要做好以下几个方面：第一，统筹推进以交通、信息、能源为重点的基础设施建设，促进城市之间基础设施互联互通，推动都市圈内交通有效衔接，打造 1 小时通勤圈；第二，充分发挥各地优势，促进南宁与钦州、防城港、北海深度同城化发展，发挥湛茂阳的资源禀赋和产业优势，密切城市间合作；第三，以西部陆海新通道为依托，深度对接粤港澳大湾区建设和海南自由贸易港等重要战略建设，积极融入"一带一路"倡议，拓宽全方位开放领域，大力发展向海经济，促进北部湾城市群高质量协同发展。

---

① 于斌斌，郭东. 区域一体化助推城市群高质量发展［N］. 中国社会科学报，2022-02-23（003）.

第三章　产业结构

产业结构是指产业内部各生产要素、产业部门、时间、空间、层次之间的五维关系，亦称产业体系或国民经济的部门结构，即国民经济各产业部门之间以及各产业部门内部的构成，也是社会经济体系的主要组成部分。从部门来看，研究产业结构主要是研究农业、轻工业、重工业、建筑业、商业、服务业等部门之间的关系，以及各产业部门的内部关系。[①]

城市群的形成与发展是产业分工不断深化的过程。产业结构对经济增长有着决定性的影响。良好的产业结构能够促进和保持城市经济的持续增长，其结构比例可以反映区域发展的阶段与合理化程度。可以说，实现产业结构的调整和优化，拥有一批具有较强竞争力的优势主导产业，将成为城市群全面增强经济综合能力的核心道路。有鉴于此，本章从基本格局和特色优势产业发展两方面分析北部湾城市群产业结构的特征变化，以探索产业结构对于城市群经济发展的作用。

第一节　基本格局

为了进一步揭示产业结构的基本特征及其演化，本小节根据《中国城市统计年鉴》及全国与各地方统计年鉴、《第四次全国经济普查公报》等相关数据，选取以三次产业增加值在地区生产总值（GDP）中的比重，以及产业就

[①] 干春晖，郑若谷，余典范. 中国产业结构变迁对经济增长和波动的影响 [J]. 经济研究，2011，46（05）：4-16+31.

业人员人数在总就业人数中的比重这两个主要指标[①],来反映北部湾城市群的产业结构基本格局与变化情况。考虑到海南省的儋州市及县域数据不完整,本小节分析的数据均未含海南儋州市及其相关县域。

地区生产总值结构不仅反映了国民经济各产业部门增加值分布,也反映了最终的生产成果,是反映经济总体状况最重要的指标。从业人员指的是从事一定社会劳动并取得劳动报酬或经营收入的人员,包括全部职工、再就业的离退休人员、私营业主、个体户主、私营和个体从业人员、乡镇企业从业人员、农村从业人员、其他从业人员(包括民办教师、宗教职业者、现役军人等)。其总量与结构反映了一定时期内全部劳动力资源的实际利用情况,在反映产业结构的基本特征方面不可或缺。

一、整体产业结构

(一)三次产业产值

1. 总量及占全国的比重

目前,北部湾城市群第一产业增加值共约3000亿元,占全国第一产业4%左右;第二产业增加值共约6000亿元,占全国第二产业1.5%左右;第三产业增加值共约11000亿元,占全国第三产业2.0%左右(见表3-1)。

表3-1 主要年份北部湾城市群三次产业增加值及占全国的比重

单位:亿元,%

年份	一产	占全国比重	二产	占全国比重	三产	占全国比重
2005	886.76	4.07	1363.68	1.55	1547.99	2.00
2010	1526.40	3.97	3276.57	1.71	3600.75	1.98
2015	2288.40	3.96	6060.44	2.15	6682.23	1.91
2020	3274.90	4.20	5840.55	1.52	11110.30	2.01

资料来源:根据历年《中国城市统计年鉴》以及相关地方统计年鉴数据整理。

2005—2020年15年间,从整体看,北部湾城市群的第一产业增加值占全

---

① 李京文. 中国产业结构的变化与发展趋势 [J]. 当代财经, 1998 (05):12-21.

国比重较高，保持在4%。第二产业增加值占全国的比重先缓慢增加后降低，2020年（1.52%）和2005年（1.55%）近乎持平。第三产业增加值占全国的比重整体比第二产业稍高（除2015年）。服务业是最能吸纳劳动力的产业，北部湾城市群的第三产业还有待由初级服务业向高端服务业升级以及从传统服务业向信息化、现代化服务业转型。

分阶段看，2005—2010年，城市群产业规模和三次产业的规模都在不断扩大，三次产业的结构虽然依旧是"三二一"的格局，但比较明显的是，随着城市群的发展，第二产业产值远远超过了第一产业产值，说明了此阶段北部湾城市群城市工业化发展较为迅速。[①] 2010—2015年，第二产业增加值占全国的比重在小幅度增长，而第一产业和第三产业变化不大。2015—2020年，第二产业增加值占全国的比重从2.15%下降至1.52%。"十四五"时期，经济发展进入新时代，转向高质量发展阶段，产业结构进一步转型升级，北部湾城市群的"三二一"产业格局会更加巩固。

2. 三次产业结构及对经济增长的贡献

表3-2显示，2005—2020年这15年间，北部湾城市群三次产业的增加值变化情况各有差异。分三次产业来看，北部湾城市的第一产业增加值占本地GDP的比重整体上呈下降的态势，从2005年的23.35%降至2020年的16.19%。第二产业的增加值占比呈稳步缓慢上升后快速下降的态势，从2005年的35.90%连续升至2015年的40.32%，进而2020年降至28.88%。第三产业增加值持续增长，比重从2005年的40.75%快速上升至2020年的54.93%，增加了14个百分点。

表3-2　主要年份北部湾城市群三次产业增加值、占GDP的比重及贡献率

单位：%

年份	第一产业			第二产业			第三产业		
	增加值	占比	贡献率	增加值	占比	贡献率	增加值	占比	贡献率
2005	886.76	23.35	17.67	1363.68	35.90	39.87	1547.99	40.75	43.16

① 张协奎，周鹏峰. 广西北部湾城市群产业整合模式与发展策略 [J]. 广西社会科学，2012（07）：18-22.

年份	第一产业			第二产业			第三产业		
	增加值	占比	贡献率	增加值	占比	贡献率	增加值	占比	贡献率
2010	1526.40	18.16	13.78	3276.57	38.98	41.20	3600.75	42.83	44.21
2015	2288.40	15.22	11.20	6060.44	40.32	40.92	6682.23	44.46	45.29
2020	3274.90	16.19	19.76	5840.55	28.88	-4.40	11110.30	54.93	88.70

资料来源:根据历年《中国城市统计年鉴》以及相关地方统计年鉴数据计算。

综上所述,北部湾城市群三次产业演变情况符合我国产业结构演变的一般规律,即随着经济的发展,第三产业占三次产业比重上升,第一产业比重降低,三次产业的构成与顺序成"倒塔型"关系。但从整体来看,城市群产业结构变化不大,转型升级较慢,总体呈现第二、三产业并重,第一产业小幅下降的格局,表明以工业为主体的第二产业和以服务业为主体的第三产业构成了目前北部湾城市群经济的主体,第一产业仍占重要地位,整体产业结构尚未得到很大改善。

表3-3　2010—2020年北部湾城市群地级市三次产业的平均经济增长贡献率

单位:%

地区	第一产业	第二产业	第三产业
南宁市	2.46	3.67	18.68
北海市	1.01	2.69	3.72
防城港市	0.50	1.60	1.36
钦州市	1.28	1.45	4.62
玉林市	1.47	0.74	5.59
崇左市	0.56	0.71	2.27
湛江市	2.82	4.02	7.53
茂名市	3.17	3.74	8.23
阳江市	1.05	1.81	3.25
海口市	0.29	1.02	8.64
合计	14.61	21.45	63.89

注:三次产业的经济贡献率=本地三次产业增加值增量/城市群GDP增量。

资料来源:根据相关年份《中国城市统计年鉴》及相关省份统计年鉴计算。

表 3-3 显示，三次产业的贡献度反映了各地级市三次产业对于当地 GDP 增长的贡献程度。总的来看，十年间，北部湾城市群整体第一、二、三产业对经济增长的平均贡献度分别为 14.61%、21.45% 和 63.89%。其中第三产业的贡献作用比较明显，除防城港市（1.36%）之外，基本高于第一、二产业，足可见第三产业对于北部湾城市群发展的重要性。分市域来看，湛江市、茂名市和南宁市的第一、二、三产业对拉动北部湾城市群经济增长的贡献度最高，海口市第三产业的贡献度（8.64%）也较高。分产业来看，茂名市的第一产业贡献度处于城市群之最（3.17%），其次是湛江市（2.82%）和南宁市（2.46%）。在第二产业中，湛江市的贡献度最高（4.02%），茂名市（3.74%）、南宁市（3.67%）分别排名第二、三。南宁市的第三产业贡献度最高（18.68%），其次是海口市（8.64%）和茂名市（8.23%）。

总而言之，第二产业对北部湾城市群的经济增长贡献度明显低于第三产业，对城市群经济发展的拉动作用不够显著，工业的发展还需要进一步提升。北部湾城市群工业发展存在的问题主要是总体经济实力还不够强，能起到引领作用的龙头企业较少，较难形成规模效应；科技创新不足也导致了城市群内工业缺乏足够的竞争力。

（二）从业人员

从业人员数量与结构是反映一定时期内全部劳动力资源的实际利用情况的指标，可用于衡量城市群的劳动力在三次产业中的配置情况。北部湾城市群从业人员结构测度结果如表 3-4 所示。

表 3-4　2019 年北部湾城市群主要城市三次产业从业人员构成

单位：%

地区	第一产业	第二产业	第三产业
南宁市	0.76	37.00	62.24
北海市	3.97	28.72	67.30
防城港市	0.92	19.76	79.32
钦州市	1.22	34.25	64.53

续表

地区	第一产业	第二产业	第三产业
玉林市	1.51	29.65	68.84
崇左市	2.79	20.95	76.26
湛江市	2.18	29.20	68.62
茂名市	0.10	40.01	59.89
阳江市	0.36	34.21	65.43
海口市	3.86	17.91	78.24

资料来源：根据 2020 年《中国城市统计年鉴》数据整理。

由表 3-4 可知，2019 年第三产业、第二产业以及第一产业的从业人员占比顺序呈"一二三"递增的格局。第一产业占比处于很低水平，整体范围为 0%~4%。第二产业从业人员占比为 20%~40%，第三产业从业人员占比为 60%~80%，且第二、三产业从业人员占比呈负相关关系。第三产业从业人员占比明显高于第一和第二产业从业人员占比，原因可能是第三产业吸收了从农业中转移出来的大量劳动力。

从各地级市对比来看，防城港市和海口市第三产业从业人员占比相对较高，稳居前二，分别为 79.32%、78.24%。第三产业从业人员占比最低的是茂名市（59.89%），其次是南宁市（62.24%）。第二产业从业人员占比最高为南宁市（37.00%），其次是钦州市和阳江市（分别为 34.25% 和 34.21%）。各市第一产业从业人员占比均远小于第三产业从业人员占比。

二、地级市产业结构

（一）三次产业产值比重

1. 分布格局

为了更加详细地剖析北部湾城市群产业结构的状况，本小节选取城市群 10 个地级市的三次产业增加值构成来进行纵横向对比分析。

表3-5　2010年和2020年北部湾主要城市及全国的三次产业增加值占GDP比重

单位：%

地区	2010年			2020年		
	第一产业	第二产业	第三产业	第一产业	第二产业	第三产业
南宁市	13.58	36.21	50.21	11.31	22.94	65.75
北海市	21.58	41.55	36.23	16.18	38.03	45.79
防城港市	14.80	49.86	35.33	15.16	47.50	37.34
钦州市	25.39	41.97	32.64	20.36	28.11	51.52
玉林市	20.44	44.44	35.12	19.61	26.17	54.22
崇左市	29.27	38.00	32.73	22.30	28.75	48.95
湛江市	20.13	40.66	39.21	20.07	33.93	46.01
茂名市	18.40	39.59	42.01	19.78	31.48	48.74
阳江市	21.14	41.97	36.90	19.38	35.66	44.97
海口市	7.02	22.49	70.49	4.46	15.05	80.50
城市群平均值	18.16	38.98	42.83	16.19	28.88	54.93
全国平均值	9.30	46.50	44.30	7.70	37.80	54.50

资料来源：根据2011年、2021年《中国城市统计年鉴》相关数据整理。

表3-5显示，2020年北部湾城市群第一、二、三产业占GDP的比重分别为16.19%、28.88%、54.93%。从第一产业来看，2010—2020年，北部湾城市群的整体比重（18.16%、16.19%）较全国而言明显偏高，除了海口市（7.02%、4.46%）之外，各市第一产业增加值比重均高于全国平均水平。可见农业及第一产业在北部湾城市群的重要位置。农业人口城镇化以及农业与工业和服务业之间的融合发展也是未来的重点。

各地级市三次产业增加值占比差异显著。从2020年来看，防城港市第二产业增加值比重比第三产业的增加值比重高10个百分点，呈现第二产业占主导的格局，区域港口工业化的优势凸显。海口市的第一、二产业增加值比重处于城市群最低位置，而第三产业（80.50%）则呈明显增长之势，比重位于城市群之首。湛江市、阳江市三次产业增加值比重相近。南宁市作为城市群的核心城市，第三产业增加值比重次于海口市，也有比较强的发展势头。

从市域来看，除了防城港市（15.16%）和茂名市（19.78%）第一产业2020年比2010年比重稍高，其余城市第一产业2020年的比重均低于2010年。除南宁、北海、防城港、海口4个城市之外，其余城市的第一产业增加值比重均高于北部湾城市群的均值（16.19%）。对于广西六市来说，产业结构中第一产业比重仍然较大，与成熟的现代化都市产业结构有着较大的差距。因此，在发挥好第一产业的国民经济基础作用的同时也要积极探索规模经济的发展模式，增加科技含量，提高第一产业的产量和质量，转移第一产业的劳动力到第二和第三产业（张协奎等，2012）。

2010年，北部湾城市的经济增长大都是依靠第二产业拉动；港口城市多以重化工业为主，相互间经济联系不够紧密，港口间存在无序竞争现象；传统产业转型面临突出困难，先进制造业和现代服务业发展相对滞后，新旧动能转换尚需加速。这些现象在2020年有所缓解，但是总体来看产业结构发展还不合理。2010年和2020年防城港市第二产业增加值比重处于城市群之最，分别是49.86%和47.50%，均超过了全国均值且2020年超过近10个百分点。第二产业比重最小的是海口市，2010年和2020年远不及全国均值。城市群大多数地级市的第二产业比重远低于全国平均水平，原因可能是北部湾城市群工业增长因素较为单一，大型企业与外资企业所占比重偏低，高新技术产业规模小，高附加值产品产值较低，难以形成规模经济，竞争力不强等。

海口市和南宁市的第三产业增加值比重较大，最高的海口市2020年达到80.50%，其次是南宁市（65.75%），两市均远超全国平均水平（54.50%）。对比2010年和2020年，从第三产业增加值比重的增长来看，南宁市的增幅较快，不过，这实际上是一种在工业化水平低的背景下的虚高表现。由于南宁市的经济规模在城市群内占据绝对优势地位，因而城市群整体产业结构与南宁市一样，也呈现出服务业虚高的现象。以南宁市为核心的北部湾城市群虽然形成了一定规模的服务业，但其传统服务业、消费性服务业比重较大，现代服务业、生产性服务业比重较低。北部湾城市群第三产业增加值比重表面上虽与全国均值持平，但一定程度上是由于南宁市及海口市等第三产业比重过高所导致，大多数北部湾城市服务业发展相对滞后，对经济增长的贡献率偏低。

综上所述，北部湾城市群整体第一产业增加值所占份额仍然较高，同时呈现出第二产业增加值占比下降、第三产业增加值占比上升的态势。到 2020 年，仅海口市第一产业增加值占比低于全国均值（7.70%），城市群内大部分城市的第三产业比重仍未达到全国平均水平（54.50%），占比超过 80% 的海口市也是由于总产值规模不大以及滨海旅游业的拉动显现。①

为了更全面和深入地了解北部湾城市群三次产业的具体情况，下面选取三次产业中比较具有代表性的行业分别进行分析。

2. 第一产业

表 3-6 及表 3-7 显示，北部湾城市群中广西六市的农林牧渔业总产值占了城市群的一半，为 52.2%（2816.7 亿元），其次是广东三市，占 45.5%（2455.3 亿元）；按同一行业分省（区）占比顺序来看，三省（区）的农林牧渔业排序结构相似。广西六市的农林牧渔业中，林业占比最高，为 63.4%，其次是农业（种植业）为 54.2%（1467.0 亿元）。广东三市的渔业占比居首位，为 55.0%，其次是牧业 47.0%，农业和牧业占比相近。海南省海口市的林业排第一，为 2.6%（6.9 亿元），最后为渔业 1.2%（11.2 亿元）。

表 3-6 2020 年分省（区）北部湾城市群的农林牧渔业总产值分地区构成

单位：%

地区	农业占比	林业占比	牧业占比	渔业占比	农林牧渔业总产值占比
广西六市	54.2	63.4	50.6	43.8	52.2
广东三市	43.3	34.0	47.0	55.0	45.5
海南海口	2.5	2.6	2.4	1.2	2.3

资料来源：根据 2021 年《广西统计年鉴》《广东统计年鉴》《海南统计年鉴》数据整理。

表 3-7 显示，按分市域行业产值来看，北部湾城市群中，农业（种植业）

① 邬思怡. 新时代北部湾城市群生态价值核算与绿色发展评价［J］. 广西财经学院学报，2020，33（06）：65-81.

排名前三的是南宁（575.1亿元）、茂名（531.9亿元）、湛江（528.2亿元）。林业总产值较低，其中海口（6.9亿元）和北海（4.5亿元）较低。渔业是湛江（215.6亿元）、北海（192.0亿元）以及阳江（182.9亿元）占比较大。牧业是茂名（315.3亿元）和玉林（246.9亿元）的排名较高。

表3-7　2020年北部湾城市群地级市的农林牧渔业总产值

单位：亿元

地区	农业	林业	牧业	渔业	专业及辅助性活动
南宁市	575.1	46.6	209.0	31.0	23.7
北海市	78.8	4.5	38.3	192.0	10.5
钦州市	231.2	31.0	99.7	74.7	22.0
防城港市	49.6	22.3	17.2	74.1	9.0
玉林市	277.0	25.3	246.9	21.6	47.3
崇左市	255.3	36.9	45.5	7.5	12.9
湛江市	528.2	18.8	189.0	215.6	39.4
茂名市	531.9	57.6	315.3	104.8	28.9
阳江市	112.0	13.0	106.9	182.9	11.1
海口市	67.5	6.9	31.6	11.2	9.2
城市群合计	2706.6	262.9	1299.4	915.4	214.0
全国	71748.2	5961.6	40266.7	12775.9	137782.2

资料来源：根据2021年《广西统计年鉴》《广东统计年鉴》《海南统计年鉴》数据整理。

3. 第二产业

为了进一步认识北部湾城市群的第二产业的结构，后文主要采用第四次全国经济普查数据，对采矿业，制造业，电力、热力、燃气及水生产和供应业，建筑业四类行业进行分析。

由表3-8可见，北部湾城市群中，2018年资产、负债、营业收入最高的为制造业，分别达到20677.42亿元、6754.90亿元、13141.99亿元。采矿业的资产、负债、营业收入在4个行业中最低。

在制造业中，钦州市的资产总计达到了9488.93亿元，列城市群首位。南宁市负债合计最高，达到1479.44亿元。湛江市该行业营业收入最高，为

2239.80 亿元，其次是南宁市（2217.72 亿元）。电力、热力、燃气及水生产和供应业的资产总计、负债合计分别为 5623.00 亿元、3671.16 亿元，仅次于制造业，侧面体现出本地区的防城港及阳江两大核电站的重要性。但其营业收入尚低，仅有 1670.58 亿元。建筑业的资产总计最高的为南宁市（2292.44 亿元），约占北部湾城市群建筑行业的 50%，而该行业营业收入位于四大行业第二（6599.53 亿元），仅次于制造业（13141.99 亿元）。

表 3-8　2018 年北部湾地级市按行业门类分组的第二产业法人单位资产情况

单位：亿元

行业	指标	南宁	北海	防城港	钦州	湛江	茂名	阳江	海口	合计
采矿业	资产总计	29.61	68.21	36.33	23.36	410.21	73.04	16.21	356.80	1013.77
	负债合计	11.84	31.31	21.45	14.28	388.18	18.34	4.96	154.94	645.30
	营业收入	14.19	25.54	64.92	15.31	241.25	66.81	3.33	37.21	468.56
制造业	资产总计	2484.55	1125.76	1041.56	9488.93	2340.67	1053.73	594.89	2547.33	20677.42
	负债合计	1479.44	623.11	691.85	468.66	1459.66	401.89	305.26	1325.03	6754.90
	营业收入	2217.72	1668.35	934.33	1116.90	2239.80	2128.91	783.24	2052.74	13141.99
电力、热力燃气及水生产和供应业	资产总计	573.90	127.56	621.59	229.29	525.56	331.37	1178.40	2035.33	5623.00
	负债合计	411.91	110.50	503.51	145.06	278.58	151.14	820.37	1250.09	3671.16
	营业收入	178.26	93.56	136.45	75.41	160.52	151.51	281.42	593.45	1670.58
建筑业	资产总计	2292.44	90.13	104.64	119.34	357.72	524.14	127.15	1009.01	4624.57
	负债合计	1455.17	51.29	54.87	60.44	213.61	309.52	56.44	579.57	2780.91
	营业收入	1979.74	114.53	138.14	155.34	833.98	1123.00	148.91	2105.89	6599.53

资料来源：根据全国第四次经济普查公报（第二号文件）数据整理。

表 3-9 显示，2018 年末北部湾城市群的工业企业法人单位资产总计为 19442.63 亿元，负债合计 11535.16 亿元，全年实现营业收入 26388.40 亿元，分别占全国的 1.40%、1.47%、2.23%。海口市的资产总计和负债合计最高，为 3926.23 亿元和 2211.45 亿元，分别占城市群的 20.19% 和 19.17%。营业收入中，钦州市最高（11206.58 亿元），远超过城市群其他城市，占整个北部湾城市群的 42.47%。

表 3-9　2018 年按地域划分的工业企业法人单位主要经济指标

单位：亿元

地区	资产总计	负债合计	营业收入
南宁市	3087.86	1903.19	2410.16
北海市	1321.53	764.92	1753.57
防城港市	1699.49	1216.80	1135.70
钦州市	1201.56	627.98	11206.58
玉林市	1065.44	595.59	954.19
崇左市	616.33	367.09	468.70
湛江市	3276.73	2146.31	2641.60
茂名市	1458.11	571.36	2347.26
阳江市	1789.35	1130.47	1068.02
海口市	3926.23	2211.45	2402.62
城市群合计	19442.63	11535.16	26388.40
全国	1392923.00	783365.80	1185270.00

资料来源：根据第四次全国经济普查公报（第三号文件）数据整理。

4. 第三产业

北部湾城市群分省（区）及全国的第三产业增加值的情况如表 3-10 所示。首先，从整体来看，2003—2020 年三省（区）的第三产业规模均不断壮大。从 2003 年的 1119.74 亿元，至 2020 年达到 11110.28 亿元，年均增长速度快，尤其是进入 2010 年以后。

其次，从省域层面来看，北部湾城市群涵盖的 3 个省（区）的第三产业发展呈现局部不均衡特点。2020 年与 2003 年对比，广西六市的年均增速为 15.67%，广东三市年均增速为 12.65%，海口市年均增速为 15.11%。

表 3-10　2003—2020 年北部湾城市群分省（区）及全国的第三产业增加值

单位：亿元，%

年份	广西6市	广东3市	海口市	合计	全国	占全国比重
2003	507.60	480.24	131.90	1119.74	57717.24	1.94
2004	584.80	571.86	151.10	1307.76	66678.16	1.96

年份	广西6市	广东3市	海口市	合计	全国	占全国比重
2005	721.41	631.46	195.12	1547.99	77362.71	2.00
2006	838.30	727.27	222.06	1787.63	91725.29	1.95
2007	1038.94	852.21	258.83	2149.98	115869.60	1.86
2008	1267.28	1018.95	302.37	2588.60	136955.90	1.89
2009	1501.76	1191.04	353.49	3046.29	154741.90	1.97
2010	1757.00	1398.74	445.01	3600.75	182156.70	1.98
2011	2067.86	1677.48	542.15	4287.49	216157.50	1.98
2012	2364.23	1889.71	621.31	4875.25	245053.90	1.99
2013	2591.80	2083.99	729.32	5405.11	278099.70	1.94
2014	3020.73	2298.93	817.15	6136.81	307814.70	1.99
2015	3330.92	2470.10	881.21	6682.23	346426.40	1.93
2016	3702.37	2659.16	960.20	7321.73	383351.50	1.91
2017	4183.42	3045.30	1075.85	8304.57	425971.50	1.95
2018	4737.43	3333.64	1170.56	9241.63	479864.70	1.93
2019	5635.34	3614.27	1324.75	10574.36	534233.00	1.98
2020	6031.79	3636.35	1442.14	11110.28	551973.70	2.01

资料来源：根据历年《中国城市统计年鉴》及相关地方统计年鉴数据整理。

北部湾城市群未来仍应增强第三产业与其他产业的紧密度，通过完善交通条件，促进城市群内部分工与协作，实现城市群第三产业又快又好的发展。①

（二）从业人员结构

经济结构变化的另一个重要方面是劳动力在不同部门间的配置，特别是劳动力在三次产业间的配置。下面从城镇单位从业人员、分行业年末城镇单位就业人员这两方面对北部湾城市群产业结构进行分析。

表3-11显示，2019年北部湾城市群总城镇单位从业人员人数、城镇私营

---

① 杨二鹏，邓渠成. 北部湾城市群旅游规模时空格局演化与影响因素研究 [J]. 广西科学，2022，29（03）：595-606.

和个体从业人员数分别占全国的 2.10%和 2.68%。其中，南宁市的城镇单位从业人员期末人数处于城市群之首，约 109 万人，远超城市群其他城市。防城港市最少，为 7.44 万人左右。从城镇私营和个体从业人员来看，最高是湛江市，为 146.8 万人，其次是南宁市 127.5 万人，最少是防城港市（16.1 万人）。从城镇登记失业人员数来看，茂名市较高，将近 3.2 万人，其次是南宁市的 3.1 万人，防城港市失业人数最少（3307 人）。

表 3-11　2019 年城镇单位从业人员数

单位：人，%

地区	城镇单位从业人员 期末人数	城镇私营和个体从业 人员数量	城镇登记失业 人员数量
南宁市	1090054	1274721	30980
北海市	138268	430897	7265
防城港市	73565	161407	3307
钦州市	210161	390830	12368
玉林市	295114	927686	14203
崇左市	132409	224988	7071
湛江市	458478	1468112	19107
茂名市	495887	530602	31992
阳江市	204617	311587	12250
海口市	530850	813214	11405
合计	3629403	6534044	149948
占全国的比重	2.10	2.68	—

资料来源：根据 2020 年《中国城市统计年鉴》数据整理。

表 3-12 显示，北部湾城市群第二产业中，采矿业，制造业，电力、热力、燃气及水生产和供应业，建筑业的从业人员数在全国的占比分别为0.69%、1.14%、2.81%、2.12%。其中，崇左市第二产业年末城镇单位从业人员占比最高，钦州市最低。从行业内部情况来看，各行业情况各异。在采矿业中崇左市遥遥领先达到 14.65%，远远超过其他城市，其次是湛江市（2.52%）和北海市（1.26%）。在制造业中，北海市和崇左市的制造业居于

前二，分别为 63.51%、57.53%，最低为南宁市 23.40%。在电力、热力、燃气及水生产和供应业中，最高为防城港市（19.19%）。在建筑行业，海口市居第一位（8.09%），其次是茂名市（6.09%）。

表 3-12　2018 年第二产业行业门类年末城镇单位就业人员占比

单位：%

地区	采矿业	制造业	电力、热力、燃气及水生产和供应业	建筑业
南宁市	0.07	23.40	11.11	5.26
北海市	1.26	63.51	4.81	3.25
防城港市	0.18	27.33	19.19	2.12
钦州市	0.10	29.30	3.50	3.03
玉林市	0.02	49.46	6.41	2.76
崇左市	14.65	57.53	14.28	2.42
湛江市	2.52	41.43	3.33	4.77
茂名市	0.44	25.98	3.78	6.09
阳江市	0.08	47.62	4.67	4.98
海口市	0.13	44.39	10.36	8.09
城市群整体	1.58	45.89	5.06	4.75
占全国的比重	0.69	1.14	2.81	2.12

资料来源：根据第四次全国经济普查公报数据计算。

表 3-13 显示，在第三产业中，教育业行业的从业人数在全国的占比最高，为 3.61%，其次是卫生和社会工作行业，为 3.02%。在市域中，批发和零售行业占本地从业人员比重最高是海口市，其次是茂名市，分别为 10.00% 和 9.79%，最低是防城港市，仅占 2.00%；信息传输、计算机服务和软件业最高是海口市（3.39%），其次是南宁市（2.77%），最低是钦州市（1.16%）；在金融行业最高为南宁市（12.38%），其次是湛江市（10.24%）和海口市（9.12%），最低是钦州市（4.80%）；房地产行业海口市达到 12.02%，最低是崇左市（1.52%）；教育行业，比例普遍高，其中玉林市占比最高为 36.51%，其次是钦州市（34.36%），最低是海口市（14.05%）。

单位：%

表3-13 2018年第三产业细分行业年末城镇单位就业人员构成

地区	批发和零售业	交通运输和仓储和邮政业	信息传输、计算机服务和软件业	金融业	房地产业	租赁和商务服务业	科学研究和技术服务业	水利、环境和公共设施管理业	居民服务、修理和其他服务业	教育	卫生和社会工作	文化、体育和娱乐业	公共管理、社会保障和社会组织
南宁市	8.20	7.35	2.77	12.38	5.16	5.43	5.66	2.59	0.42	20.63	10.24	2.08	17.08
北海市	4.12	3.88	2.43	6.49	5.10	4.48	2.99	5.90	0.51	26.81	12.65	1.07	23.57
防城港市	2.00	11.17	1.64	5.66	4.10	2.50	1.49	3.87	0.24	21.57	11.33	0.62	33.81
钦州市	4.11	4.57	1.16	4.80	2.92	3.70	1.69	2.16	0.20	34.36	17.18	0.32	22.84
玉林市	3.49	2.42	1.65	5.20	2.82	2.72	2.43	3.22	0.14	36.51	16.90	1.19	21.30
崇左市	2.40	3.25	1.31	6.65	1.52	4.36	3.46	2.53	0.37	27.49	13.91	0.88	31.88
湛江市	6.32	6.45	1.68	10.24	3.48	2.53	1.63	2.57	0.71	30.55	13.88	0.80	19.16
茂名市	9.79	5.21	2.04	6.49	4.02	5.28	2.00	1.15	0.59	32.02	12.11	0.84	18.46
阳江市	6.64	5.31	2.14	5.28	3.20	4.66	2.06	4.16	0.59	25.16	11.70	1.14	27.96
海口市	10.00	14.19	3.39	9.12	12.02	5.29	3.86	3.64	0.67	14.05	8.17	1.99	13.63
城市群整体	15.70	6.99	3.16	6.40	8.14	10.84	4.27	2.22	1.51	15.39	6.62	1.83	12.81
占全国的比重	2.05	2.55	1.64	1.83	3.36	2.48	1.89	3.29	1.82	3.61	3.02	2.28	2.67

资料来源：根据第四次全国经济普查公报数据整理。

在第三产业的细分行业中，城市群在教育、房地产业等行业的就业人员占比相对较高，而在信息传输、计算机服务和软件业以及科学研究技术服务等高新技术产业的就业人员占比相对较低。总体而言，第三产业高质量发展动能不足。

综上所述，北部湾城市群产业结构呈现"三二一"的发展格局，整体上产业集群化发展程度不高，集聚规模较小。沿海城市产业发展结构趋同且分工不够明显，产业附加值较低，孤立发展特征较明显。除此之外，区域内缺乏辐射带动作用强的超大及特大城市，南宁等核心及中心城市集聚和辐射效应不足，整体呈现出强极化弱辐射的趋势，对高端生产要素吸引力不强，创新创业有待进一步活跃。

第二节　特色优势产业

一、特色农业

特色农业是指一个地区的农业经历较长时间的沉淀和积累，具有符合当地地理环境优势、历史文化、生活习惯以及产业发展趋势的特点，并且具有市场竞争力的农业产品或者产业群。或者说具有明显的区域特点、独特的资源条件和产品特色，具有一定的产业基础和生产条件，采取一定措施培育和扶持，能够在短期内形成较强竞争力，形成比较完善的产业链且具有经济效益的农业产业。① 北部湾城市群地理位置优越，农业产业资源丰富，发展特色农业得天独厚。其中，广西是蔗糖和木薯淀粉的生产大省，两者的产量都位居全国第一。蔗糖与木薯作为广西南部最具特色的生物产业，对提高广大农民的经济收入，振兴乡村，提升地区经济的发展水平，具有重要的意义。

（一）蔗糖产业

广西生产甘蔗得天独厚，全自治区大部分地区位于亚热带季风气候，一

---

① 吕火明. 论特色农业 [J]. 社会科学研究，2002（03）：27-30.

年大部分的时间可以种植甘蔗。广西甘蔗产区主要集中在桂中、桂南和桂西地区。在北部湾地区，崇左、南宁、钦州、北海、防城港及玉林都是传统蔗区。

表 3-14 显示，2014—2020 年广西甘蔗产量基本保持在 7000 万吨以上，产量长期占据全国甘蔗总产量六成以上。

表 3-14　2014—2020 年广西与全国的甘蔗产量

年份	广西产量（万吨）	全国产量（万吨）	广西占全国比重（%）
2014	7549.33	11578.80	65.20
2015	7078.19	10706.40	66.11
2016	6991.45	10321.50	67.74
2017	7132.35	10440.40	68.31
2018	7292.76	10809.70	67.46
2019	7490.65	10938.80	68.48
2020	7412.47	10812.10	68.56

资料来源：根据历年《中国统计年鉴》及《广西统计年鉴》等数据整理。

表 3-15 显示，2020 年广西全区甘蔗播种面积为 874.83 千公顷，在广西北部湾六市中，崇左占 285.43 千公顷，即广西全区的 32.63%，位居六市之首，其次是南宁，130.35 千公顷。即使播种面积最少的玉林，也有 14.42 千公顷。与播种面积相对应，崇左的产量为 2573.16 万吨，其次是南宁 1091.94 万吨，其余各市均在 200 万吨左右。

表 3-15　2020 年北部湾城市群（广西）的甘蔗播种面积和产量

指标	南宁市	北海市	钦州市	防城港市	玉林市	崇左市	广西全区
面积（千公顷）	130.35	31.23	44.14	39.31	14.42	285.43	874.83
产量（万吨）	1091.94	265.94	320.56	312.12	161.66	2573.16	7412.47

资料来源：根据 2021 年《广西统计年鉴》等数据整理。

改革开放以来，广西蔗糖业实现高速发展并取得良好成效。《广西糖业发展"十四五"规划》显示，截至 2020 年底，全区累计完成优质高产高糖糖料蔗基地（以下简称"双高"基地）建设 504 万亩，基地水利化建设 345.3 万亩，基地良种化率 100%，综合机械化率 63.7%。2019—2020 年共建设 101.2 万亩非"双高"基地糖料蔗生产保护区高标准蔗田，进一步改善了糖料蔗生产条件。2020—2021 年榨季"双高"基地成效突出，样本点平均亩产 6.89 吨，蔗糖分达 15.6%，超额完成国家提出的 1150 万亩糖料蔗生产保护区划定任务。

广西制糖企业战略重组和去产能工作也取得大的突破，产业集中度和产能利用率均提高。广西南宁东亚糖业集团、广西糖业集团有限公司、南宁糖业股份有限公司、广西湘桂糖业有限公司、广西洋浦南华糖业股份有限公司、广西凤糖生化股份有限公司 6 家企业年制糖能力均超过百万吨。在 2019—2020 年榨季，以上 6 家制糖企业产业集中度达到 81%，比 2014—2015 年榨季提高 23.6 个百分点。截至 2020 年底，全区共关停糖厂 16 间，淘汰落后产能 6.7 万吨，产能利用率有了大的提高。

（二）木薯产业

木薯亦称树薯，与马铃薯、红薯并称为世界三大薯类作物。木薯块根、茎、叶等均可开发利用，其主要用途是食用、饲料用和工业上的开发利用。广西是全国最大的木薯产区，种植面积和加工产量均占全国的 40%左右（见表 3-16），木薯是广西名副其实的特色产业。广西木薯的酒精产量、变性淀粉、山梨醇等产量均居全国前列，木薯及其产品群总值也位居全国之首，成为利用酒精开发再生物质新能源的大省（区）之一。广西北部湾城市群均有木薯产业分布（见表 3-17）。

表 3-16 2014—2020 年广西与全国的木薯产量

年份	广西产量（万吨）	全国产量（万吨）	广西占全国比重（%）
2014	224.10	466.76	48.01
2015	213.30	479.02	44.53
2016	206.90	482.61	42.87

年份	广西产量（万吨）	全国产量（万吨）	广西占全国比重（%）
2017	201.00	487.82	41.20
2018	182.30	493.15	36.97
2019	178.00	498.66	35.70
2020	173.80	504.14	34.47

资料来源：根据历年《中国统计年鉴》及《广西统计年鉴》等数据整理。

表 3-17　2020 年北部湾城市群（广西）的木薯播种面积和产量

指标	南宁市	北海市	钦州市	防城港市	玉林市	崇左市	广西全区
面积（千公顷）	16.87	11.84	28.95	2.14	24.11	10.46	167.48
产量（万吨）	21.24	25.62	25.07	2.18	18.08	10.81	173.80

资料来源：根据历年《中国统计年鉴》及《广西统计年鉴》等数据整理。

随着我国能源需求的快速增长，木薯已经成为中国生物质能源产业发展的重要资源，这对广西木薯产业发展有着重要的推动作用，但近年来广西木薯播种面积呈下滑趋势。2020 年广西木薯播种面积为 167.48 千公顷（见表3-17），较 2019 年减少 4.20 千公顷。随着广西木薯播种面积的减少，木薯产量也有所下滑，表 3-16 显示，2020 年广西木薯产量为 173.80 万吨，较 2019年减少 4.2 万吨。

（三）水果产业

水果兼具食用、观赏等多重经济和生态功能，水果产业是农村经济的重要组成部分。在北部湾城市群中，钦州市是广西乃至全国重要的水果生产基地，其荔枝、火龙果等种植、产量排在全国前列。钦州盛产荔枝，是全国第二大、广西第一大荔枝生产基地，在 2018 年荔枝生产面积达 110.6 万亩，产量 31.3 万吨。南宁盛产菠萝、沃柑、火龙果等水果，其水果总产量位于北部湾城市群第二。茂名是古代向朝廷进贡荔枝的四大贡园之一，其荔枝产量居于全省前列，此外龙眼、三华李、百香果等水果的产量也逐年增长。湛江市一直以来发展热带特色水果产业，生产红橙、菠萝、波罗蜜、杧果、荔枝等水果，形成了一定的特色热带水果品牌。水果作为海南省支柱产业之一，不仅为海南提供了大量的就业岗位，还增加了农民的收入。海南省是香蕉、菠萝、龙眼、荔枝等全国重要的水果生产基地，其中海口市的荔枝、菠萝、香蕉等水果产量较多。

表 3-18　2020 年北部湾城市群园林水果的果园面积与产量

地区	果园面积（万亩）	水果总产量（万吨）
南宁市	222.56	401.22
北海市	19.02	14.60
钦州市	238.12	226.16
防城港市	16.83	11.89
玉林市	235.80	134.85
崇左市	—	109.55
湛江市	154.30	298.19
茂名市	362.11	425.63
阳江市	76.48	40.09
海口市	26.75	24.25
合计	1351.97	1686.43
占全国的比重（%）	10.69	5.90

资料来源：根据各市经济和社会发展统计公报、各市统计年鉴数据整理。

　　表 3-18 显示，北部湾城市群的水果产业整体实力较强。2020 年，北部湾城市群的果园面积和总产量分别是 1351.97 万亩和 1686.43 万吨，分别占全国总产量的 10.69% 和 5.90%。茂名市、南宁市、玉林市和钦州市的水果总产量较高，均超过 200 万吨。其中，茂名市的果园面积和总产量处于城市群首位，分别为 362.11 万亩和 425.63 万吨。南宁市的水果总产量居于广西北部湾城市之首，达 401.22 万吨。防城港市的果园面积、水果总产量在城市群中较低，分别为 16.83 万亩和 11.89 万吨。海口市的果园面积为 26.75 万亩，产量为 24.25 万吨。2021 年《海南统计年鉴》数据显示，在海口市的果园总产量中，柑橘橙柚、荔枝分别为 4.08 万吨、6.91 万吨，均排在海南省前列。其后是香蕉、菠萝、龙眼产量分别为 6.03 万吨、1.87 万吨、0.34 万吨。

二、特色工业

(一) 冶金产业

在北部湾城市群中，钢铁产量较高的地区是南宁、北海、钦州、防城港四市。表 3-19 显示，2018—2020 年四市整体产量保持在 1000 万~1800 万吨，占全国总产量的 0.9%~1.4%。其中防城港市的钢铁产量在 2020 年突破 1200 万吨，居四市首位。同时，作为能源支撑的防城港的核电近年也快速增长。

表 3-19　2016—2020 年北部湾城市群部分地级市钢材产量

单位：万吨

地区	年份				
	2016 年	2017 年	2018 年	2019 年	2020 年
南宁市	—	—	51.69	59.53	131.20
北海市	—	—	348.89	365.23	404.48
钦州市	—	—	36.03	28.70	58.30
防城港市	—	—	608.53	759.45	1202.20
湛江市	429.42	687.54	797.57	828.31	842.36
茂名市	25.93	15.05	13.65	11.83	9.86
阳江市	308.56	310.24	328.43	358.56	371.27

资料来源：根据相关城市历年各市统计年鉴及国民经济和社会发展公报整理。

湛江市作为一个区域性中心城市，产业技术较为扎实，是钢铁生产基地。2016—2019 年五年间，湛江市的钢材产量一度居于北部湾城市群之首，其钢材产量呈逐年上涨之势，2020 年达到 842.36 万吨，2020 年比 2016 年增加了 412.94 万吨。

(二) 石油化工产业

石油化学工业主要指对原油和天然气等进行加工并对加工品进行销售。石化产业的产品种类繁多，包括汽油、煤油、柴油等石油产品，以及塑料、合成纤维等其他产品。表 3-20 显示，2020 年，北部湾城市中，湛江市、茂名市的石化产业较强，钦州市的部分石化产品，如塑料制品的产量较高。

表 3-20 2020 年北部湾部分地级市石化产业部分产品产量

单位：万吨

地区	汽油	煤油	柴油	石油沥青	液化石油气	塑料制品
南宁市	161.90	—	183.62	—	30.38	—
钦州市	—	—	—	—	—	111.06
湛江市	266.48	—	282.68	58.97	38.65	8.50
茂名市	386.53	190.19	448.68	179.75	254.79	15.73
阳江市	—	—	—	—	—	1.90
海口市	—	—	—	—	—	0.97

资料来源：根据相关年份各市统计年鉴及国民经济和社会发展公报整理。

茂名市以"南方油城"著称，是全国较为重要的能源、原材料工业基地和石油化工基地。其中，茂名石化公司是茂名石化产业的代表性企业，是我国首座千万吨级炼油厂和百万吨级乙烯厂。近十年来迅速发展，其炼油能力超2000 万吨/年，位居全国前列，同时也是西南、华南地区成品油、化工原料等原材料和石化产品的主要供保来源。2020 年，茂名市汽油产量达到386.53 万吨，柴油产量为448.68 万吨，均位居北部湾城市群之首（见表 3-20）。

作为广东省"十四五"石化产业战略布局的核心区域，湛江市以东海岛石化产业园区为依托，由中海油、中科炼化、巴斯夫等龙头企业领航，打造"上游石油开采—中游石油炼化—下游精细化工"的石化全产业链条。2020年湛江市的汽油和柴油的产量分别为266.48 万吨、282.68 万吨，位居北部湾城市群同类石化产品第二（见表 3-20）；石化产业产值总计 327.6 亿元。2021 年，湛江市石化产业集群产值达到1163.3 亿元，成为湛江市首个产值超千亿的产业集群。

表 3-21 显示，2018 年湛江市的石油和天然气开采业、开采专业及辅助性活动以及石油、煤炭及其他燃料加工业的区位熵（LQ）都超过 1，最大的是石油和天然气开采业，达到 2.48。其次是黑色金属冶炼和压延加工业，区位熵为 1.60。这些说明湛江市在冶金和石油化工行业具有优势，专业化程度较高。

表3-21　2018年湛江市部分工业行业的区位熵和企业法人单位的营业收入

单位：亿元

行业名称	区位熵（LQ）	营业收入
石油和天然气开采业	2.48	217.52
开采专业及辅助性活动	1.10	5.35
石油、煤炭及其他燃料加工业	1.56	311.40
黑色金属冶炼和压延加工业	1.60	319.21

资料来源：根据湛江市及全国第四次经济普查公报数据整理。

（三）合金材料产业

表3-22显示北部湾部分城市合金材料产业的部分产品生产情况。生产铝材的城市有南宁市和茂名市，生产铁合金的主要是钦州市，生产不锈钢的有阳江市。

表3-22　2020年北部湾城市群部分地级市合金材料产业部分产品产量

单位：万吨

地区	铝材	不锈钢	铁合金
南宁市	28.34	—	—
钦州市	—	—	60.92
湛江市	0.00	0.00	—
茂名市	0.32	—	—
阳江市	—	1.29	—

资料来源：根据各相关城市统计年鉴整理。

铝材是由铝和其他合金元素制造的制品，是合金材料行业生产的主要产品之一。表3-23显示，主要生产铝材的城市中，2015—2018年南宁、湛江和茂名的铝材产量逐年上升，但南宁、湛江在2018年后铝材产量下滑。2020年南宁市的铝材产量高于湛、茂两市，达到28.34万吨。近年来，广西积极加快推进铝产业的"二次创业"，加速迈向中高端水平，致力于将南宁打造成为我国重要的高端铝产业基地，南宁的铝产业在政策带动下不断发展。其中，有代表性的铝合金企业是南南铝业有限公司，其前身为广西南宁铝厂，经过三次转型升级已经形成铝合金材料、铝精加工、铝应用和研发的完整产业链。

表 3-23   2015—2020 年北部湾部分地级市铝材产量

单位：万吨

地区	年份					
	2015 年	2016 年	2017 年	2018 年	2019 年	2020 年
南宁市	28.61	38.29	40.65	41.17	21.34	28.34
湛江市	0.87	0.94	1.21	1.20	0.26	—
茂名市	—	—	0.02	0.34	0.57	0.32

资料来源：根据各市统计年鉴整理。

近年来，阳江打造高端不锈钢、先进装备制造、高端纸业、新材料新能源等产业基地，聚焦千亿级合金材料产业集群和世界级风电产业基地建设。2019 年 9 月，阳江高新区获批建设国家高性能新型镍合金高新技术产业化基地，集聚广青科技、青山镍业、翌川科技三大镍合金企业，具备不锈钢冶炼200 万吨的 300 系列生产能力，产能规模居华南地区首位。

表 3-24 显示，阳江市的不锈钢日用制品的产品产量在 2020 年达到 1.29万吨。生铁和粗钢的产品产量增幅大，在 2020 年分别达到了 29.49 万吨、61.10 万吨。表 3-25 显示，阳江市的金属制品业的区位熵达到 6.59，说明阳江市在此行业具有较高的专业化水平和较大的外部市场。同时，其有色金属冶炼和压延加工业、黑色金属冶炼和压延加工业的区位熵超过 1，说明这些行业也具有较好的发展优势。

在合金材料产业方面，阳江形成了从基础材料到各类合金制品的完整产业链。其中，五金刀剪是阳江的传统支柱产业之一，在全国乃至全球五金刀剪行业领域都具有重要地位和影响。近十年来，阳江的五金刀剪行业产业链不断向上下游延伸，加速形成产业链完整、产品品类丰富的规模化特色产业集群。目前，阳江市已集聚十八子、张小泉、王麻子等一批行业领军企业，截至 2021 年底，全市五金刀剪企业共 13716 家，比 2012 年增长 80.64%。事实上，不仅是刀剪相关的金属材料，近十年来，阳江的合金材料相关产业都在不断快速发展，形成强大的产业集群。随着阳江合金材料产业体系"招大引强"的磁石效应不断凸显，到 2021 年，合金材料已成为该市首个突破千亿的产业集群，成为华南地区重要的基础原材料生产基地，形成从冶炼到压延、深加工的全产业链格局。

表 3-24 显示，作为产业支撑的电力能源等，阳江市发电量呈上涨趋势，尤其是 2010—2020 年，从 2010 年的 84.5 亿度到 2020 年的 621.15 亿度，增长约 7.4 倍。从区位熵来看，电力、热力生产和供应业的 LQ 为 1.97，说明电力行业集中度和专业化水平也较高（见表 3-25），阳江核电等为当地及区域产业的发展提供了保障。

表 3-24 阳江市规模以上部分工业主要产品产量

产品名称	年份				
	2000 年	2005 年	2010 年	2015 年	2020 年
塑料制品（吨）	4207	6879	20299	31835	19036
不锈钢日用制品（吨）	32243	84624	20300	25880	12884
发电量（万度）	25341	24095	845239	2531846	6211548
生铁（吨）	22665	236766	425020	2437811	2949287
粗钢（吨）	9249	239193	756416	3516078	6109845

资料来源：历年阳江市统计年鉴。

表 3-25 2018 年阳江市部分工业行业的区位熵和企业法人单位的营业收入

单位：亿元

行业名称	区位熵（LQ）	营业收入
黑色金属冶炼和压延加工业	1.65	124.25
有色金属冶炼和压延加工业	2.31	205.87
金属制品业	6.59	120.18
电力、热力生产和供应业	1.97	262.89

资料来源：根据阳江及全国第四次经济普查公报数据整理。

三、电子信息产业

在北部湾城市群中，电子信息的加工贸易集聚态势明显，已经形成了以南宁、北海、钦州等为代表的产业带集聚。其中，南宁以电子信息产品制造、软件和信息技术服务互为支撑、互促发展的产业格局，建设立足广西、面向全国、辐射东盟各国的新一代信息技术产业重点城市。电子信息产业成为南宁市产业升级转型、构建现代产业体系的战略先导产业。北海以外向型电子信息产业基地，聚集台湾、香港及内地知名电子信息企业，产业规模位居广西全区首位。近年来，广西自由贸易试验区钦州片区承接国内外电子信息产业转移，促使钦州电子信息产业和电子信息产品进出口呈现快速发展态势。

据统计，电子信息产业是近年南宁市总量最大和增长最快的工业产业，尽管 2020 年受新冠疫情影响，但仍呈现出强劲的发展势头，成为拉动工业增长贡献最大的新动能。2020 年北海市规模以上工业增加值 524.40 亿元，有规模以上电子信息制造业企业 69 家；软件和信息技术服务业的营业收入是340.57 亿元，总量居广西第一位（按照工业和信息系统口径）。2021 年钦州市规模以上电子信息工业总产值达 22 亿元。

电子信息产业带加工贸易中的产品制造业主要集中在北海，占产业带的比重达到 68%。《北海市统计年鉴》数据显示，2020 年北海电子信息产业包括计算机整机及零部件、光电显示、电力电子、电子元器件、移动智能终端、软件和信息服务业六大板块。其中光电显示是北海电子信息制造业的第一大板块，产值占电子信息制造业 60% 左右。全市有电子信息企业 300 余家，其中电子信息制造业有惠科电子、三诺电子、冠捷科技、建兴光电等一批知名企业。

产业带的软件和信息技术服务业则主要集中在南宁。从行业规模来看，南宁市的软件和信息技术服务业占比最高，2018 年，南宁市共有软件和信息技术服务业 8489 个，占整个行业门类的比重达 86.6%。

产业带内南宁高新区、北海工业园、北海出口加工区、北海高新区、钦州高新区等产业园区逐步成为产业发展的载体。2021 年，电子信息作为第一大主导产业，汇集了 39 家规模以上工业企业，完成产值 211.25 亿元，占总产值比重 51.58%。国家"一带一路"建设和《广西北部湾经济区发展规划》实施以来，北海工业园区电子信息产业得以迅猛发展，目前注册企业超过 1800 家，完成规模以上工业总产值约 350 亿元，其中园区规模以上电子制造业产值近 300 亿元。园区电子信息产业已发展成为广西北部湾城市群电子信息产业的主载体和重要的新兴产业创新发展的平台。钦州高新区依托毗邻主城优势，以云计算及大数据产业园项目为引擎，以惠浦光电、盛和电子、宇欣电子、骏升科技等公司为基础，建设面向中国—东盟的北部湾电子信息产业基地。

四、海洋产业

北部湾城市群的海洋产业主要以海洋渔业、海洋交通运输、临海工业等对空间资源依赖较强的初级业态为主。在海洋渔业、海洋交通运输等传统产业的基础上，逐渐形成以海洋工程装备制造、海洋生物医药、海洋可持续能源、海水利用等海洋新兴产业为主的高技术产业集群。

近年来，海洋经济成为广西新的经济增长点，对经济和社会的发展作用日益凸显。根据《2021 年广西海洋经济统计公报》，2020 年，广西海洋生产总值达 1598 亿元，占沿海三市（北海、钦州、防城港）生产总值的 49.5%，占广西生产总值的 7.4%。其中，北海市占广西海洋生产总值的 37.8%，钦州市海洋生产总值占广西比重为 37.2%，防城港市海洋生产总值占广西比重为 25.0%。（详见本书第五章）

表 3-26 2015—2020 年北部湾城市群沿海城市水产品产量

单位：万吨

地区	年份					
	2015 年	2016 年	2017 年	2018 年	2019 年	2020 年
北海市	106.35	110.6	114.68	110.17	113.85	114.14
钦州市	54.36	56.86	60.50	54.83	56.30	56.91

地区	年份					
	2015 年	2016 年	2017 年	2018 年	2019 年	2020 年
防城港市	48.81	51.11	53.26	51.68	53.13	53.74
湛江市	126.22	128.26	122.17	123.4	125.54	121.39
茂名市	84.88	87.85	89.47	90.01	92.22	92.37
阳江市	121.59	124.74	118.81	118.26	118.67	118.86
海口市	6.88	7.32	7.31	6.67	5.34	4.87
合计	549.09	566.74	566.20	555.02	565.05	562.28
占全国比重（％）	8.84	8.88	8.78	8.59	8.72	8.59

资料来源：根据相关省份统计年鉴整理。

表 3-26 显示，2015—2020 年北部湾城市群沿海城市的水产品产量较大，年均水产品总产量基本维持在 550 万吨，占全国比重约 8.7%。其中广东湛茂阳三市的水产品产量居城市群首列，年均为 300 余万吨。广西的北钦防三市的水产品产量年均为 200 余万吨。海口水产品产量最少，年均不到 10 万吨。各市水产品产量在 2015—2020 年保持平稳，波动幅度不大。

以北海市为例，其水产品产量每年都在 100 万吨以上。根据 2021 年《北海市统计年鉴》，2020 年北海水产品总量 114.14 万吨，其中海洋捕捞 31.66 万吨，海洋捕捞总产值 56.46 亿元；淡水捕捞 0.33 万吨，海水养殖 73.66 万吨，淡水养殖 8.49 万吨。北海市水产养殖面积 31141 公顷，其中海水养殖面积 25756 公顷、淡水养殖面积 5385 公顷。全市有养殖企业、合作社、家庭农场、养殖大户等 701 家（场、户）。渔业经济总产值 191.95 亿元。

五、旅游产业

北部湾城市群属于我国面积十分有限的热带滨海区域，相关旅游资源丰富，是我国热带滨海旅游发展的核心区域之一。因而本地区的旅游业具有良好的基础和突出的特色，边、山、海生态风光以及民族风情等特色旅游景观密集。2017 年发布的《北部湾城市群发展规划》中明确指出，北部湾城市群要"加强区域旅游合作，构建大中小城市协作协同的旅游发展格局，共建国际旅游休闲目的地"，因此旅游产业有望成为北部湾城市群协同发展的重点产业，成为拉动经济增长，提高人民生活水平的新动力。

表 3-27　主要年份的北部湾城市群地级市旅游业发展情况

地区	2010 年			2015 年			2019 年		
	国内旅游总收入（亿元）	入境过夜游客人数（万人）	国际旅游外汇收入（万美元）	国内旅游总收入（亿元）	入境过夜游客人数（万人）	国际旅游外汇收入（万美元）	国内旅游总收入（亿元）	入境过夜游客人数（万人）	国际旅游外汇收入（万美元）
南宁市	234.10	16.75	5600	729.93	51.09	20498	1699.02	68.99	37956
北海市	67.20	7.30	2173	219.73	12.91	5087	694.63	17.69	8149
钦州市	27.04	2.44	822	101.12	5.36	1941	519.21	8.37	3791
防城港市	27.89	7.01	1695	97.40	16.10	5285	329.39	19.76	8130
玉林市	49.55	3.31	1464	196.44	10.54	4687	803.94	17.26	8534
崇左市	33.66	20.73	5826	124.59	36.71	12788	471.38	45.81	18260
湛江市	63.47	10.31	2716	267.05	26.64	7305	592.57	45.11	12521
茂名市	71.05	1.78	1198	183.94	3.67	1739	473.78	5.47	3338
阳江市	41.41	5.28	1876	179.00	6.88	3729	346.05	7.85	4841
海口市	69.61	13.29	3800	160.06	12.20	4084	320.61	28.86	10002
合计	684.98	88.20	27170	2259.26	182.10	67143	6250.58	265.17	115522
占全国比重（%）	5.45	3.38	0.59	6.61	7.01	0.59	10.92	8.32	0.88

资料来源：根据相关省份历年统计年鉴整理。

考虑到 2020 年新冠疫情对旅游业影响的特殊性，这里以 2010—2019 年的数据为例。表 3-27 显示，北部湾城市群旅游业在 2010—2019 年发展迅速，国内旅游总收入、入境过夜游客人数、国际旅游外汇收入都在增加，其中 2019 年三者分别达到了 6250.58 亿元、265.17 万人、115522.31 万美元，分别占全国的 10.92%、8.32%、0.88%。2010—2019 年南宁市的旅游收入和游客人数增长最快，国内旅游收入增长超过 6 倍，增加 1464.92 亿元；入境过夜游客增加 52.24 万人，国际旅游外汇收入增加超过 3 亿美元。除南宁市外，北海、玉林、钦州和湛江等市的国内旅游收入有较高的增长速度。崇左市和湛江市的境外市场发展较好。海南方面，全岛作为一个整体，自 2010 年《国务院关于推进海南国际旅游岛建设发展的若干意见》发布以来，已初步达到"建成世界一流海岛休闲度假旅游胜地"的目标。其中，在 2019 年海口市旅游总收入达到 320.61 亿元，入境旅游收入 10002.31 万美元。未来，北部湾城市群在构建传统南珠文化以及边海丝绸之路旅游品牌线路和资源共享方面还有很大发展空间。

第四章　空间结构

《中华人民共和国国民经济和社会发展第十四个五年规划和 2035 年远景目标纲要》要求优化城市群内部空间结构，构筑生态和安全屏障，形成多中心、多层级、多节点的网络型城市群。城市群的形成发展离不开都市圈，都市圈是城市群形成的必要条件。区域空间结构是区域内的自然、生态、经济和社会等各方面资源的空间有机组合，城市群空间结构是不同要素在城市群中的分布和聚集状态，是城市群发育程度与过程的空间反映，其特征及其演化规律是区域经济学、经济地理学等学科在城市群领域的核心研究内容。对北部湾城市群的空间结构进行深入研究，能够从空间角度探查北部湾城市群的发育过程和发育水平。

第一节　基本特征

一、指标选取

空间结构的中心性是研究区域空间结构基本特征的重要内容。现有研究主要从功能和形态两个方面对城市群空间结构的中心性进行测度，功能中心性强调城市群的城市之间不同功能"流"的强度和联系程度，而形态中心性是城市群空间结构的最直观反映，通常运用经济首位度、Mono 指数、Pareto指数等公式计算某些经济指标的集中程度来反映城市群空间结构（此外，治理结构的中心性研究详见本书第七章）。空间自相关性反映某些变量在同一个分布区内的观测数据之间潜在的相互依赖性，地理学第一定律表明任何事物与其他事物都有关联，而相近的事物关联更为紧密，因此需研究北部湾城市群空间结构的聚集程度和城市群内的单元区域与邻近区域的相关程度，以揭示其经济发展的关联性。

区域经济空间结构的研究，主要采用单一指标和综合指标两类来衡量和评价区域经济空间结构演变，单一指标可以更细致地解释空间结构的演变过程；综合指标是需要对大量个体指标及其数值进行分组、对比和变换，与单一指标有着密切的联系，但是分析结果并不稳定。① 综合已有的研究方法和数据，本节将采用单一指标进行衡量，选取国家青藏高原科学数据中心发布的夜灯光数据②代替传统的国民经济数据进行空间结构的量化计算。

依据北部湾城市群的发展历史、政策实施及客观现实等影响因素，本节选取 2001 年、2005 年、2009 年、2013 年、2017 年、2020 年共 6 个年份的北部湾城市群 10 个地市级城市的年度夜灯光数据平均值绘制成柱形图进行比较，发现这 10 个地市的指标大小差异较为明显，主要表现为东南部城市（广东、海南相关部分）的指标总体大于西北部城市（广西相关部分）的指标，具体结果详见图 4-1。

根据现有研究，本节利用夜光灯数据进行计算，选取经济首位度、Mono 指数和 Pareto 指数三个指标来反映北部湾城市群的空间结构的形态中心性。采用空间自相关分析法研究北部湾城市群空间结构的相关性与功能性，主要指标为全局空间自相关莫兰指数（Moran's I）和局部空间自相关 LISA（local indicators of spatial association）散点图。

经济首位度用于衡量城市的区域主导性，能够反映区域城镇规模序列中的主导优势，也能反映区域中各种资源的集中程度；Mono 指数是在城市位序规模法则的基础上计算得来的，可反映城市规模及中心的变动；Pareto 指数是城市群空间结构分形特征参数，描述城市群的空间结构网络与等级体系的关

---

① 黄妍妮，高波，魏守华. 中国城市群空间结构分布与演变特征 [J]. 经济学家，2016（09）：50-58.

② 夜间灯光的数据引用：张立贤，任浙豪，陈斌，宫鹏，付昊桓，徐冰.（2021）. 中国长时间序列逐年人造夜间灯光数据集（1984—2020）. 国家青藏高原科学数据中心，DOI：10.11888/Socioeco. tpdc. 271202. CSTR：18406. 11. Socioeco. tpdc. 271202，读取日期：2021 年 11 月 10 日。

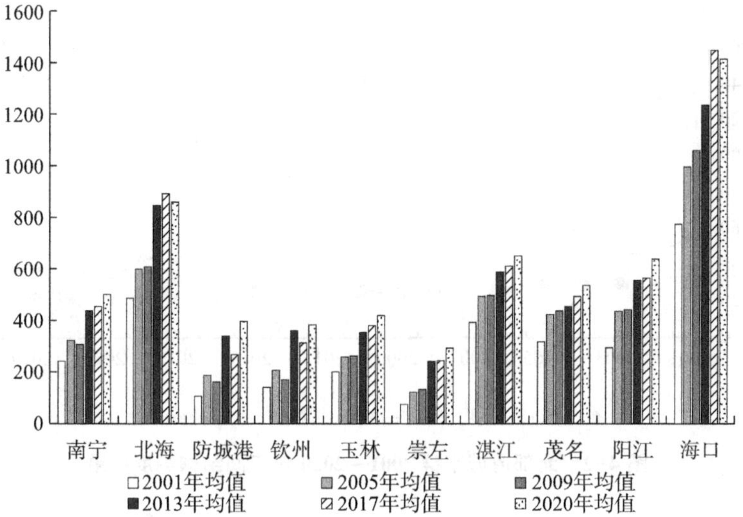
1600
1400
1200
1000
800
600
400
200
0
南宁
北海
防城港
钦州
玉林
崇左
湛江
茂名
阳江
海口
2001年均值
2005年均值
2009年均值
2013年均值
2017年均值
2020年均值

图 4-1　北部湾城市群 10 个地级市夜灯光均值（强度）

系，其值的高低反映了城市群空间结构总体特征。

空间自相关方法中的全局空间自相关用于研究分析整个研究区域的空间模式，是对属性值在整个区域的空间特征的描述。通常的衡量指标为 Moran's I，用于分析空间相邻或空间相近的观察值的相似程度；局部空间自相关排除了平均空间聚集程度的影响，分别计算每一个空间单元与邻近单元就某一属性的相关程度，能够揭示各研究区域对聚集的贡献度的空间分布。本节选用空间关联局部指标 LISA 进行度量。以上各个指标的计算方式和含义及数值详见附录。

二、测度结果分析

（一）空间结构中心性

选取北部湾城市群现有 65 个县级行政单位的 2001—2020 年夜间灯光数据均值，按照各指标的计算公式进行计算，得到各年份的经济首位度、Mono 指数和 Pareto 指数，绘制成折线图，结果如下（北部湾城市群空间结构的测度结果详见附录中的附表 3）。

图 4-2 显示，北部湾城市群的经济首位度和 Mono 指数大体上逐年下降，但 Pareto 指数大体上逐年上升。进入 21 世纪，北部湾城市群的 Pareto 指数恒

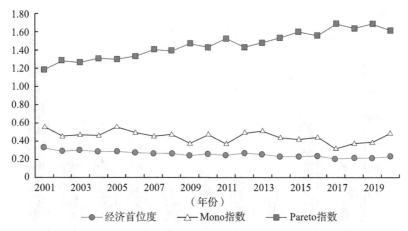

图 4-2　北部湾城市群 2001—2020 年空间结构测度结果

大于 1，根据相关理论，这表示：北部湾城市群保持着超过理论规模的城市规模状态。经济首位度主要处于 0.1900～0.3200 这一范围内，最大值为 2001 年的 0.3184，最小值为 2017 年的 0.1979，总体呈下降趋势，波动幅度不大，表明北部湾城市群城市发展要素在最大城市的集中程度不高，核心城市的作用也逐渐淡化；Mono 指数整体变动呈现出明显的波浪式下降的走势，最小值为 2017 年的 0.3162，最大值为 2005 年的 0.5606，2008—2012 年波动幅度较大，2005—2008 年和 2013—2017 年两个时间区间内整体下降，2017 年后单调增加，总体上可知北部湾城市群各单元之间的差异依然在变化，中心区域和非中心区域的经济增长都不稳定，城市群多中心结构趋势增强；Pareto 指数在2001 年位于最小值，随后以波浪式缓慢上升，于 2019 年达到最大值，且有逐渐偏离均衡值 1 继续增大的趋势。

（二）空间自相关

1. 全局空间自相关

将北部湾城市群 2001—2020 年县级行政单位夜间灯光数据导入 GIS 软件中，利用该软件的空间自相关分析功能逐年计算全局 Moran's I，并进行显著性检验，结果以折线图显示（北部湾城市群 2001—2020 年 Moran's I 具体计算结果详见附录中的附表 4）。

图 4-3 显示，北部湾城市群 21 世纪前 20 年的 Moran's I 均为正值，并且

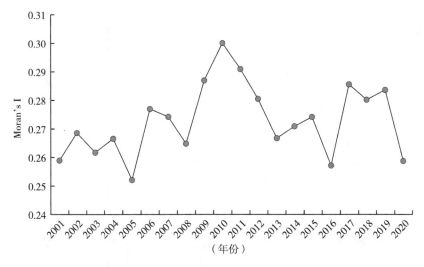

图 4-3　北部湾城市群 2001—2020 年 Moran's I

检验结果全部显著。Moran's I 取值均在 0.2500~0.3000 这一范围内,最小值
为 2005 年的 0.2520,最大值为 2010 年的 0.0300。可见,北部湾城市群内城
市的经济发展存在十分显著的空间正相关,整个研究区间内没有较长时间的
单调上升或下降趋势,整体波动频繁,但是幅度微小。这些结果意味着历年
来北部湾城市群县域的经济发展的空间集聚特征都较为明显,经济发展水平
相当的区域相邻,集聚强度长期保持在一定的范围内,未显现出随时间变化
而持续上升或下降的趋势。

2. 局部空间自相关

运用 GeoDa 软件计算北部湾城市群 65 个县域 2001—2020 年各年夜间灯
光数据的 LISA 散点图,选取前文 6 个年份作为分析样本,根据 LISA 取值,
将其划分为 4 种类型:HH(高高)型——该县域与周围县域经济发展水平都
比较高,经济发展差异小;LL(低低)型——该县域与周围县域经济水平均
低并且经济发展差异小;HL(高低)型——该县域发展水平高而周边县域经
济发展水平低,经济发展差异大;LH(低高)型——该县域发展水平低而周
边市区发展水平高,经济发展差异大。其中的高(H)和低(L)是相对于区
域总体水平的算术平均值而言,散点图中各类型(处于不同象限)所对应的
县域如图 4-4 所示。

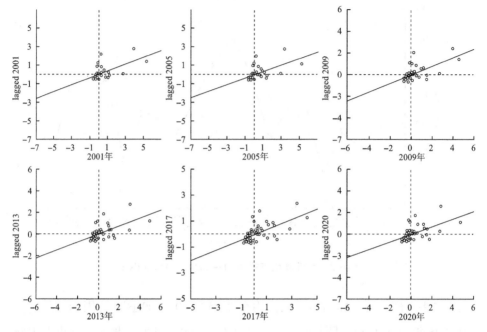

图 4-4　北部湾城市群 65 个县域 2001—2020 年夜间灯光数据 Moran 散点图

Moran 散点图（见图 4-4）显示，北部湾城市群 65 个县域大多数表现出不显著的聚集特征，LL 型其次，随后是 HH 型和 LH 型。各类聚集特征具体如下。

（1）不显著集聚主要集中在城市群中部和南部，其中广东省绝大多数县域和广西中西部县域大部分是不显著的聚集，海南省所有县域都表现不显著。2001—2020 年分析样本中不显著的聚集特征的变化主要在广西部分，2001—2009 年不显著区域缩小，2009—2013 年不显著区域扩大，2013 年后保持不变。这说明北部湾城市群大部分地区还没有形成经济活动的聚集。

（2）LL 型集中在城市群广西部分的边缘地区，表现为先扩散后缩减的态势。2001 年 LL 型的县域为广西部分西部的天等县、大新县、龙州县、江州区、凭祥市、宁明县和中南部的钦北区共 7 个县域。2005 年在 2001 年的基础上增加了广西部分东中部的灵山县和浦北县，此时共有 9 个 LL 型县域。2009年在 2005 年的基础上增加了广西部分北部的马山县，此时共有 10 个 LL 型县域。2013 年在 2009 年的基础上减少了钦北区和灵山县，此时共有 8 个 LL 型县域。2013 年以后 LL 型县域保持不变。这表明北部湾城市群内经济发展较落后的地区分布在广西区内,并且存在趋同现象。

(3)HH 型集中在城市群广东部分南部沿海地区,表现为先扩散后收缩的态势。2001—2005 年 HH 型的县域为广东地区的赤坎区、霞山区和麻章区共 3 个县域。2009 年在前一时段的基础上增加了广东地区的遂溪县,此时共有 4 个 HH 型县域。2013 年在 2009 年的基础上减少了遂溪县,此时共有 3 个 HH 型县域。2013 年以后 HH 型县域保持不变。这表明北部湾城市群经济发展水平高的地区十分有限,地区面积小且不能形成明显的溢出效应。

(4)LH 型位于城市群广东部分南部沿海地区,仅有遂溪县这一地区出现了 LH 型特征,并且在 2009 年遂溪县由 LH 型转变为 HH 型,2009 年以后从 HH 型变回 LH 型,并一直保持不变。与此同时,城市群中没有出现 HL 型县域。这表明北部湾城市群内部经济发展水平的空间差异不大,县域之间经济活动的负向作用十分微小。

(三)基本结论

结合空间结构测度结果和空间自相关分析结果,有以下结论。

1. 北部湾城市群整体结构模糊

从经济首位度和 Mono 指数上看,核心城市的首位度降低,意味着核心城市对发展要素的集中作用力不高,城市群内部存在着单中心分布向多中心分布的趋势;Mono 指数持续波动表明整个城市群的空间结构依然处于变化之中,还未构成稳定形态。Pareto 指数反映了整体的城市规模超过了理论规模,却显示出越发不平衡的态势。结合局部自相关的分析结果可知,城市群的广西部分边缘地区的发展水平较低,同时广东部分沿海地区发展水平较高。

2. 经济空间结构相关水平不高

空间自相关性的计算结果表明,北部湾城市群内部地区空间差异水平小,大多数县域的经济活动聚集不显著,由此反映出城市群内各地区的经济联系和交往密度不强。显著的县域主要以 LL 型为主,这意味着这些县域经济发展水平较低,并且相邻地区都没有经济增长的推动力,导致落后地区呈片状存在;显示出 HH 型的县域数量很少但是保持稳定的聚集力;特别地,作为核心城市的南宁竟没有一个区域表现出显著的经济聚集。结合首位度测度结果可知，南宁并未有效发挥这一核心城市的地位和作用。

综上所述，北部湾城市群空间结构整体上保持一个稳定集聚的趋势。空间结构测度结果表明：城市群内部规模超过理论规模，并持续往非平衡方向发展；整体空间结构特征不显著，但多中心结构趋势占优，首位城市作用力不强；城市群总体空间差异不大，并且未出现明显的变化趋势。主要表现为大部分县域集聚都不显著，区域经济联系不强，边缘县域呈 LL 型集聚，HH 型县域仅出现3 处，LH 县域不稳定存在，没有出现 HL 型县域，空间差异特征区域稳定。

第二节　演化机制

通过前文的探索性空间数据分析（ESDA）可知，当前北部湾城市群空间结构含混，一体化进展缓慢，各县域的空间演化进程保持不变，经济联系强度不高，主要表现为边缘地区的经济发展水平趋同，因此需要探讨影响其空间结构的形成及演化的机制。

一、区位条件

北部湾城市群位于华南沿海，水域面积广阔、地势平坦，使得该区域拥有得天独厚的水路交通资源、港口资源、气候资源和海洋资源。理论上，这些优良的自然环境将促进经济生产要素向北部湾流动，吸引大量政策和投资进驻。但是从 ESDA 分析上看，城市群内广西西部的 LL 型空间集聚意味着生产要素没有明显流入这些地区，更为恶劣的地理环境抑制了当地营商环境的优化。由此可见，北部湾城市群的区位因素在一定程度上加速了经济要素的不平衡分布。

二、历史发展与政策合作

北部湾城市群的发展可以追溯到 20 世纪 90 年代"北部湾经济圈"的提出。对比全国的发达城市群，整体研究起步较晚，但进入 21 世纪，受国家

"西部大开发"战略的带动,关于北部湾地区的发展政策层出不穷:2000年10月,北部湾经济合作组织在广东省湛江市成立,这为北部湾城市群的建设起到了促进作用;2004年5月,中越两国就建设"两廊一圈"达成一致;2006年3月,北部湾(广西)经济区规划建设管理委员会成立;2008年2月,国务院正式批准实施《广西北部湾经济区发展规划》;2017年1月,国务院批复同意建设北部湾城市群为国家级城市群;2022年3月,国务院批复《北部湾城市群建设"十四五"实施方案》。在各级政府的共同努力下,"北部湾经济圈"的发展构想已具备一定的政策基础,但仍较为松散。

三、产业结构变动

城市的产业结构是决定城市经济功能和城市性质的内在因素,进而对空间结构产生影响。鉴于数据的可得性,本小节选取北部湾城市群2002—2020年三次产业城市群GDP占比数据,并分别刻画广西、广东、海南三部分地区的三次产业占比以分析产业发展对北部湾城市群空间结构的作用机制。

图4-5绘制了北部湾城市群2002—2020年三次产业GDP占比折线图,可以看到,第一产业占比大体上呈下降趋势,第二产业占比大体上先上升再下降,第三产业大体上呈上升趋势。钱纳里工业化阶段基础划分标准指出,当第一产业占比低于20%且第二产业占比超出第三产业占比时,该经济体进入工业化中级阶段。2011年以前,北部湾城市群主要处于工业化初级阶段,第二产业占比和第三产业占比距离逐渐缩小;2011年北部湾城市群三次产业占比为19.2:40.7:40.1,此时可以视为工业化中级阶段开始,此后三年第二产业和第三产业两者占比相差不大;2014年两者差距逐渐扩大,第三产业占比逐渐超过第二产业占比,并于2017年差距大幅增加,这意味着2017年以后北部湾城市群服务业增长速度加快,人民生活品质整体提高;与此同时,第二产业占比大幅度下降,第一产业占比小幅度上升,可能的原因是国家"三农"政策起到了重要作用。

图4-6至图4-9分别绘制了北部湾城市群内各省区部分的GDP和三次产业的占比折线图。可以发现整体趋势为:初期,城市群中广东地区占比超过

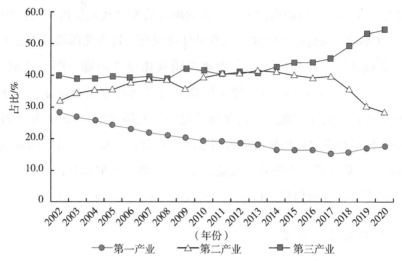

图 4-5　北部湾城市群 2002—2020 年三次产业 GDP 占比

资料来源：根据广西、广东、海南三省区各年份统计年鉴整理。

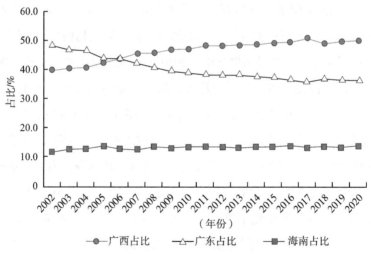

图 4-6　北部湾城市群 2002—2020 年各省区 GDP 占比

数据来源：根据广西、广东、海南三省区各年份统计年鉴整理。

广西地区，但随着时间的推移，广西地区的占比逐渐超过了广东地区，而海南地区的占比始终保持在一个稳定区间内。对于 GDP，第一、二、三产业广西地区占比超过广东地区的年份分别为 2006 年、2005 年、2009 年和 2004 年，并且在这些时间后差距逐渐拉大，这说明北部湾城市群的建设主要使得广西地区的经济发展得到了提升，广东及海南若干市县的加入加强了广西地区的经济建设和城市群的集聚发展。

为进一步探究北部湾城市群内广西地区产业结构的变动趋势，我们继续选取城市群内仅广西地区的 2002—2020 年三次产业占比，描绘其变动趋势图进行分析。

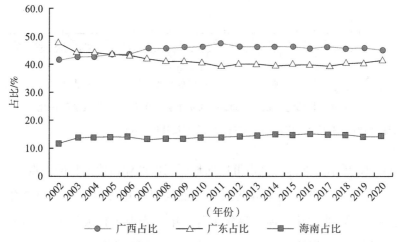

图 4-7　北部湾城市群 2002—2020 年各省区第一产业增加值占比

数据来源：根据广西、广东、海南三省区各年份统计年鉴整理。

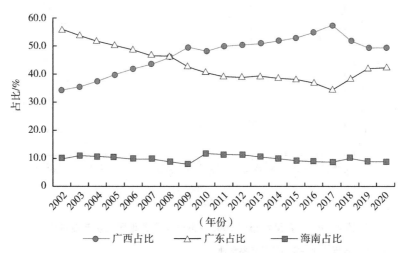

图 4-8　北部湾城市群 2002—2020 年各省区第二产业增加值占比

资料来源：根据广西、广东、海南三省区各年份统计年鉴整理。

北部湾城市群研究

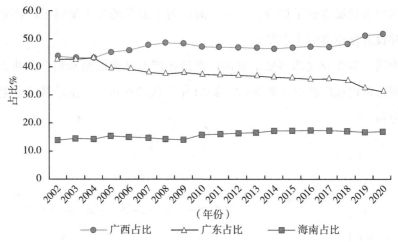

图 4-9　北部湾城市群 2002—2020 年各省区第三产业增加值占比

资料来源：根据广西、广东、海南三省区各年份统计年鉴整理。

图 4-10 显示，北部湾城市群广西地区三次产业占比变化的拐点位于 2017 年，这一年也是北部湾城市群获国务院批复同意建设的一年。2017 年以前，广西地区第一产业占比大体上逐年下降，第二产业占比大体上升，而第三产业占比平缓波动，说明 2017 年以前广西地区主要以发展第二产业为主，为第

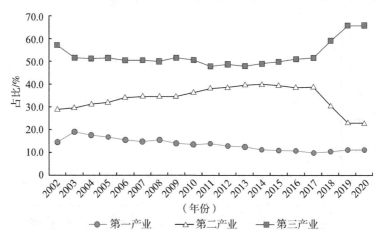

图 4-10　北部湾城市群 2002—2020 年广西地区三次产业占比

资料来源：根据广西各年份统计年鉴整理。

三产业的增长做准备。城市群内广西地区山地面积大、林田资源丰富，原始农业占有重要地位。然而由于产业结构的调整，第一产业的占比逐年下降，这使得自然资源农业水平得不到有效利用和提升，特别是主要以农耕活动为经济来源的西部边缘县域。当地的劳动力转移到第二产业建设中，2017年以后更多的劳动力转移到了第三产业。再者边缘县域地理环境较为独特、自身投资成本大、基础设施建设滞后等问题使得这些县域经济发展条件较不完善，因此出现了 LL 型区域。

以上分析可知，北部湾城市群的产业结构变动主要体现在城市群内部的广西地区，并且对城市群空间结构的形成和演化起到了一定程度的推动作用。区位条件和产业发展进程交互对城市群空间结构产生影响。即使在一定的政策支持和鼓励下，经济要素的分布依然不平衡，边缘地区生产要素逐渐流向中心城市和沿海地区，特别是在2017年城市群获批复建设后，产业结构迅速调整，加速了城市群的两极分化。

四、城镇化发展

城镇化是指农村人口转化为城镇人口，从而使城镇人口数量增加、规模扩大，实质上是城市为农村劳动力转移创造就业岗位的过程[①]，主要表现为随着一个国家或地区社会生产力的发展、科学技术的进步以及产业结构的调整，农村人口居住地点向城镇的迁移和农村劳动力从事职业向城镇第二、第三产业的转移和集聚，进而影响空间结构的演化。反映城镇化水平高低的一个重要指标为城镇化率，计算方式为一个地区常住于城镇的人口占该地区总人口的比率。本小节选取第五、六、七次人口普查数据计算北部湾城市群65个县域的城镇化率，并绘制成散点图，具体结果如图4-11、图4-12和图4-13所示（北部湾城市群各县域第五次至第七次人口普查常住人口及城镇化率数据详见附录中的附表5）。

---

① 仇保兴. 集群结构与我国城镇化的协调发展［J］. 城市规划，2003（06）：5-10.

从第五次人口普查到第七次人口普查的 20 年里，北部湾城市群常住人口由 3021.4 万人增加至 4392.6 万人，增加 1371.2 万人，增长 45.4%，年平均增长率为 1.9%；城镇化率由 38.1% 上升至 54.5%，上升 16.4 个百分点。从县域的视角上看，各县域的城镇化率总体呈上升趋势，大部分县域的常住人口不高于 150 万人，但是城镇化率相差较大，进展较为缓慢，常住人口分布不均，劳动力流动不充分。由此可以推测出：北部湾城市群的城镇化发展仍未对其空间结构的演化带来明显的推动作用。

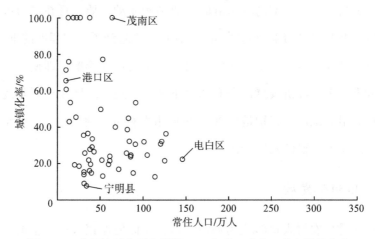

图 4-11　北部湾城市群各县域 2000 年第五次人口普查城镇化率

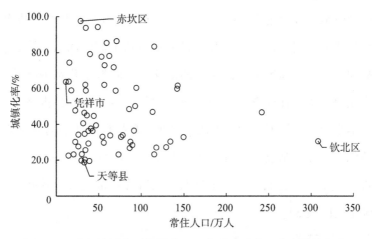

图 4-12　北部湾城市群各县域 2010 年第六次人口普查城镇化率

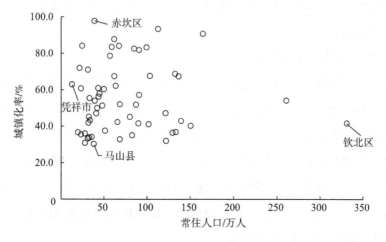

注：图4-11~图4-13数据来源于各县域全国人口普查数据和主要数据公报；部分县域数据缺失，已剔除。

图4-13 北部湾城市群各县域2020年第七次人口普查城镇化率

第三节　发展前瞻

2022年3月国家发布的《北部湾城市群建设"十四五"实施方案》（以下简称《方案》），对北部湾城市群提出了中长期的发展要求：以面向东南亚、服务"三南"的独特战略地位作为发展突破口，发挥北部湾城市群自身的集聚优势。《方案》中明确提出了优化城市群空间结构的具体要求，其中包括强化空间分区管控，保护"一湾"，打造"两极"，做强"一圈一核"，提升"两极"和节点城市，推进以县城为重要载体的城镇建设，特别明确了优化北部湾城市群的空间结构的发展措施——"坚持陆海一体、全域保护、重点开发，强化空间管控和整治，加快构建开发与保护相协调、城市与港口相支撑、通道与口岸相促进的空间格局"。

一、增强城市空间联结，大力建设交通基础设施

针对内部通达性和辐射效应依然不强，北部湾城市群的外围地区交通相

对网络稀疏，核心城市辐射作用强度不足等问题，北部湾城市群的交通基础设施发展方向如下。

1. 扩大公路网络的辐射效能

第一，以北部湾城市群中部地区纵向客运交通通道建设为核心，提升其集聚能力和南北向人口日常流动的格局，同时增强南宁至湛江沿线的城市联系以带动中部地区的发展。第二，根据各城市的社会经济发展现状和演化特点，分别增加3个省区，特别是广西地区边缘城市的路网建设，使边缘负效应降低。第三，增加城市之间发展的联动性，扬长补短，提升干线运输能力，构建城市群"外畅内通"的高速公路网络，以促进城市群协调发展。

2. 以铁路运输发挥沿海优势

2019年8月，《西部陆海新通道总体规划》（以下简称《规划》）强调了重庆的运营中心地位。北部湾城市群应充分借助这一发展契机，运用铁路运输通道连接重庆、成都等西南地区，一方面能够发展以"铁海联运"为主导的北部湾运输架构以发挥沿海优势；另一方面又能发展"公铁联动"主要跨境运输结构以发挥沿边优势。同时，还应进行铁路干线升级、新建局部支线及联络线等运输线路的扩能改造，畅通"卡脖子"路段，令运输网络更畅旺。

3. 提升陆海联动能力

根据《规划》一文，北部湾城市群应积极搭建"一带一路"陆海联动通道，建设自重庆经贵阳、南宁至北部湾和自重庆经怀化、柳州至北部湾以及自成都经泸州、百色至北部湾出海口3条主通道；围绕主通道完善综合交通运输网络，密切湛江、海口的重要区域发展极与主通道的联系，强化主通道与综合运输通道的衔接，充分发挥重要节点城市及物流枢纽的禀赋与特点，优化运输组织。① 总之，北部湾城市群在交通运输建设方面应针对区域贸易特色、产业化特点，打造高效联动的立体交通层级和多枢纽水平网络，促进经济、人文与供应链快速向好发展。

---

① 郭珂歆，彭国庆，等. 北部湾城市群综合交通网络一体化分析与评价 [J]. 地理与地理信息科学，2021，37（04）：57-63.

二、优化产业布局，协调产业分工合作

针对经济发展和产业布局的问题，北部湾城市群需明确各城市分工，推动各市有代表性、能充分发挥区域优势的产业集群建设。以"南北钦防"发展轴为例，4个城市的分工建设如下。

1. 南宁市

作为广西北部湾经济区城市群的核心城市，南宁应充分发挥沟通、衔接以及纽带的作用，结合经济产业基础与行政资源优势，以中国—东盟博览会为平台大力发展金融商贸服务、会展业、科教文化等产业。

2. 北海市

北海应充分利用自身的沿海地理环境条件侧重发展旅游业，利用海洋资源开发旅游产品，发展滨海旅游业，重组区域旅游产业，积极开发历史文化旅游、休闲旅游、养老旅游等不同种类的旅游品牌，同时加强电子信息技术、现代医药等产业以及完善旅游配套服务设施。

3. 钦州市

钦州可侧重于发展临海工业、现代海洋产业和港口服务型第三产业，重点发展林浆纸一体化、冶金技术、海水养殖、保税物流等几个重大项目，形成独具海港特色的产业体系。

4. 防城港市

防城港具有天然优良的港口资源，以港口运输作为发展主线，兼顾边境贸易、加工装配、船舶修造等特色产业。

北部湾城市群的空间结构有待优化，其中主要障碍是城市间的联系力度低，经济往来不充分。综合南北钦防发展轴的例子可知，北海、钦州、防城港三市虽同为沿海城市，但是发展的产业应侧重不同的类型，依据每个城市各自的特性做出相应的城市功能定位，形成更加完善的分工和合作机制，并依照各城市的分工来完善经济要素的有效配置。城市群产业之间要优势互补，进行资源整合，避免发展成为相同功能定位的城市。各市应进行统一规划、统筹发展，以实现区域经济发展的共赢局面。

三、完善城市体系，推动城市群城镇化、同城化

城市体系是指以中心城市为核心，由一系列等级规模、职能分工不同但联系紧密的城镇所组成的一个相对完整的区域；同城化是指相邻的城市间，突破行政区划的限制，从各城市的经济、社会利益出发加强城市之间在经济、社会和生态环境等方面的沟通与合作，优势互补，互相促进，进而实现更紧密的类似于传统城市内部的关系，达成城市一体化，以促进整个城市群的发展。北部湾城市群应完善城市功能，增强核心城市集聚能力，为整体经济区的发展营造良好的环境。推动城市群城镇化、同城化，应结合自身实际经济状况，有效地借鉴其他城市的经验，在更广的范围、更深的层次上展开一体化合作。

推动城市群城镇化，应注重人才引入与人才培养，建设现代化经济社会体系。可在户籍制度上给予各市居民更公平的环境，在其就业、购房、经商等方面一视同仁促进人才的自由流动。信息化方面，建立统一的信息管理系统，加快现代技术与经济、基础设施、交通的结合，促进信息网络设施的完善。人才培养方面，结合各市的教育资源与人才需求，加强各市教育的交流，建立公平的人才交流平台。金融领域方面，加快金融同城化，促进资金的跨市流动，金融信息的传递，创新金融产品，完善金融服务。政府应加快完善公共服务的步伐，建立有效的机制管理经济活动，设置统一协调的组织机构，服务好城市群内各个城市的经济活动。

推动城市群同城化，应强化"南北钦防"发展轴，整合各地优势，实现各市共同繁荣。北部湾城市群的建设发展基于"一湾双轴、一核两极"的城市群框架，核心城市对城市群空间结构的塑造举足轻重，壮大南宁对于北部湾，乃至广西都至关重要。对"南北钦防"发展轴应大力建设交通基础设施、推进人才落地政策，吸引投资和新兴技术，形成城市群内广西地区经济发展的中流砥柱。北海、钦州、防城港可以视为"三位一体"的沿海城市，以海洋资源作为发展根基。崇左和玉林要发挥边境城市的开放合作效用和连接粤桂两地的桥梁作用。湛江、茂名、阳江形成了北部湾城市群的另一条城镇发

展轴，湛江是"两极"之一，可以依托沿海综合运输通道，推进湛茂一体化，提升临港产业绿色发展水平，建设珠三角连接东盟、北部湾城市群连接港澳的陆路大通道。城市群内海南的各城市中，海口是"一极"，应带动其他市县一体化，以加快建设南海海洋研发和综合产业开发基地以及海南自由贸易港（关于城市群内部协作方面的更多内容，详见本书第七章关于城市群空间治理的分析）。

第五章　向海经济

海洋覆盖了地球表面的 71%，提供可再生和不可再生资源，维持着沿海地区、岛屿和内陆地区数亿人的生计。地球上 80% 的生命在海洋中，50% 的可用氧气来自海洋，海洋对人类发展生存具有重要意义，是"天然的鱼仓""盐类的故乡""能量的源泉"。2010 年全球海洋产业创造的增加值为 1.5 万亿美元，据经济合作与发展组织（OECD）估计，到 2030 年海洋产业的产值将达到 3 万亿美元，特别是海洋水产养殖、海洋捕捞渔业、海洋鱼类加工港口经济等的增长速度将有可能超越全球经济增长速度。北部湾一湾挽十一国，2019 年国家发改委印发的《西部陆海新通道总体规划》中指出北部湾开发是国家"一带一路"的重要举措，推动北部湾向海经济发展既是边疆陆域经济的延伸，更是地缘经济发展的必然选择。

Morrissey 和 O'Donoghue、[①] Stebbings 等[②]研究发现海洋经济对经济的贡献远远超于预期，同时，在当今政治经济格局下，海洋的重要战略地位越发凸显，推进向海经济发展是历史的必然。2017 年 4 月 19 日，习近平总书记在北海考察时指出，"要建设好北部湾港口，打造好向海经济"，这意味着向海经济已成为经济发展的新导向。向海经济的提出引起了社会的广泛关注与讨论，打造向海经济意味着城市需要面向海洋发展，向海洋要资源和财富。[③] 目前，北部湾向海经济依然存在海洋资源的科学利用不足、产业结构层次偏低、海洋产业体系发展不健全、政策力度支持有待加强、海洋经济效率低下等问题，

---

① Morrissey, K., & O'Donoghue, C. The Irish marine economy and regional development [J]. Marine Policy, 2012, (36): 358-364.

② Stebbings E. et al. The marine economy of the united kingdom [J]. Marine Policy, 2020, 116.

③ 戴春晨. 首提向海经济：北部湾如何向海而生？[N]. 21 世纪经济报道，2017-04-21.

海洋经济处于低水平发展状态。① 总体而言，发展向海经济需要把握四大关键点，即陆域经济、海洋经济、现代港口与海洋交通运输，四者相互关联、相互影响，共同支撑向海经济的发展框架。在拓展蓝色经济空间的同时，协调好发展向海经济与海洋生态保护的关系。

王波等（2018）认为向海经济是以陆域经济为基础，以海洋经济为依托，以海岸带为空间载体，以现代港口为支点，以科技创新为驱动，以生态文明建设为保障，以完善现代海洋产业体系、有效衔接陆海通道、实现陆海经济互动融合为目的的开放式经济新模式。② 因此，向海经济包含的产业有：（1）海洋渔业、油气业、矿业、盐业、船舶工业、化工业、生物医药业、工程建筑业、电力业、交通运输业、科研教育管理服务业、海水利用业、滨海旅游业等海洋产业；（2）海洋农林业、设备制造业、涉海产品及材料制造业、涉海建筑与安装业、海洋批发与零售业、涉海服务业等海洋相关产业；（3）港口装卸、运输、仓储、物流、石化、建材、钢铁、有色金属、汽车、修造船、重型机械制造、食品加工等临港临海产业（见图 5-1）。

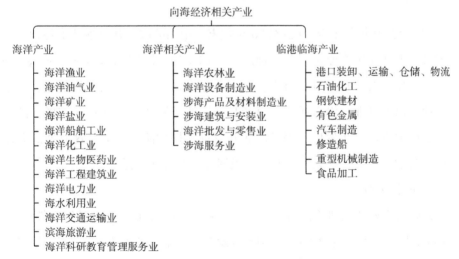

图 5-1 向海经济相关产业示意图

① 尹继承.“一带一路”背景下广西钦州向海经济发展路径研究［J］. 广西经济干部管理学院学报，2018，30（01）：1-4.

② 王波，倪国江，韩立民. 向海经济：内涵特征、关键点与演进过程［J］. 中国海洋大学学报（社会科版），2018（06）：27-33.

第一节　发展概况

一、发展历程

北部湾作为重要湾区,其海洋经济发展历史悠久。近半个多世纪来,北部湾向海经济已由依靠海洋资源禀赋的"单一生产结构"转变为"综合开发利用",实现海洋经济与海岸带经济的双重结合,向海经济由此进入新的发展阶段。纵观北部湾向海经济发展历史,主要分为以下几个阶段。

1. 起步阶段

20世纪50年代初至70年代末,这一时期经济发展较为滞后,北部湾海洋相关产业发展缓慢、结构单一。该时期北部湾发展向海经济意识淡薄,海洋产业主要以简单的海洋渔业、交通运输业为主,海洋资源处于全面待开发状态,北部湾地区靠海优势未能凸显。

2. 探索阶段

20世纪70年代末至20世纪90年代末,中国的改革开放推动了各行业的大发展,海洋相关产业也得到了前所未有的发展。同期北部湾海洋资源得到进一步开发,海洋产业开始逐渐扩大,开始向海洋盐业、滨海旅游业、海水养殖业、沿海林业、沿海矿业、海产品加工业、海洋环境保护业扩展,港口运输业也取得进一步发展,海洋产业开发进入探索阶段。但是这时期的海洋产业均为独立发展,缺乏统一的产业规划,产业关联性低。

3. 成长阶段

该阶段主要从21世纪初至2017年。2001年5月,联合国缔约国文件指出,"21世纪是海洋世纪";2003年,国务院发布了《全国海洋经济发展规划纲要》,海洋产业发展逐渐上升为国家战略;2005年,海南省颁布《海南省海洋经济发展规划》;2008年,《广西北部湾经济区发展规划》获国务院批准实施及《广东省海洋功能区划》出台;2011年,《广东海洋经济综合试验区发展规划》获国务院批准,北部湾海洋产业开始由分散发展走向系统规划,产业联动、区域联动加强，出现了多种海洋经济形态，其中既包含以海洋资源开发为主的海洋经济，也包含以海岸为载体的海岸带经济，海洋经济体系初步形成。

4. 转型阶段

2017 年向海经济进入转型发展阶段，沿海地区开始充分利用海洋资源优势"打造好向海经济"，全面落实"海洋强国"战略、统筹向海产业发展、构建现代海洋产业体系，向海经济作为新的经济形态不断推动沿海地区经济高质量发展。为此，北部湾沿海省份相继发布了关于海洋经济发展的"十四五"规划，向海经济发展打破了陆域经济、海洋经济、蓝色经济、港口经济、海岸带经济等经济形态间的边界壁垒，不断促进多产业融合，推动陆海联动，形成向海发展合力。未来，向海经济将成为经济发展的重要增长点，成为对外经济合作的重要形式，不断提升北部湾地区经济发展水平和对外开放水平。

二、现状分析

近年来，中国海洋经济保持高速增长，海洋产业规模不断壮大，产业结构日趋合理，"蓝色引擎"成为国民经济增长的新动力。据 2021 年中国海洋经济统计公报显示，2021 年全国海洋生产总值首次突破 9 万亿元，达 90385 亿元，对国民经济增长的贡献率为 8.0%，占沿海地区生产总值的比重为 15.0%。其中，海洋第一产业增加值 4562 亿元，第二产业增加值 30188 亿元，第三产业增加值 55635 亿元，分别占海洋生产总值的 5.0%、33.4% 和 61.6%。[①] 在全国海洋经济高速发展的趋势下，北部湾地区持续推进海洋经济高质量发展，不断扩大向海经济发展空间格局，推动向海产业结构优化升级，北部湾海洋产业总体保持稳步增长。

（一）广西海洋经济

1. 经济总量不断提升，增长趋势趋于稳定

以广西为例，2021 年广西海洋生产总值达 1828.2 亿元，占地区生产总值的比重为 7.4%。2012 年以来，广西海洋经济呈高速发展趋势，海洋经济总量

---

① 资料来源于《2021 年中国海洋统计公报》。

由 2012 年的 761 亿元升至 2021 年的 1828.2 亿元，提升了 1.4 倍。与此同时，除 2018 年及 2020 年外，广西海洋经济均能保持两位数的增长速度，超过地区生产总值的增长速度。①

表 5-1   2012—2021 年广西海洋经济总体发展情况

指标	年份									
	2012 年	2013 年	2014 年	2015 年	2016 年	2017 年	2018 年	2019 年	2020 年	2021 年
海洋经济总量（亿元）	761	849	1021	1130	1251	1377	1454	1613	1598	1828.2
海洋经济增长率（%）	16.36	11.56	20.26	10.68	10.71	10.07	5.59	10.90	-0.92	14.43
地区生产总值增长率（%）	9.74	10.13	9.15	8.90	8.91	10.39	10.33	8.20	4.33	11.50

资料来源：2013—2022 年广西海洋统计公报。

2. 产业结构持续优化，发展质量稳步提升

英国经济学家克拉克（Colin Clark）提出产业发展的规律是逐渐由以第一产业为主向以第二产业为主、继而向以第三产业为主的发展趋势，推动产业优化升级是实现现代经济高速增长，提升资源优化配置的必然要求。北部湾海洋经济在全面推动产业结构优化升级的浪潮下也实现了内部产业结构调整，2021 年广西海洋第一、第二、第三产业增加值分别为 229.1 亿元、569.0 亿元、1030.1 亿元，分别占海洋生产总值的 12.5%、31.1%、56.4%。从产业结构发展趋势看，近十年来广西海洋经济第一产业、第二产业占比逐步下降，第三产业占比稳步提升，与 2012 年相比，十年间第一产业占比下降 8%，第二产业占比下降 6%，第三产业占比上升 14%。②

3. 经济贡献率稳中有升，成为发展重要驱动力

20 世纪 60 年代末至今，海洋经济对全球地区生产总值的贡献率已由 1% 提升至 8%。以钦州、北海、防城港为例，2013—2020 年三市海洋经济对本市经济增长的平均贡献率分别为 27%、9.8%、158.2%。同时，2013—2020 年

---

① 资料来源于各年度的广西海洋统计公报及广西统计年鉴。
② 资料来源于 2012 年及 2021 年广西海洋统计公报。

钦州、北海、防城港三市对北部湾城市群经济增长的平均贡献率为 12.29%。
海洋经济对经济增长的贡献率稳中有升,成为地区经济发展的重要驱动力。

表 5-2　2013—2020 年钦北防三市海洋经济对北部湾地区经济增长贡献率

单位:%

地区	年份								
	2013 年	2014 年	2015 年	2016 年	2017 年	2018 年	2019 年	2020 年	平均
北海市	6.15	1.04	7.31	3.19	3.70	8.92	9.40	−1.52	4.77
钦州市	4.67	0.49	6.37	3.46	3.49	8.51	9.73	−1.52	4.40
防城港市	3.68	0.18	4.28	2.33	1.32	4.98	7.13	1.06	3.12
合计	14.50	1.71	17.96	8.98	8.51	22.41	26.26	−1.98	12.29

资料来源:2013—2021 年广西海洋统计公报及 2013—2021 年中国城市统计年鉴。

4. 现有海洋产业单一,产业层次有待提高

据近年公开的数据,北部湾海洋经济主要集中在海洋渔业、海洋交通运
输业、滨海旅游业、海洋科研教育管理服务业、海洋工程建筑业等传统海洋
产业,并保持迅猛发展势头,是北部湾海洋经济增长的主要驱动力。然而从
内部产业结构来看,整个北部湾海洋经济结构较为单一,表现为涉及海洋矿
产资源开发且需要高科技支持的海洋矿业、盐业、油气业、生物医药、电力
等产业发展缓慢,海洋资源的深度开发任重而道远。以广西为例,2021 年海
洋渔业生产总值占比为 13.29%,海洋交通业为 14.39%,滨海旅游业为
14.68%,海洋科研教育管理服务业为 13.77%,海洋工程建筑业为 7.33%,
以上 5 个产业占广西海洋经济 63.46%,而对于涉及海洋矿产资源开发等产业
的占比不足 2%。向海经济内部产业发展极为不平衡。

表 5-3　2016—2021 年广西海洋经济产业结构

单位:%

产业分类	年份					
	2016 年	2017 年	2018 年	2019 年	2020 年	2021 年
海洋渔业	17.67	17.28	16.71	15.83	14.49	13.29

续表

产业分类	年份					
	2016 年	2017 年	2018 年	2019 年	2020 年	2021 年
海洋交通运输业	16.39	15.32	11.42	11.24	12.60	14.39
滨海旅游业	8.79	11.33	14.03	16.96	14.45	14.68
海洋科研教育管理服务业	10.63	10.38	13.41	13.22	14.46	13.77
海洋工程建筑业	8.31	7.99	7.98	6.76	7.39	7.33
海洋油气业	0.00	0.00	0.00	0.00	0.00	0.00
海洋矿业	0.08	0.07	0.07	0.06	0.11	0.07
海洋盐业	0.00	0.00	0.00	0.00	0.00	0.00
海洋化工业	0.96	0.87	0.76	0.73	0.87	0.80
海洋生物医药业	0.16	0.15	0.14	0.25	0.28	0.27
海洋电力业	0.00	0.00	0.06	0.09	0.18	0.33
海水利用业	0.04	0.04	0.05	0.04	0.05	0.05
海洋船舶工业	0.32	0.29	0.25	0.23	0.24	0.22
海洋相关产业	36.61	36.31	35.14	34.59	34.88	34.80

资料来源：历年广西海洋统计公报。

（二）粤西海洋经济

粤西地区濒临南海和北部湾，含湛江、阳江、茂名三市。目前粤西地区重点发展海上风电、海洋油气、海洋化工、海洋生物医药、海洋旅游、海洋工程装备等产业，已基本建成茂名石化基地、湛江东海岛石化基地、阳江世界级海上风电产业基地。2016—2020 年粤西地区海洋经济飞速发展，到 2020 年末湛江、阳江、茂名三市海洋经济生产总值为 3580 亿元，是 2016 年的 1.6 倍，占粤西地区生产总值 46.3%，海洋经济的地位日趋凸显。目前粤西海洋经济发展存在的主要问题为：一是缺乏龙头企业，现代化海洋产业体系尚未建立，海洋产业集聚功能尚未显现；二是主要以传统海洋经济为主，海洋高新技术产业发展有待加强，海洋人才匮乏，科研创新能力较弱；三是海洋旅游资源开发的力度和深度不足，缺乏特色项目且尚未形成完整的滨海旅游产业链。

表 5-4　2016—2020 年粤西地区海洋经济发展状况

单位：亿元

地区	年份				
	2016 年	2017 年	2018 年	2019 年	2020 年
湛江市	1342	1546	1779	1913	2200
阳江市	490	570	650	710	800
茂名市	350	386	420	455	580
合计	2182	2502	2849	3078	3580

资料来源：根据相关地市历年统计公报数据整理而得。

（三）海口市海洋经济

海口地处海南北部，海域面积 830 平方千米、海岸线长 136 千米，是国家《"一带一路"愿景与行动》15 个沿海重要港口之一。海口市海洋经济以海洋旅游业、海洋交通运输业、海洋渔业、海洋工程建筑业等传统产业为主，海洋高端装备产业、海洋生物产业和海水淡化及综合利用产业等新兴产业处于刚起步阶段。根据公开数据统计，2018 年海口市海洋旅游产值 160 亿元，约占海洋经济总产值的 64%，海洋工程建筑产值 62.85 亿元，占比 25.1%，海洋交通运输业产值 17.1 亿元，占比 6.8%，海洋渔业产值 9.87 亿元，占比 3.9%。[1] 从海口市重点涉海企业行业分布情况来看，主要分布在海洋旅游、海洋产品批发、涉海建筑与安装、涉海服务、海洋信息服务等细分领域，海洋旅游企业数量占总数的 1/4。与主要海洋城市相比，目前，海口市海洋经济发展依然面临不少问题：一是海洋经济总量较小、海洋产业发展基础薄弱，海洋产品较为单一；二是海洋产业结构不合理，以传统海洋产业为主，海洋经济发展主要依靠滨海旅游单一产业，海洋高科技产业发展缓慢，发展动力不足；三是海洋科技基础薄弱，人才不足，研发支撑不足，基础研究滞后，难以支撑海洋产业高质量发展。

---

[1]　海口市发展和改革委员会. 海洋经济成海口发展新引擎［EB/OL］. http://drc.haikou.gov.cn/zdlyxxgk/shfz/201911/t420816.shtml，读取日期：2022 年 11 月 10 日。

第二节　条件分析

一、发展优势

1. 区位优势独特，海洋资源丰富

北部湾向海经济发展具有独特的地理区位优势和海洋资源禀赋优势。就区位而言，北部湾地区东邻珠江三角洲和港澳地区、西毗西南经济圈、北靠中南经济腹地，与东盟国家海陆相连，是西南地区便捷出海通道，在发展向海经济中区位优势明显，战略地位突出。北部湾地区向南为西部陆海新通道及面向东盟的开放开发的门户，向东可承接粤港澳大湾区产业转移，向北可成为内陆省份特别是中南、西南地区开放发展的新战略支点，向西可联合中南半岛国家构建全方位、高层次开发新格局。独特的区位优势为北部湾向海经济提供了良好发展的机遇。同时，北部湾地区拥有丰富的海洋资源，海域面积广阔，且海岸线漫长。北部湾海岸线迂回曲折，港湾水道众多，天然屏障良好。北海、钦州、防城港、湛江、阳江、茂名、海口的港口泊靠能力都在万吨级以上。2019 年，北部湾共有码头长度 70299 米，建成生产性泊位 480 多个，其中万吨级泊位个数 183 个，与世界多个国家和地区、多个港口通航，实现了对东南亚、东北亚地区主要港口的全覆盖。

表 5-5　2019 年北部湾地区码头泊位情况

港口名称	码头长度（米）	泊位个数	其中万吨级泊位个数
北部湾港	39502	268	95
阳江	2384	11	9
茂名	2384	16	9
湛江	16353	119	36
海口	9676	69	34
合计	70299	483	183

资料来源：2020 年《中国海洋统计年鉴》。

2. 多重政策叠加，政策优势明显

推动向海经济发展既有国家政策也有地区政策。国家层面，党的十八大、十九大、二十大等一系列相关报告指出，我国要坚持陆海统筹、加快建设海洋强国，以"一带一路"建设为重点，形成陆海内外联动、东西双向互济的发展格局。为此，国家在推动海洋强国建设方面给予了多项政策支持。2016年，财政部、国家海洋局联合发布的《关于"十三五"期间中央财政支持开展海洋经济创新发展示范的通知》，提出要聚焦填补海洋产业发展短板、培育新的发展动能，推进产业链协同创新和产业孵化集聚创新，促进海洋经济向质量效益型转变，形成良性发展格局。2018年8月28日，自然资源部、中国工商银行联合印发《关于促进海洋经济高质量发展的实施意见》，明确推进传统海洋业改造、海洋新兴产业培育壮大、海洋服务业提升、重大涉海基础设施建设、海洋经济绿色发展等。2021年12月，国务院批复的《"十四五"海洋经济发展规划》，着力加强海洋科技创新，优化海洋产业结构，促进区域经济协调发展，提高海洋资源开发能力，加强海洋生态文明建设，深化海洋经济对外开放合作。

地区层面，北部湾地区是既沿海又沿边的少数民族聚集区，同时享有民族区域自治、西部大开发等多重优惠政策。2015年"两会"期间，中央明确赋予广西发展"三大定位"——构建面向东盟的国际大通道、打造西南中南地区开放发展新的战略支点、形成21世纪海上丝绸之路和丝绸之路经济带有机衔接的重要门户，充分发挥广西与东盟国家陆海相邻的独特优势，加快北部湾经济区和珠江—西江经济带开放发展。2020年6月1日，中共中央、国务院正式印发《海南自由贸易港建设总体方案》，提出建立与高水平自由贸易港相适应的政策制度体系，建设具有国际竞争力和影响力的海关监管特殊区域。2021年4月，广东省赋予湛江"服务重大战略高质量发展区""陆海联动发展重要节点城市""现代化区域性海洋城市""全省区域协调发展重要引擎"四大战略定位，并给予湛江25条支持政策。以上政策涉及范围广、针对性和可操作性强，相互补充叠加，为推动北部湾向海经济发展提供了优良的政策环境。

3. 经济发展迅速,海洋经济占比提升

北部湾地区生产总值呈总体上升趋势,2020 年北部湾地区生产总值 21447.2 亿元①,约是 2012 年的 1.8 倍,按现行价格计算年均增长速度为 7.9%。从产业的发展趋势来看,第一产业、第二产业的占比逐渐下降,第三产业的占比大幅提升,成为整个地区的主导产业,产业结构日趋合理。目前,北部湾地区正在打造电子信息、石油化工、冶金及有色金属等千亿级产业集群,海洋经济占国民经济的比重不断提升。从 2019 年的海洋经济发展数据来看(见表 5-6),除茂名之外,北部湾各市的海洋生产总值占地区生产总值比重较高,北部湾向海经济发展具有一定的海洋产业基础。快速发展的地区经济、日渐优化的产业结构及不断优化的产业布局为北部湾向海经济发展提供了基础。北部湾地区可在现有陆域经济、临港经济、海洋经济的基础上进一步向海延伸,扩大经济发展空间,打造向海经济发展新体系,实现多维度和多形态的发展。

表 5-6　2019 年北部湾地区海洋经济发展情况

地区	海洋生产总值(亿元)	地区生产总值(亿元)	占比(%)
北海市	634	1301	48.74
钦州市	624	1356	46.01
防城港市	406	701	57.90
湛江市	1644	3065	53.64
阳江市	710	1292	54.95
茂名市	455	3252	13.98
海口市	639	1672	38.21
七市整体	5112	12639	40.45

资料来源:根据 2020 年《广西海洋统计公报》及公开数据整理而得。

4. 对外贸易规模扩大,贸易水平逐步提升

北部湾地区作为面向东盟开发合作的前沿地带,发展向海经济具有国际

---

① 统计城市为:南宁市、北海市、防城港市、钦州市、玉林市、崇左市、湛江市、茂名市、阳江市、海口市、儋州市、东方市、澄迈县、临高县、昌江县,资料来源于《中国城市统计年鉴》,下同。

市场前景广大的优势。自 2010 年中国与东盟自由贸易区（CAFTA）建成后，北部湾地区对外贸易飞速发展，到 2020 年北部湾地区对外贸易总额 817.9 亿美元，是 2011 年的 2.9 倍。除 2016 年之外，北部湾地区年度对外贸易进出口总额均实现正增长，且长期增长趋势明显；除 2013 年及 2016 年外，对外贸易的年增长速度均超过本地区生产总值的增长速度。在过去的十多年期间对外贸易对本地区 GDP 的拉动作用明显，是名副其实的"三驾马车"之一。具体表现为，2020 年进出口总额占 GDP 比重 27.9%，较 2011 年提升 9.9%。从历史数据来看，除 2013 年及 2016 年外，进出口总额占 GDP 比重多年均正增长，表明本地区对外贸易的规模在不断扩大，对外贸易占 GDP 比重在逐步增加，地区开发水平显著上升。这为北部湾地区向海经济发展提供了优良的开发环境和海外市场开拓经验。

二、目前发展短板

1. 缺乏区内协同发展机制

向海发展是大势所趋，涉及湾区内的多个国家和地区。就国内合作而言，北部湾地区涉及三省 11 个地级市；就国际合作而言，涉及中国—东盟 11 个国家。北部湾向海发展不仅要协调国内相关省份、相关地级市、相关县域的关系，还要协调中国与东盟、特别是中国与越南之间的关系。然而，当前北部湾地区的向海发展尚未出台统一的规划文件，3 个省份各有自己的海洋经济发展规划，而对于北部湾向海经济的共同开发少有提及，导致发展步伐难以统一，无法形成有序的分工机制，在产业布局、重大项目开发、国际合作等方面均出现同质化竞争。国际合作方面，虽然中国与东盟的合作已涉口岸经济、基础设施建设、对外贸易、海上开发等多个领域，但各个领域的合作还需要进一步深化，区域一体化进程仍需有序推进。目前，中国与东盟地区的合作已在经贸板块取得显著成绩，而在海洋领域，如海上交通建设、深海资源开发、海洋环境保护、海洋文化交流与合作，还需进一步协商，建立开发合作框架，推动区域合作进一步深化。只有相关国家和地区建立统一协调机制，达成一致协议，共同有序向海发展，才能推动本地区经济持续健康发展。

2. 产业集聚功能尚未形成

北部湾地区海洋产业发展尽管总量不断扩大，结构不断优化，效益不断提高，对经济增长的贡献率也不断上升，但满足产业集群条件的配套水平较低，表现在以下几个方面：第一，产业基础相对落后。与沿海发达省份相比，北部湾产业总体实力弱，传统劳动密集型产业比重较大，优势产业的产业链较短，企业获利能力差，难以集聚海洋产业发展资源。同时，海洋产业辐射带动能力较弱，区内核心海洋产业链尚未形成，缺乏龙头企业，产业带动力弱，难以发挥对周边地区及上下游产业发展的吸纳、辐射、带动作用。第二，产业层次低。现有的海洋产业大都以传统产业为主，海洋高新技术产业甚少，海洋产业集中于海洋渔业、交通运输业、海洋旅游业，产业层次有待进一步提升。第三，配套能力不强。区内涉海企业间关联度低，尚未建立起分工协作配套合作网络体系，无法共享资源及利益；产业结构趋同、低水平重复建设现象依然存在，造成资源浪费。北部湾地区海洋产业发展层次较低，产业集聚力不足，严重制约本地区向海经济现代化产业体系的构建，限制了产业空间向海发展的范围。

3. 深海高新技术有待提升

深海高新技术是海洋开发的基础，深海高新技术发展的程度决定了深海开发的力度。目前，北部湾地区海洋经济主要由传统、低技术含量产业构成，对于需要深海高新技术支持的产业，如海洋矿业、海洋油气业、海洋生物等产业发展缓慢，占海洋经济总量比例低，主要是由于本地区深海开发技术滞后的原因。当前北部湾地区科技创新力量薄弱，深海开发技术提升缓慢，主要体现在以下几个方面：第一，科技支出低。2020 年，北部湾地区科技支出占地方一般公共预算支出仅为 0.8%，低于广东的 6.5%、上海的 5.0%、江苏的 4.4%、浙江的 4.7%、山东的 2.2%、福建的 2.9%。[①] 第二，专利授权数量少。2020 年北部湾地区专利授权数量为 46038 件，低于同期的广东（556203 件）、上海（139780 件）、江苏（499218 件）、浙江（391612 件）、

---

① 本小节广东省相关数据均不含湛江、茂名、阳江三市。

山东（234548）、福建（142788）。第三，普通高等学校少。2020 年北部湾地区拥有普通高等学校 96 所，低于同期的广东（145 所）、江苏（163 所）、浙江（108 所）、山东（165 所）。另外，虽然高校数量大于部分沿海地区，但科研实力薄弱，导致科技创新力量严重不足，特别是海洋高新技术的研发力不从心，极大地制约了北部湾向海经济发展的进程。

4. 金融支持力度亟待加强

金融是现代经济的核心，是产业发展的活水，向海经济发展壮大离不开金融支持。自 2017 年向海经济被提出之后，北部湾地区通过金融支持向海经济发展取得了一定进展，特别是在信贷投放、证券融资、保险保障方面都取得新的突破。2022 年 6 月末，广西银行业累计向 1229 家外贸企业发放贷款 996.1 亿元，累计为 1566 家外贸出口企业提供出口信用风险保障 107.9 亿元。[①] 然而，北部湾地区对向海经济的金融支持仍然存在政策引导不足、资金支持有限、金融产品单一等问题。

首先，目前区内尚未出台金融专门支持向海经济发展的相关文件，对于向海经济的支持大都在于对直接涉海企业的信贷投放，对于间接涉海企业和机构，特别是针对规模小、盈利能力低的民营小微企业的投放金额甚少。

其次，对于涉海金融产品的开发不足，未能针对涉海企业的特征、融资方式开发有针对性产品，而是依然沿用传统金融产品及融资模式，极大地限制了涉海企业的融资效率及融资规模。

再次，对于涉海融资，特别是信贷投放未能制定专门的优惠政策，未能设立专门的产业资金，未能面向涉海企业发行专项债支持涉海产业发展。

最后，与发达地区相比，区内的资本市场发展水平低，相关证券公司、基金公司数量少，资金实力不足，相关金融人才匮乏，难以满足向海经济的多样化融资需求。北部湾地区金融支持向海经济发展仍有很大提升空间。

---

① 北京商报. 广西银保监局任庆华：引导银行保险机构大力支持向海经济、口岸经济 [EB/OL]. https://www.bbtnews.com.cn/2022/0728/445926.shtml，读取日期：2022 年 9 月 20 日。

第三节　发展前瞻

一、加强内部交流沟通，完善相关合作机制

1. 国际层面

以中国—东盟博览会和中国—东盟商务与投资峰会、泛北部湾合作论坛、中国—东南亚国家海洋合作论坛等一系列平台为契机，深入讨论北部湾向海经济合作开发框架，明确合作分工机制。第一，多方研讨，在多方互利共赢的基础上建立聚焦产业融合、港口互通、深海开发、海上治理的向海经济合作框架。在中国—东盟海洋合作中心内部成立北部湾向海发展特别工作小组以协调相关事项，进而消除多方聚力向海图强的政治障碍。第二，推动地区多边经贸合作进一步深化，特别推动跨地区海洋产业发展合作交流论坛，构建向海企业交流合作机制，厘清各类型企业在整个产业链条中的分工与作用，促进多方企业家、技术人员、一线从业人员的深入交流，共同助力向海经济高速发展。第三，推动地区海洋文化交流和融合，为向海深化合作增添新动力。在沿线城市设立文化合作交流基地，探索海洋文化交流新项目，推动海洋文化产品的服务与出口。多渠道、多样化消除文化摩擦，为本地区向海合作开发提供内生动力。

2. 国内层面

通过粤、桂、琼政府牵头在国家向海经济发展框架中共同编制向海经济产业和空间分布规划、北部湾海洋资源（近海、远海）综合开发利用规划、海岸带综合保护与利用规划，明确中长期的共同发展目标，推动三省区形成向海开发合力，以最优的产业布局、最快的开发速度、最高效的合作模式全面落实国家向海图强发展战略。第一，支持北部湾各市针对自身资源优势、发展基础和发展需求，围绕向海发展各个主题建立合作机制，形成高效合作模式。第二，充分考虑各地级市之间的利益诉求，打破各市"各自为政"的开发现象，协调地区向海开发战略。第三，共同服务西南乃至西北地区出海

出边需求，以城市群身份发挥西南地区大通道作用，探索建立北部湾与云、贵、川、渝、甘、陕等内陆地区陆海联动统筹发展新机制。第四，以北部湾城市群为整体，申请将北部湾地区向海开发战略纳入国家重大战略范畴，争取更多的政策资源，加速本地区向海经济的发展与质量提升。

二、夯实向海产业基础，优化产业发展结构

1. 着力打造临海工业，聚焦产业发展重点

坚持产业集群化发展，培育临海（临港）产业树，壮大临海（临港）产业林，拓展沿海经济带的向海产业空间。利用海上交通便利、运输成本低廉、南海油气资源丰富等优势，依托现有龙头企业的集聚效应，推进现有石化产业升级，稳步扩大生产规划，多渠道推动广西北部湾港、湛江港、茂名港、海口港发展以电子信息、石化、冶金及有色金属产业为临海（临港）产业集群，打造"油、煤、气"三头并进的多元化临海石化产业体系，建设国家级冶金创新平台、有色金属加工基地、石化生产基地，着重突出北部湾地区的石化产业优势。

2. 优化提升海洋传统产业，培育新兴海洋产业

第一，巩固提升现代海洋渔业。鼓励发展休闲渔业，发展外向型渔业，高水平建设"海上粮仓"和"海洋牧场"，加快国家级海洋牧场示范区建设，着力打造北部湾海洋渔业知名品牌。

第二，大力发展海洋交通运输业。北部湾地区各港口应充分发挥自身优势，明确自身定位，根据现有港口资源，优化布局，提升北部湾港口之间的协作能力，按照现代化港口标准升级优化现有港口基础设施建设，提升港口现代化水平。

第三，加快海洋旅游业发展。利用北部湾丰富的滨海旅游资源，借助海南建设自由贸易港试验区的契机，大力发展海洋主题游乐园、海上运动休闲基地、滨海购物、海上牧场、渔家乐等海洋旅游项目，打造环北部湾特色及精品旅游线路。

第四，推动海洋高技术产业发展。以石化产业集群优势为基础，重点面

向深远海资源开发，推动海洋能源、海洋建筑工程业实现发展量级的突破，加快打造具有国际竞争力的北部湾石化产业制造基地。同时，培育海洋生物医药产业。建立海洋生物制药原产地，构建北部湾海洋生物医药产业研究和开发平台，打造面向东盟的北部湾海洋生物医药产业聚集区。

3. 优化海洋产业布局，提升产业配套能力

统一产业发展规划，根据各个地级市现有产业发展情况和海洋产业发展的优劣势，优化产业布局。比如，推进湛江国家海洋高技术产业基地、北海海洋产业科技园区建设，打造北海、防城港、钦州、阳江新能源基地；依托南宁及海南国家高技术生物产业基地、国家南繁育制种基地等，加快发展生物医药、生物制造等生物产业；游艇制造重点布局在防城港，海洋工程、海洋装备制造、港口设备制造重点向沿海港口地区集中，打造湛江钢铁基地，建设阳江高端不锈钢产业基地，有色金属冶炼、原油加工、油气开发和精细化工、化工新材料等产业重点向沿海产业基础较好的少数城市集中；打造北部湾滨海旅游带，邮轮游重点布局在海口、北海，滨海游重点布局在海口、北海、钦州、防城港、湛江、茂名、阳江，养生游重点布局在北海、海口、湛江，以崇左、防城港为重点打造边关风情旅游发展带。

三、加大科技创新投入，做强科创驱动引擎

科技创新有助于海洋经济高质量发展，因此要积极推动科技促海战略。

一是加大科技支持海洋产业发展力度，重点推动高技术海洋产业发展。具体聚焦海工装备、仪器仪表、海洋生物医药、海洋新材料、海洋新能源等产业需求，围绕蓝色粮仓、透明海洋牧场、深海基础平台维护、矿产油气勘探开发、智慧海洋工程、健康海洋、海洋药物与生物制品、海洋环境监测、海水淡化和综合利用、深远海养殖、大型生态修复、海洋环境保护等方面，突破一批产业核心关键技术，壮大海洋领域高新技术企业队伍。

二是建设向海经济创新合作中心。加快建设一批跨省区关键技术创新平台和市级企业技术创新平台，攻克制约海洋产业转型升级的技术瓶颈。以国内外知名高校、科研院所和企业为主体，加快平台协同创新，支持建设一批

向海产业孵化转化平台，组建产业技术研究院，推动一批重大海洋科技成果工程化、产业化。最大力度优化海洋科技企业投资环境，加快国内外高新技术海洋企业的引进，吸引一批国内外优秀的海洋领域内的创新团队、科技公司落户，形成海洋科技国际创新合作中心。

三是推动海洋高端人才资源集聚。加强对本地海洋领域人才的培养，区内高校通过增设与海洋经济相关专业，提升招生规模和层次，为本地区向海经济发展打牢人才基础。制定具有吸引力的人才引进政策与激励方案，加快引进从事产业技术创新、成果产业化和技能攻关的海洋高端领军人才。鼓励国家级海洋类科研院所和高校分院落户北部湾，探索建立国际合作人才培养模式，完善人才激励机制和科研人才双向流动机制。

四、完善区内融资政策，助力向海经济发展

探索以金融支持海洋经济发展为主题的金融改革创新，建立海洋投融资体系，拓宽涉海企业融资渠道。

第一，支持北部湾地区设立海洋产业投资基金，组建海洋产业投资公司，支持区内相关企业积极使用海洋产业基金进行企业融资。

第二，实施北部湾地区涉海企业白名单管理制度，对于白名单企业在融资时给予专项利率补贴，减少涉海企业融资成本。

第三，支持涉海企业利用资本市场融资，开展涉海企业联合发行企业专项债券，以推动涉海重大项目建设，多维度降低涉海企业融资难度。

第四，创新涉海金融产品，根据涉海企业发展的特点，加大金融产品特别是信贷产品的开发力度，积极推进海洋知识产权质押融资、产业链融资、海域使用权质押贷款等金融产品创新，鼓励区内各大金融机构在风险可控的前提下积极开发具有特色、投放效率高，特别是重点针对涉海小微企业及民营企业的信贷产品。

第五，制定相关招商引资政策，引进境内外资金参与北部湾向海经济建设，支持境内外金融投资机构入驻北部湾地区金融市场，在内地与港澳更紧密经贸安排（CEPA）框架下进一步取消或放宽对港澳投资者的资质要求、股

比限制、经营范围等准入限制，重点在金融服务领域取得突破。

五、对接粤港澳大湾区，扩大向海合作空间

北部湾与粤港澳大湾区两湾相连，北部湾向海发展须将与粤港澳大湾区的合作放在重要战略地位，把粤港澳大湾区作为对接先进生产力的重要战略方向，深入落实全面对接粤港澳大湾区相关规划和实施方案。重点是通过加强基础设施互联互通以促进两区域生产要素流动，加快大湾区人流、物流、资金流、科技流的快速流入，同时通过推动向海产业融合发展以促进北部湾地区向海产业优化升级。

交通对接方面，一是要加快建设广西内河"一干七支"航道网络，全面提升西江黄金水道航运能力，加快推进连接粤港澳大湾区铁路修建、扩建等重大项目建设，加快完善通达大湾区的高速公路网，有序推动北部湾城市与粤港澳大湾区的航空合作，增加两区域航班班次，构建全方位对接大湾区的立体交通体系。二是探索以北部湾沿海和内河港口码头、高速公路等资产与大湾区港口、交通企业重组，推动北部湾地区港口与大湾区世界级港口群对接合作，提升运营管理水平。

产业承接方面，一是要加强北部湾地区与大湾区产业补链式对接，打造大湾区产业转移最佳承接地。主动承接粤港澳大湾区产业转移，打造"油、煤、气"三头并进的多元化临海石化产业体系，建设国家级冶金创新平台、有色金属加工基地，建成西南最大的石化产业基地。二是积极推进与大湾区在培育高端装备制造产业集群、旅游产业集群、特色农海产品加工集群等领域深度合作，充分发挥北部湾作为西南地区出海大通道的作用，共同建设国际休闲度假旅游目的地。三是搭建与粤港澳大湾区之间的产业协作平台。进一步深化北部湾地区与粤港澳地区的开放合作，通过联合出资、项目合作、资源互补、技术支持等多种方式发展"飞地经济"，支持城市间合作共建产业园区，推进跨区域产业协同发展。

第六章　外向型经济

外向型经济，即一个国家或地区为促进当地经济发展，依据比较优势理论，参与国际分工和国际交换，以国际市场需求为导向，进行对外贸易活动等。① 北部湾城市群的沿边沿海区位，使得其发展外向型经济有着得天独厚的优势。

中国东部沿海地区凭借外向型经济，经济发展水平得到快速提升，并为经济的转型升级奠定了坚实的基础②，外向型经济因而受到广泛关注。目前，国内关于外向型经济的定量研究主要集中在利用外贸出口、利用外资情况测度外向型经济③、不同区域发展外向型经济的差异④、外向型经济的发展动力研究⑤等方面。同时，分析对象集中在东部沿海和中部地区，对北部湾城市群这一沿边新兴区域的研究较少。因此，本章借助前人的研究视角，对北部湾城市群外向型经济的发展状况进行较为系统的分析。

国家 2017 年的《北部湾城市群发展规划》和 2022 年的《北部湾城市群建设"十四五"实施方案》均指出，北部湾城市群在中国与东盟开放合作的大格局中具有重要的战略地位。"十四五"时期，随着中国与东盟、"一带一路"沿线等众多国家的开放合作进一步深入，在以国内大循环为主体、国内

---

① 叶玉瑶，张虹鸥，等. 中国外向型经济区制造业空间重构的理论基础与科学议题 [J]. 世界地理研究，2021，30（02）：331-343.

② 刘志彪. 中国贸易量增长与本土产业的升级——基于全球价值链的治理视角 [J]. 学术月刊，2007（02）：80-86.

③ 程艺，刘慧，等. 中国边境地区外向型经济发展空间分异及影响因素 [J]. 经济地理，2016，36（09）：19-26.

④ 宁启蒙，欧阳海燕，等. 湖南省外向型经济发展区域差异研究 [J]. 经济地理，2017，37（11）：145-150.

⑤ 李豫新，王改丽. 新疆外向型经济发展效率评价及影响因素 [J]. 地域研究与开发，2016，35（04）：32-35+46.

国际双循环相互促进的新发展格局之下，对于中国经济的可持续发展，北部湾城市群的对内对外的双向连接作用愈加明显。面对新的全球局势，北部湾城市群的外向型经济现状如何？存在哪些问题？研究这些问题对于促进北部湾城市群外向型经济的发展，进而活跃西南地区经济，打通国内循环与国外循环这一重要连接脉络具有举足轻重的意义。

第一节　对外贸易

考虑到数据的可得性和完整性，本节重点分析除东方市、澄迈县、临高县、昌江县以外的北部湾 11 个地级市的货物进出口贸易，时间跨度截取 2003—2020 年。

一、整体概况

（一）第一阶段：2003—2010 年

贸易规模，前期稳步增长，后期飞速发展。北部湾城市群十一市整体在规模上呈现稳步增长，但是在全国占比中仍然保持相同比率。2010 年，北部湾城市群十一市进出口总额相比于 2005 年翻了一番，但是时隔 5 年之久，在全国占比仍然是 0.7%。

2003—2010 年，北部湾 11 个地级市中除崇左市外的其他城市进出口规模基数小，波动较小，增长缓慢。其中进出口规模整体趋势居于首位的是海口市，其次分别是湛江市、茂名市（见表 6-1）。

虽然南宁被规划为北部湾核心城市，但是其对外贸易水平在 2003 年至 2010 年发展得并不如意。南宁市 2010 年进出口总额仅 22.0 亿美元，占北部湾 10 个城市进出口总额的 10%，远低于同年的防城港市、湛江市、崇左市、海口市所占比例。然而在 2006 年之后，得益于"强首府"等举措，南宁市的进出口总额增长速度远高于北部湾 11 个城市的平均水平。

海口市、湛江市的年进出口总额从 2003 年 18 亿美元、19 亿美元分别增长至 2010 年的 39.5 亿美元、35.4 亿美元。不同于前两市，在此期间，茂名市

表6-1 北部湾城市群主要城市、年份的进出口数据

单位：亿美元

地区	2005年			2010年			2015年			2020年		
	进口	出口	进出口总额	进口	出口	进出口总额	进口	出口	进出口总额	进口	出口	进出口总额
南宁市	1.4	5.8	7.2	6.2	15.9	22.0	26.1	32.6	58.7	74.7	68.3	142.9
北海市	0.6	1.4	2.0	5.3	8.4	13.7	19.0	18.9	37.9	20.3	18.7	39.0
防城港市	7.5	1.0	8.5	20.2	7.8	28.0	62.9	23.1	86.0	67.6	35.1	102.7
钦州市	0.8	1.1	2.0	9.9	3.3	13.1	33.5	24.8	58.3	19.7	11.8	31.6
玉林市	1.1	2.6	3.7	1.4	3.2	4.5	1.2	3.3	4.5	1.6	3.0	4.6
崇左市	0.8	4.1	4.9	3.2	34.2	37.4	59.0	142.3	201.3	87.8	179.6	267.4
阳江市	1.1	9.1	10.3	2.0	16.1	18.0	4.5	24.0	28.6	7.1	20.6	27.7
湛江市	8.7	9.6	18.3	18.6	16.8	35.4	23.4	28.1	51.5	36.6	27.9	64.5
茂名市	1.3	2.4	3.7	2.4	5.6	8.0	5.4	11.0	16.4	4.4	24.6	29.0
海口市	13.4	9.1	39.8	26.4	13.1	39.5	33.8	9.6	43.4	37.7	16.3	54.0
儋州市	—	—	0.1	—	—	—	4.4	0.5	4.9	33.2	20.3	53.5
合计	36.7	46.5	100.4	95.5	124.1	219.6	273.2	318.2	591.5	390.7	426.2	816.9
占全国比重（%）	0.6	0.6	0.7	0.7	0.8	0.7	1.6	1.4	1.5	1.9	1.6	1.8

资料来源：根据历年各市统计年鉴及《广西统计年鉴》《中国统计年鉴》整理。

进出口水平从 14 亿美元下降至 8.0 亿美元。2003 年海口市、湛江市进出口总额分别占北部湾城市群进出口总额的 24%、25%，随后两市所占比例逐年下降。这说明，海口市、湛江市对外进出口规模水平在此期间的增长速度略低于北部湾城市群整体增长速度。湛江市进出口水平仅在 2003 年略高于海口市，在 2003—2009 年的增长速度略低于海口市，但是在 2010 年之后，湛江市进出口水平飞速赶超海口市。

2003—2010 年期间，在北部湾城市中的钦州市、玉林市、崇左市依次位于进出口水平的倒数前三，但增长速率与北部湾城市群整体持平，分别从 2003 年的 0.4 亿美元、3.0 亿美元、3.0 亿美元增长至 2010 年的 13.1 亿美元、4.5 亿美元、37.4 亿美元。

（二）第二阶段：2010—2020 年

南宁市作为"一带一路"倡议有机衔接的门户枢纽和内陆开放型经济高地，其进出口总额在 2008 年突破 100 亿元大关之后，增长加快，至 2020 年，南宁市进出口总额达到 142.9 亿美元。

2012 年，防城港市外贸进出口总额提高到 41 亿美元。防城港市年进出口规模中间经历了 2013 年、2018 年及 2020 年三次下降，但是整体呈现快速增长的势头，居北部湾十一市对外贸易水平第二位。防城港市与越南接壤，边民互市贸易是其对外贸易中的一大特色，且由来已久。2016—2020 年，不包含边民互市贸易的边境小额贸易呈现稳步增长态势（见表 6-2）。

表 6-2　防城港市边境小额贸易（边民互市贸易除外）

单位：亿美元

2015 年			2020 年		
进出口总额	出口额	进口额	进出口总额	出口额	进口额
20	19	1	24	23	1

资料来源：防城港市历年国民经济和社会发展统计公报。

崇左市有 4 个县（市）与越南接壤，是中国口岸最多的边境城市和中国通往东盟的陆路门户。陆路口岸是崇左市最大的优势，外贸进出口总额连续

12 年、出口总额连续 14 年排广西第一。自 2010 年后其年进出口总额始终居北部湾城市群之首,仅在 2016 年、2020 年有短暂的下滑。2020 年,崇左市全年外贸进出口总额比第一阶段的 2003 年进出口总额增加 265 亿美元。

2010 年至 2020 年,除玉林市、茂名市、阳江市外的其他北部湾城市进出口总额飞速提升,规模不断扩大,其中尤以南宁市、防城港市、崇左市变化最为突出。从 2010 年至 2020 年崇左市、防城港市、南宁市进出口总额分别增加 120.9 亿美元、74.7 亿美元、230 亿美元,2020 年三者进出口额分别占北部湾城市群总额的 19%、13%、35%。除上述 3 个城市之外的其他八个北部湾城市对外贸易水平在 2010 年至 2020 年间呈现波浪形的变化趋势,增速较前 10 年有明显增加,但发展规模远低于南宁市、防城港市、崇左市。其中,玉林市 2020 年进出口总额 4.6 亿美元,占当年北部湾城市群进出口总额的比例不足 1%,外向型经济发展有待提升。

儋州市对外经贸的发展大部分得益于洋浦经济开发区。洋浦经济开发区虽然在 1994 年已被设立,但是前期发展缓慢,近期发展才有起色。得益于洋浦经济开发区的外溢效应,儋州市对外贸易发展迅速(见表 6-1),2020 年儋州市(不包含洋浦经济开发区)进出口总额排名已位居全国地级市的中上水平(见表 6-5)。儋州市外贸水平还有很大的提升空间。

二、贸易结构

(一)贸易方式

北部湾城市群对外贸易方式总体上呈现以一般贸易为主、小额边境贸易发展迅速的特征,但是不同城市间又有各自的特点。北部湾十一市中,防城港市、北海市、玉林市、钦州市、湛江市、茂名市、阳江市和海口市以一般贸易方式为主;而加工贸易是南宁市的主要贸易方式,一般贸易和其他贸易方式占比略低;崇左市以边境小额贸易为主,一般贸易、加工贸易占比居其次。

南宁市是北部湾十一市中唯一以加工贸易为主的城市,一般贸易和其他贸易方式占比略低,总体呈现同步持续增长的态势。2020 年南宁加工贸易进出口总额约 693 亿元,占南宁市外贸进出口总额的 70% 左右。在新冠疫情冲击之下,南宁市对外贸易逆势增长这一局面与承接粤港澳大湾区的产业转移有紧密关系。承接东部沿海产业，在本地形成稳定的产业链，促使南宁对外贸易内生动力不断增强。南宁市近年对外出口产品中，自动数据处理设备及零部件、医疗仪器及器械等高技术、高附加值的机电产品占比大幅度增加。

自 2011 年成为国家加工贸易梯度转移重点承接地之后，北海市对外贸易的重要增长点逐步由加工贸易转变为一般贸易，加工贸易增幅和边境小额贸易的增幅回落。在新冠疫情影响下，一般贸易成为北海市主要贸易方式。2020 年，北海一般贸易方式进出口值占其全年外贸进出口总值的 51%，较 2018 年提升 18%。2016—2019 年，一般贸易进出口值占其全年外贸进出口总值均未突破一半。

防城港市一般贸易呈现先上升后下降，随后逐渐恢复上升的波浪式发展。一般贸易水平在 2017 年高达 60 亿美元，加工贸易进出口水平也进入新的发展阶段。新冠疫情暴发之后，防城港市的一般贸易和边境小额贸易大幅提高。2020 年该市一般贸易进出口值达 32 亿美元，边境小额贸易值为 24 亿美元。

一般贸易一直是阳江市对外贸易的主力军，对阳江进出口贡献率在 90% 左右。2020 年，阳江市一般贸易进出口额为 25 亿美元。刀剪产品出口是阳江市对外贸易的一大特色，进而拉动了加工贸易，2020 年其进出口额达 2 亿美元，占进出口总额约 6%。同时，在新冠疫情之下，阳江市跨境电商等新业态快速发展。

湛江市和茂名市对外贸易方式均呈现一般贸易占绝大部分、保税物流和加工贸易快速增长的特征。2020 年，湛江市一般贸易进出口额为 49 亿美元，占进出口总值 80% 左右；保税物流进出口额约 10 亿美元，成为拉动湛江市外贸增长的新动力。在对外贸易增长波动发展的趋势下，茂名市对"一带一路"沿线国家外贸进出口增速远远超过国家平均值。2018 年，茂名市对外贸易进出口总值为 23 亿美元，对"一带一路"沿线国家外贸进出口总值为 9 亿美元。同时，海洋经济也成为茂名地方经济发展的新增长极。

海口市除一般贸易方式稳步发展之外，其前期租赁贸易上升趋势不断增强但后期走弱。2007 年海口市一般贸易方式进出口额为 22 亿美元，占海口市外贸进出口总值的 73%；租赁贸易在飞机及零件进口的带动下，达 6 亿美元；加工贸易 2 亿美元。但至 2011 年以后，海口市以一般贸易为主，同时加工贸易倍增。2021 年海口市以一般贸易方式进出口额为 27 亿美元，约占全市进出口总额的 64%，加工贸易和租赁贸易额分别为 6 亿美元、8 亿美元。

（二）商品及市场结构

北部湾 11 市进出口产品结构呈现以劳动密集型产品、农产品、机电产品等传统商品为主要出口产品，以资源型产品为主要进口产品，东盟市场贸易额占市场总体的 1/3 的特点。贸易对象主要是东盟等新兴市场以及欧盟、美国、中国香港等传统市场，进出口主体是民营企业。①

北海市商品结构变化分为两个阶段。2009 年之前，北海市出口产品主要是水海产品、烟花爆竹和皮革等粗加工产品，以及矿产品、钢铁及其制成品等资源型产品，出口市场以亚洲、北美洲和欧洲为主，中国香港、美国、东盟为贸易前三位的出口地。2009 年北海市成为国家科技兴贸创新基地，逐步形成以光盘驱动器、稳压电源、液晶显示器为主的电子信息产业集群。自此，北海市机电和高新技术产品进出口比重逐步扩大，出口产品结构不断优化，以电子信息产品为主导的高新技术产品成为北海市出口增长点。受贸易保护和国家对资源型产品出口的限制，北海市在此阶段逐渐从资源型产品出口方转变为资源型产品进口方，2011 年，机电产品是北海市最大的进口商品，进口额占全市进口总额的 55%。同时，进口商品结构日趋多元，除原有的进口商品外，镍矿砂、精矿等资源型产品以及冻猪肉等大宗商品的进口增大。自 2009 年之后，北海市与东盟、巴西、印度等新兴市场贸易增长加快，同中国香港等传统市场的贸易下滑。其中，2018 年北海与拉丁美洲的贸易额为 4 亿美元。

值得注意的是，防城港市和玉林市不论是在出口商品方面还是贸易伙伴方面，两者的相似度较高。防城港出口产品主要是纺织纱线及其制品、陶瓷制品、服装等传统产品，而玉林市以机电产品、纺织服装、日用陶瓷等为主要出口商品；防城港市对外贸易国家主要是越南、巴西、加拿大、美国等国，玉林市主要贸易对象为欧盟、东盟和美国。

崇左市主要出口机电产品、纺织原料及其制品、化工产品，以资源类产品（煤、有色金属）、红木及其制品、农副产品等为主要进口产品。基于地理因素，对外贸易一直以越南为主。崇左市与越南在商贸物流、贸易加工、矿

---

① 以下商品结构根据各地级市历年国民经济和社会发展统计公报等资料分析。

业循环加工、边境会展、食品加工和跨境旅游等产业合作活跃，构建了以进出口资源加工和现代物流为主的国际产能合作产业链。同时，崇左市和泰国在甘蔗、水果、水稻、木薯、矿产等特色资源进出口加工、贸易等方面形成了成熟的产业链，在糖业循环经济、家居轻纺、食品制造、材料电子、钾肥、橡胶等产业领域的合作也在不断加深。

阳江市以民营企业为进出口主体，主要出口机电产品、金属制品和劳动密集型产品，主要进口农产品、钢材、铁矿砂、镍矿及其精矿等大宗产品（见表6-3）。欧盟、中国香港、东盟及巴西为阳江市主要出口市场，其主要进口市场为东盟、巴西和澳大利亚。

表6-3　2020年阳江市主要进出口商品数据

单位：亿美元

	出口				进口		
	机电产品	金属制品	刀剪类产品	水海产品	镍矿砂及其精矿	铁矿砂及其精矿	钢材
总额	12	10	5	3	2	2	0.4

资料来源：2020年阳江市国民经济和社会发展统计公报。

湛江市出口是以水海产品及其深加工制品为主，机电产品、劳动密集型产品、钢材、小家电等出口次之，主要出口市场是美国、中国香港、日本、欧盟、英国、中国台湾以及东盟地区等新兴市场；进口产品以铁矿、煤炭、大豆和原油为主，进口来源地主要为巴西、东盟、厄瓜多尔及澳大利亚。民营企业是湛江市最大的进出口主体，2020年湛江市民营企业进出口额为30亿美元，约占进出口总额的47%。

茂名市主要进出口市场为美国、东盟、欧盟和中国香港，主要出口机电产品、农产品等传统商品，进口产品以金属矿及矿砂、液化丙烷、橡胶手套、锆矿砂及其精矿等为主。2020年机电、劳动密集型产品、陶瓷、水海产品出口共占其外贸出口总额的83%。茂名市进口来源地比较集中，2020年自东盟进口为2亿美元，自美国进口约1亿美元。民营企业是茂名市最大的进出口主体，2020年民营企业进出口额为180亿美元。

海口市主要出口机电产品、天然气、服装产品、家具，进口产品结构由早期的飞机和成品油转为近期的日化产品、医药、钢材。对外贸易伙伴以欧盟、美国、日本、中国香港等地为主（见表 6-4）。民营企业主力军作用日益凸显，外商投资企业进出口增速明显。和海口市类似，儋州市出口商品主要是矿类资源、农作物和鱼类产品，进口以电子产品和五金产品等为主。

表 6-4　2021 年海口市主要对外贸易伙伴数据

单位：亿美元

国家或组织	欧盟（27 国）	RCEP[①]国家（15 国）	东盟（10 国）	美国	英国	日本
进出口总额	11	17	7	11	8	6

资料来源：2021 年海口海关官网。

三、外资依存度及出口贡献度

2020 年，位于全国平均外贸依存度（进出口贸易总额/GDP）水平线之上的城市大都位于东部沿海地区（见表 6-5、图 6-1、图 6-2）。北部湾城市群 11 个地级市中，仅有崇左、儋州、防城港三市的外贸依存度高于全国平均水平，南宁、北海、钦州、湛江、阳江、海口外贸依存度为 10%~25%，位于全国地级市的中等水平；茂名、玉林外贸依存度在 10% 以下，低于绝大部分地级市的水平。北部湾城市群整体的外贸依存度相对于全国 286 个城市而言属于中等水平，南宁、防城港、崇左、湛江、海口、儋州进出口总额排名均位列全国 291 个城市中的前 100 位（见表 6-5），这与其得天独厚的区位优势有很大关系。在贸易量方面，北部湾城市群整体不高，2020 年城市群 11 个地级市的货物进出口总额都在 5000 亿元水平之下，表明其对外贸易经济发展还有很大的提升空间。

表 6-5　2020 年北部湾 11 个地级市外贸进出口及在全国地级市中的排名

价值量单位：亿元

地区	货物进口	货物出口	进口排名	出口排名	地区生产总值（GDP）
南宁市	515	471	42/290	56/291	1277
北海市	140	129	89/290	121/291	733

---

① RCEP 指《区域全面经济伙伴关系协定》，以下简称 RCEP。

续表

地区	货物进口	货物出口	进口排名	出口排名	地区生产总值（GDP）
防城港市	468	242	46/290	80/291	1388
钦州市	136	82	95/290	145/291	1761
玉林市	11	20	202/290	210/291	809
崇左市	604	1239	39/290	36/291	1360
阳江市	49	143	135/290	116/291	3100
湛江市	252	193	62/290	97/291	3279
茂名市	30	169	154/290	108/291	1792
海口市	260	110	60/290	129/291	359
儋州市	229	140	66/290	118/291	1277
合计	2694	2938	—	—	17135

　　资料来源：相关年份《中国城市统计年鉴》和《海南统计年鉴》，其中儋州市数据不包含洋浦经济开发区。

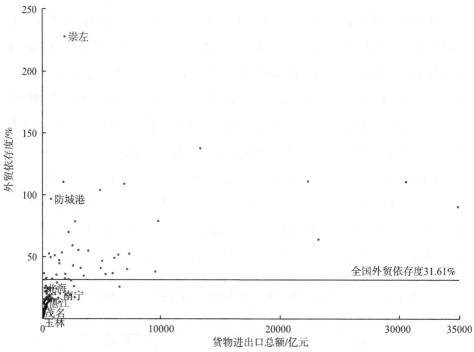

图 6-1　2020 年北部湾城市群对外贸易依存度分布情况

　　注：根据 2020 年全国地级市货物进出口数据绘制本图，将空缺值、极大值（北京、上海、深圳、苏州、东莞）等样本删除，共保留 286 个地级市。

　　资料来源：2020 年《中国城市统计年鉴》。

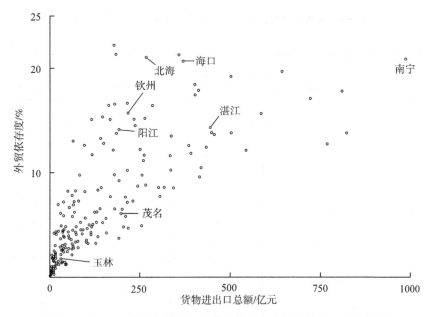

图 6-2　2020 年北部湾城市群对外贸易依存度分布集中部分放大图

　　北部湾城市群整体净出口贸易对于其 GDP 的年度增长贡献度有限，这也从侧面说明了北部湾城市群外向型经济有着很大的提升空间。2005 年，北部湾 7 个城市净出口贸易对年度经济增长的贡献率均低于 1%（见表 6-6），防城港和茂名的净出口贸易对于年度经济增长的贡献甚至为负，崇左、阳江的贡献度在 5% 左右，仅海口市的贡献度接近 10%。2015 年，北部湾城市群净出口贸易对于年度经济增长的贡献度整体上有一定的提升，但是整体水平仍然偏低。至 2020 年，其贡献度水平仍然不容乐观，但是保持增长势头。相较于 2015 年，2020 年南宁市净出口贸易对于年度经济增长的贡献度有所提升，但是仍然为负，对于南宁市经济而言，其净出口贸易并未成为经济增长动力，类似情况的城市有钦州市、崇左市、茂名市、儋州市等。北海和防城港的净出口贸易对于经济增长的贡献度高于北部湾城市群整体水平。尤其是防城港，在绝大部分对外贸易因新冠疫情影响遭受重创时，防城港净出口对经济增长的贡献度超过了 10%，成为防城港经济增长的源泉之一。

表 6-6 主要年份北部湾城市群主要城市净出口的经济贡献度

单位：%

地区	年份			
	2005 年	2010 年	2015 年	2020 年
南宁市	0.2	-3.9	-0.6	-0.5
北海市	0.5	2.6	1.8	2.0
防城港市	-6.4	3.3	-32.9	13.4
钦州市	0.7	-2.9	0.1	-0.7
玉林市	0.5	0.8	0.6	0.0
崇左市	5.2	13.5	-74.5	-9.2
阳江市	5.1	3.9	-2.5	0.8
湛江市	0.5	-0.4	4.8	-2.1
茂名市	-1.8	-0.4	0.5	-0.2
海口市	9.8	5.7	-8.3	0.6
儋州市	—	—	14.4	-34.2
城市群整体	1.1	0.5	-4.5	-0.8

注：净出口的经济贡献度=当地净出口年度增量/当地 GDP 年度增量。

资料来源：根据相关年份《中国城市统计年鉴》和《海南统计年鉴》数据计算。

第二节　利用外资及国际产能合作

一、利用外资

北部湾城市群目前利用外资的来源比较单一，集中在港澳台地区和东盟国家。1995—2020 年，城市群 11 个地级市利用外资水平总体上呈现先下降后上升的 V 形态势。2005 年北部湾城市群的实际利用外资总额约 6.7 亿美元，占全国同年实际利用外资额的 1%；2020 年，北部湾十一市的年利用外资总额超过 32 亿美元（见表 6-7），约占全国实际利用外资额的 2.2%。北部湾城市群外资来源主要包括中国香港、中国台湾和越南、新加坡等东盟国家，外资投资范围从制造业逐步扩展至服务业。

表 6-7 北部湾城市群历年实际利用外资额

单位：亿美元

地区	年份			
	2005 年	2010 年	2015 年	2020 年
南宁市	0.8	3.1	3.1	4.4
北海市	0.2	0.7	1.9	1.2
防城港市	0.4	0.3	0.3	0.6
钦州市	0.6	0.3	3.2	2.7
玉林市	0.1	0.20	0.3	1.10
崇左市	0.1	0.1	0.7	0.3
湛江市	0.3	0.3	1.6	3.7
茂名市	0.1	0.1	1.7	0.6
阳江市	0.3	0.1	0.9	0.5
海口市	3.8	7.2	2.9	17.2
儋州市	0.0	—	—	0.2
十一市合计	6.7	13.1	16.6	32.3
占全国比重（%）	1.0	1.2	1.3	2.2

资料来源：根据历年各市统计年鉴及《广西统计年鉴》《广东统计年鉴》《中国统计年鉴》整理。

从 2003—2020 年，北海市实际利用外资额总体呈现大幅波动中的上升态势，外资来源较为单一，主要是新加坡、中国台湾、中国香港、澳大利亚、韩国、英属维尔京群岛等地区；投资行业主要为一般制造业、一般农作物的种植和商业服务业，缺少高端制造业项目，一般制造业占据北海市实际利用外资主导地位。从 2010 年开始，利用外资结构一改以制造业为主导的局面，呈现由制造业向服务业转变趋势。另外，北海市园区经济效应明显，园区是北海市利用外资的主阵地。园区作为北海市承接东部产业转移、扩大利用外资规模、促进向海经济发展的主要平台作用日益显现。

2018 年，在防城港市的外资来源分布中，中国香港占 51%，越南占 17%，中国台湾占 12%。制造业仍然是外来投资进入的重点行业。外商投资主要集中在制造业、电力燃气及水的生产和供应业、住宿和餐饮业以及农、林、牧、渔业等领域。在新冠疫情不断蔓延的局势之下，防城港市 2020 年实际外资到位资金为 5763 万美元，规模、增速逆市上升。

2016—2020 年，崇左市实际利用外资 1 亿多美元，年平均增长率约为 11%，全市新设外资投资企业 64 家，新设外资企业投资总额累计达 15 亿美元。同时，崇左对外投资企业 10 家，累计协议投资额超过 10 亿美元，主要投资行业为交通运输仓储业、农林渔牧业、采矿业等，主要对外投资国家从越南部分地区扩大到泰国、加拿大等国家。

2019—2021 年，南宁市实际利用外资分别完成 3 亿美元、4 亿美元、6 亿美元。南宁市利用外资以大项目投资为主导。2020 年，全市到位外资 1000 万美元以上项目 13 个，中国香港到位资金约 4 亿美元，占全部实际利用外资的 89%。南宁市利用外资结构不断优化，逐渐覆盖电子信息、制造业、软件和信息技术服务业、科学研究和技术服务业等领域（见表 6-8）。

表 6-8　2020 年南宁市实际利用外资主要行业分布数据

单位：亿美元

行业	水力与风电发电	投资与资产管理	制造业
数额	1.2	0.8	0.7
占全部实际利用外资比重（%）	27.0	19.0	17.0

资料来源：中华人民共和国商务部官网，读取日期 2022 年 10 月。

2019 年，位于全国平均外资依存度水平线之上的城市大都位于东部沿海地区（见图 6-3、图 6-4）。与进出口水平不同，北部湾城市群 11 个地级市中，仅有海口外资依存度高于全国平均水平，其余均在 2% 以下，位于全国地级市的中下水平。2006 年，南宁、北海、防城港、钦州、玉林、崇左、阳江、湛江、茂名、儋州实际利用外资排名均位列全国 274 个城市中的后 100 位（见表 6-9），尤其是崇左、玉林、儋州排名极其靠后；2019 年，钦州、玉林、崇左、儋州的实际利用外资排名有所上升，但仍处于中下水平。上述局面说明北部湾城市群整体经济发展对于外资的依赖度比较低，这可能与北部湾城市群的营商环境水平低有关，无法吸引资金注入，外向型经济水平上升空间大。

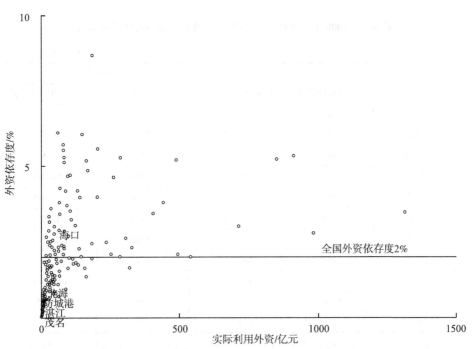

图6-3　2019年北部湾十一市实际利用外资分布及在全国地级市中的位置

注：将空缺值、极大值等样本删除，共保留265个地级市。

资料来源：2019年《中国城市统计年鉴》和2019年《海南统计年鉴》。

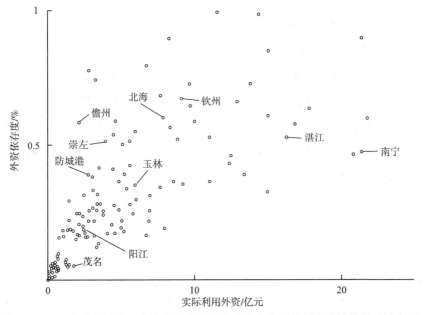

图6-4　2019年北部湾十一市实际利用外资分布及在全国地级市中的位置（放大图）

表 6-9 2006 年、2019 年北部湾主要城市实际利用外资及排名

价值量单位：万美元

地区	2006 年		2019 年	
	实际利用外资	实际利用外资排名	实际利用外资	实际利用外资排名
南宁市	8578	114/274	23577	136/265
北海市	2387	194/274	2546	225/265
防城港市	3976	161/274	3509	215/265
钦州市	5893	143/274	31018	125/265
玉林市	1277	217/274	11366	161/265
崇左市	868	231/274	3971	210/265
阳江市	7550	122/274	13205	155/265
湛江市	3896	163/274	8579	171/265
茂名市	3890	164/274	5673	191/265
海口市	37888	52/274	67154	83/265
儋州市	13	274/274	3039	220/265

资料来源：相关年份《中国城市统计年鉴》和《海南统计年鉴》，其中儋州市数据不包含洋浦经济开发区。

二、国际产能合作

（一）中马"两国双园"

1. 园区由来与规划

中马"两国双园"即中国—马来西亚钦州产业园和马来西亚—中国关丹产业园的简称。两园以服务国际陆海贸易新通道和桥头堡建设、建设中国—东盟开放合作创新试验区、打造广西北部湾一体化发展的重要支点为目标，是继中国—新加坡苏州工业园区与中新天津生态城之后，中外两国政府合作建设的新园区。[①]

中国—马来西亚钦州产业园于 2012 年 4 月 1 日在钦州港区开始建立，规划面积共 55 平方千米，按照功能园区分为工业区、科技研发区、配套服务区和生活居住区。该园区重点发展的产业有装备制造、电子信息、食品

———————————

① 中马"两国双园"等资料来源于中国—马来西亚钦州产业园和马来西亚—中国关丹产业园官网。读取日期：2022 年 8 月 10 日。

加工、材料及新材料、生物技术和现代服务业。目前，中马钦州产业园已经成为以棕榈油、燕窝、生物医药、电子信息、新能源等为主的产业集聚地。

2013 年 2 月，中国在马来西亚设立马来西亚—中国关丹产业园，规划面积共 12 平方千米。园区位于马来西亚东海岸经济特区的彭亨州首府关丹市，距离马来西亚首都吉隆坡约 260 千米，毗临关丹港，距关丹机场 40 千米，距市区 25 千米，从关丹港到钦州港航程仅 3 天，交通便利，区位优势明显。马中关丹产业园区是中国在马来西亚设立的第一个国家级产业园区，被列入"一带一路"规划重大项目和跨境国际产能合作示范基地。中国和马来西亚双方公司共同组建马中关丹产业园有限公司，作为马中关丹产业园的开发主体，负责产业园区基础设施和公共设施的投资、建设、运营和维护。按照功能不同，园区分为产业区、物流区、配套区（居住区、综合服务中心）。园区重点发展钢铁及有色金属、机械装备制造、清洁能源及可再生能源、加工贸易和物流、电气电子信息工业及科学技术研发等产业。目前，马中关丹产业园已经形成以钢铁、轮胎、玻璃、铝型材等为主的产业集群。

2. 合作现状

目前，中马钦州产业园已开发区域面积为 25 平方千米，马中关丹产业园已开发区域面积共 9 平方千米，为当地创造就业岗位近两万个，带动关丹港新增吞吐量 1000 万吨。

中马钦州产业园自设立以来，共注册企业超 15000 多家，建成中马国际科技园、电子信息产业园、智慧物联产业园、国家级燕窝实验室、职业教育实训基地等一批产业配套项目，还有互联网创教空间、北斗产业园、马来西亚中小企业集聚区。同时，中马钦州产业园的新经济、新业态飞速发展，目前已引入新业态平台企业 70 多家，实现产值超 20 亿元，税收超 1 亿元。培育科技创新研发平台，设立国家级科技创新研发平台 1 个、自治区级科技创新研发平台 4 个。

2021 年末，中马钦州产业园区，一期 15 平方千米全面建成，当年实现地区生产总值 60 亿元。自园区设立，截至 2021 年末，共实现工业总产值约 392

亿元，完成固定资产投资 252 亿元，外贸进出口总额约 202 亿元，实际使用外资总金额 33 亿美元左右，财政收入共约 47 亿元。[①]

基础设施方面，中马双方创立"港口—产业—园区"合作发展模式，以保障"两国双园"跨境产能合作物流运输正常运行。广西钦州港和马来西亚彭亨州关丹港缔结为"姊妹港"，开通钦州港至关丹港双向集装箱直航航线，进而打通了"两国双园"海上物流运输通道，共同建设服务于"一带一路"倡议和西部陆海新通道的重要节点。

为促进"两国双园"的发展，园区进行"证照分离"、跨辖区"一照多址"等多项制度改革。同时，在两园区之间设立投融资便利化和跨境资金流动便利化创新试点，人民币双向流动便利化境内范围扩大至中国（广西）自由贸易试验区三大片区境外项目，人民币贷款境外范围扩大到东盟全域，以降低企业综合融资成本和拓宽企业跨境投融资渠道。

除此之外，由于中马"两国双园"的存在，钦州和关丹之间的文化交流也日趋频繁。钦州和关丹两市轮流举办"两市双日"活动，在中马钦州产业园区共建"两国双园"国际创新创业联合孵化基地。广西于 2018 年、2020 年先后举办马来西亚（南宁）燕窝节、中国—马来西亚（广西）线上榴莲节。"两国双园"从国家间合作向城市间、省州间合作扩展，从经贸合作逐渐向文化、艺术、教育、科技等多领域覆盖。

3. 合作升级

随着 RCEP 实施、中国—东盟自由贸易区升级和西部陆海新通道建设，中马"两国双园"的合作再次升级。

中马"两国双园"从联动构建面向东盟的大通道、大枢纽、大物流、大金融等方面加快升级，围绕共建 RCEP 贸易投资合作高地、探索引领中国—东盟跨境产业合作新路径、加快建成国际陆海新通道重要节点、建设港产城融合的国际智慧新城等，已成为中国—东盟经贸合作创新发展的高水平示范区。

---

① 相关资料来源于中国—马来西亚钦州产业园官网，读取日期：2022 年 8 月 10 日。

针对马来西亚丰富的橡胶、棕榈及汽车等资源,"两国双园"依托"陆海优品"、集采交易等合作模式,构建融原产地采购、运输、加工、销售为一体全产业链综合服务平台。同时,共建重庆—钦州—关丹三枢纽集散分拨中心,探索建立跨境产业链、供应链开放合作新模式,推动跨境产业链合作,建设面向东盟的双向投资枢纽。

(二)文莱—广西经济走廊

1. 合作与由来

2014年9月,文莱和广西签署《"文莱—广西经济走廊"经贸合作谅解备忘录》,双方达成在农业、工业、物流、清真食品加工、医疗保健、生物医药、旅游等领域的合作共识,这标志着文莱—广西经济走廊的正式建立。

东盟东部增长区(简称"东增区"),面积156万平方千米,人口5500万,自然资源丰富。中国—东增区合作是中国—东盟合作的重要组成部分。文莱位于东增区中心,是唯一全境参与东增区合作的国家。同时,广西和文莱又是国际陆海新通道上的重要节点。因此,文莱—广西经济走廊不仅可以推动中国—东增区合作,还有利于深化、拓展中国—东盟合作和"海上丝绸之路"合作空间。

2. 合作现状

2014—2022年,文莱—广西经济走廊已经进入机制化、规范化的模式,形成了"一港一区""三基地""三贸易"的格局。其中,"一港一区"是指摩拉港和自由贸易区;"三基地"是指海产品养殖加工基地、电动汽车生产基地以及香料加工贸易基地;"三贸易"是指海产品、医药和水牛奶贸易。

广西和文莱在香料领域合作成果颇丰,广西与文莱已经建立3个香料加工贸易基地,合作广西—文莱香料加工与贸易全球运营中心(文莱)、中国—文莱香料之都(广西玉林市)、"一带一路"香料产业平台等项目。

广西玉林拥有丰富的香料资源,是中国八角、丁香、肉桂、香叶、辣椒、白胡椒、黑胡椒等香精料的主要种植地和集散地,拥有中国第三大中药材专业市场,是中国最大的香料集散地、交易中心和定价中心。中国五分之四、世界三分之二以上的香料都在广西玉林集散,玉林香料产品出口市场涉及印尼、日本、韩国、越南、泰国、马来西亚、新加坡等国家。而文莱清真认证制度在全球认可度极高，玉林通过与文莱在香料领域进行合作，使得中国香料相关产品获得文莱的清真认证，进而促使中国香料更好地进入全球市场。①

港口合作方面，2017年，广西北部湾国际港务集团与文莱企业组建合资公司——文莱摩拉港有限公司揭牌，中文合资企业运营摩拉港集装箱码头及散货码头，并获得文莱摩拉渔港项目40年的开发与运营权。目前，摩拉港已发展成为东增区集装箱在船舶靠港、装卸船单船作业等方面效率最高的港口。

水产养殖方面，广西海世通公司，作为广西最早发展海水网箱养殖的企业成员之一，建设了"文莱—广西经济走廊"首个落地农业项目——文莱—中国（广西）渔业合作示范区项目，涉及海洋水产品的种苗繁育、养殖、收购、加工和销售。该项目在文莱渔业养殖领域成果颇丰：在文莱首次实现鱼苗本土化供给，成功开展批量化、规模化热带经济性鱼类的全人工繁育养殖，结束了文莱鱼类养殖用苗全部依靠进口的历史；构建了文莱首个外海养殖基地，在相关海域安装了24口大型网箱和158口方形网箱并投入养殖生产；使文莱养殖的海水鱼实现首次出口，2018年开始将养殖海水鱼出口加拿大、美国；大蚝产业一体化合作项目实现规模化投产。

（三）国际产能合作面临的问题

目前，北部湾城市群与东盟国家的合作历程将进入一个新的阶段，随着"两国双园"与文莱—广西经济走廊的合作升级，发展中面临的问题主要如下。

第一，辐射能力有限，配套基础设施水平有待提升。北部湾城市群与东盟地区的合作选址地理位置优越，但是像玉林、钦州等城市的经济水平还不高，关丹经济水平也低于其国家首都吉隆坡，节点城市经济辐射范围尚有限。同时，基础设施水平有待提升，如尽管钦州和关丹已经开通两地之间的直达航线，但是关丹和钦州与其他地区的航贸航线数量仍然难以支撑其作为东盟交通枢纽的重任。因此，在未来发展过程中，应着重注意北部湾城市群与东盟地区的交通物流基础设施的完善与提升，以充分发挥北部湾城市群的区位

---

① 相关资料来源于中新网，读取日期：2022年8月12日。

优势，增强辐射能力。

第二，人才不足，如何吸引并留住人才是北部湾城市群与东盟地区合作深入的重点关注内容。例如，中马钦州产业园和马中关丹产业园规划重点发展的产业如电子信息、新材料、生物技术、机械装备制造、清洁能源及可再生能源科学技术研发等需要大量高端人才，但是目前两园区内人才的总量少且结构还不能满足发展规划要求。文莱—广西经济走廊所规划的医疗和生物科技领域发展较为缓慢，也就意味着需要大量的生物医疗专业人才。

第三节　口岸及自由贸易开放试验区

一、口岸枢纽及主要港口

北部湾城市群拥有的国家一类口岸数据如表 6-10 所示，其中南宁空港口岸（吴圩国际机场）、湛江港、防城港、钦州港、海口港为北部湾城市群的口岸枢纽[①]，具体情况如表 6-10 所示。

表 6-10　2022 年北部湾城市中的国家一类口岸

口岸名称	口岸类别	载体城市	国外对应口岸
南宁空运口岸	空运	南宁市	——
北海空运口岸	空运	北海市	——
防城港水运口岸	水运（海港）	防城港市	——
北海水运口岸	水运（海港）	北海市	——
钦州水运口岸	水运（海港）	钦州市	——
石头埠水运口岸	水运（海港）	北海市	——
企沙水运口岸	水运（海港）	防城港市	——
江山水运口岸	水运（海港）	防城港市	——
友谊关公路口岸	陆路（公路）	崇左市	越南友谊

---

① 以下主要港口基础信息来源于搜航网，读取日期：2022 年 8 月 12 日。

口岸名称	口岸类别	载体城市	国外对应口岸
东兴公路口岸	陆路（公路）	防城港市	越南芒街
水口公路口岸	陆路（公路）	崇左市	越南驮隆
爱店公路口岸	陆路（公路）	崇左市	越南峙马
峒中公路口岸	陆路（公路）	防城港市	越南横模
凭祥铁路口岸	陆路（铁路）	崇左市	越南同登
海口水运口岸	水运（海港）	海口市	—
海口空运口岸	空运	海口市	—
吴川机场空运口岸	空运	湛江市	—

资料来源:《中国口岸年鉴》数据和湛江市人民政府公告。

1. 南宁空港口岸

南宁吴圩国际机场位于南宁市江南区吴圩镇，目前面积约 22 万平方米，拥有 2 座航站楼，一条长 3200 米的跑道，64 个停机位，共开通国内外航线137 条，通航城市 104 个。吴圩国际机场是 4E 级军民合用国际机场，是广西壮族自治区第一大航空枢纽、面向东盟国际门户枢纽机场、对外开放的一类航空口岸和国际航班备降机场，是中国与东盟国家之间重要的航空货运与客运枢纽机场，连接"一带一路"的国际航空大通道。南宁航空港口对于北部湾城市群的外向型经济的作用体现在以下 3 个方面。

一是南宁机场国内航线通达全国省会及重要城市并与港澳台直航，国际航线直达新加坡、马来西亚、印尼、越南、柬埔寨、老挝、缅甸、泰国等东盟国家。该空中通道的客运、货运能力可辐射全国和东南亚国家，极大地促进了北部湾城市群跨境旅游和贸易的发展。

二是南宁航空港口与陆运、海运和铁路形成优势互补的物流网络，利用航空运输优势缩短物流时间，优化了北部湾城市群的物流网络结构，对于促进东南亚地区生鲜货源的组织和开发以及加工贸易的发展有重要价值。

三是依托于南宁航空港口，打造了中国—东盟南宁空港经济区。通过发挥航空主业、空港经济、通用航空三大功能，构建以跨境产业链、跨境物流链、跨境金融服务和跨境电子商务为龙头的南宁空港经济区，成为连接海外仓物流网络的重要节点。这拓宽了国际航空货运渠道，可以吸引航空产业链上下游企业及资源要素在北部湾城市群区域聚集，从而成为城市群外向型经济不断向上发展的原动力。2021 年，该机场在飞国际货运航线 11 条，货邮吞吐量 12.4 万吨，其中国际货邮吞吐量 2.4 万吨，首次突破 2 万吨大关。

2. 湛江港

湛江港位于中国大陆最南端的广东省雷州半岛（湛江市），东临南海，南望海南岛，西靠北部湾，北倚大西南。湛江港与黎湛铁路相通，以广东、广西、湖南、湖北及西南地区为腹地，是中国大陆通往东南亚、非洲、欧洲和大洋洲航程便捷港口，也是中国大西南和华南地区货物的出海主通道，是中国 20 个沿海主要枢纽港之一，与全球 100 多个国家和地区通航。湛江港是中华人民共和国成立后自行设计和建造的第一个现代化港口，现有生产性码头泊位 39 个，其中万吨级以上 26 个，年通过能力 4792 万吨，仓库面积 22.7 万平方米，堆场面积 1334 万平方米。可承担集装箱、件杂货、散货、重大件、危险品、石油、液体化工品等多种货物的装卸、储存包装、中转业务及客运、汽车滚装运输，同时还开展货物代理、船舶代理、船舶运输、保税仓储、出口监管仓储等业务。湛江处于粤港澳大湾区、深圳先行示范区、海南自贸港及北部湾城市群等国家区域发展战略的交汇处，海南自贸港封关运作后，湛江可与海南形成类似珠三角与中国香港的"前店后厂"关系，湛江港与海南自贸港的联系会更加密切。2006 年，湛江港完成货物吞吐量 0.5 亿吨，其中完成外贸货物吞吐量 0.04 亿吨；2016 年，港口完成货物吞吐量超 2.6 亿吨，并形成辐射云南、贵州及湖南的海铁联运网络。"十三五"期间，湛江港累计完成货物吞吐量约 12 亿吨，铁矿石、煤炭、油品、粮食、化肥等大宗货物吞吐量持续增长。湛江港口强大的大宗货物中转功能，为北部湾城市群外向型经济的发展提供着坚实的物流转运支撑。

3. 防城港

防城港位于广西南部北部湾北岸，水域、陆域宽阔，可利用岸线长。防城港北接黔川，西靠云南，东邻粤、琼、港澳，南濒北部湾，是连接中国大陆资源丰富的大西南和经济活跃的东南亚地区的枢纽，还是中国大陆海岸线最西南端的深水良港。防城港水陆交通便利，南防高速公路直达港口，与西南公路出海大通道相连，可以直接与全国公路联网。铁路经南防线、黎钦线与全国铁路相连。货物经南昆线、水柏线、内昆线抵达防城港，可大大缩短运距时空。海运有连接珠三角、长三角、环渤海湾等经济圈的国内航线；同时与70多个国家和地区的220个港口通航，海运网络覆盖全球。集装箱航线开辟了东南亚、东北亚、中东、欧洲、美西、美东、中国澳门、中国香港的国际直航或中转班轮航线以及防城港—蛇口/赤湾—全球集装箱公共快线。防城港有矿石、粮食、大豆、水泥、木片、化肥、油气、硫黄、煤炭等专业化码头泊位，具备装卸、储运、中转各种大宗散货、件杂货、集装箱、石化产品的专业素质和能力，逐步形成自己的特色和竞争力。现拥有泊位35个，其中生产性泊位31个，万吨级以上深水泊位21个，20万吨级矿石码头已建成投产。码头库场面积达300万平方米，年实际吞吐能力超过4000万吨。防城港中转货物有三大特点：一是以外贸货物为主，占总吞吐量的85%以上；二是以西南地区货物为主，占总吞吐量的80%以上；三是以大宗货、散件货为主，占总吞吐量的80%以上。防城港强大的运输能力和货物中转能力，为北部湾城市群外贸经济奠定了雄厚基础。此外，防城港拥有全海景生态海湾、国家级金花茶自然保护区和中国最大、最典型的海湾红树林，具备得天独厚的旅游资源优势。依托防城港优秀的交通网络以及东兴沿边重点开发开放试验区等制度创新，防城港可为北部湾城市群外向型经济跨境旅游以及国际医学开放试验区板块开辟新天地。

4. 钦州港

钦州港位于北部湾湾顶的钦州湾内，水深，港池宽，潮差大，回淤少，外湾水域呈喇叭形展布，形成东、中、西三条水道，后方陆域广阔。港口规划码头岸线长约86千米，其中深水岸线长约55千米，可形成亿吨以上的吞吐能力。钦州港地处广西沿海地区中心位置，位于东南亚与中国大西南两个辐射扇面中心以及华南经济圈与西南经济圈的联结部，在中国—东盟自由贸易区的建设区位优势明显。1997年，钦州港国家一类口岸正式对外开放，建立了船舶代理、外轮理货、引航、船舶拖带、船舶供应、通信、金融、保险等全面服务体系。2007 年，完成货物吞吐量近 807 万吨。2008 年，中国第六个保税港区——钦州保税港区设立，成为目前中国西部沿海唯一的保税港区。2016 年钦州港港口货物吞吐量超 0.7 亿吨，2021 年港口货物吞吐量完成约 1.7 亿吨，同年集装箱吞吐量完成约 463 万标箱。钦州港装卸、仓储等港口业务以及补给、维修等港口配套服务业全面开放，大中型港口企业目前有 26 家，体制涵盖国有、中外合资、民营、内联等多种形式。开港以来，钦州港已和国内外 80 多个国家和地区建立贸易往来，由地方小港发展成为一个以内外贸运输和临港工业为主，兼有国际中转、边境贸易、商贸、旅游、客运多功能，配套设施较齐全的港口。钦州港拥有完善的配套基础设施，使得其可建立大宗商品现货交易平台及中国—东盟中小企业贸易促进平台。目前，中国—马来西亚钦州产业园区、中国（广西）自由贸易试验区等开放平台合作已落地，为北部湾城市群外向型经济方式的升级提供了更大动力。

5. 海口港

海口港位于海南岛北部，与广东雷州半岛相邻，靠近东南亚、东北亚主航线，位于琼州海峡运输通道咽喉部位，与广西北海港、钦州港、防城港、海南洋浦港、越南海防港等共同组成北部湾港口群。海口港是海南省客货集散地及对外主要口岸，是海南省经济发展和对外开放的重要依托，也是环北部湾地区重要的枢纽港和物流中心。据 2019 年的《海口港港口章程》可知，海口港分为秀英港区、新海港区、马村港区；海口港有码头泊位 37 个，其中 5 万吨级集装箱泊位 2 个，万吨级散杂泊位 3 个，5000 吨级以下杂货泊位 13 个，其他车客滚装泊位 19 个；海口港已开通 36 条内陆航线，外贸航线连接的国家和地区包括中国香港、越南、泰国、菲律宾、印度尼西亚，还有直达柬埔寨外贸航线。至 2019 年，海口港开通海口—中国香港、海口—越南集装箱固定航线 2 条，与东亚、东南亚、西亚等 20 多个国家和地区有贸易运输往来，开通了海口—越南邮轮旅游航线；国内主要开通海口至海安、北海、广州等车客滚装运输航班以及海口至广州、湛江、北海等集装箱航线。2020 年，海口辖区港口投入 6382 艘次船运营；进出港旅客约 210 万人次，进出港车辆

52 万辆次。海口港也是海南自贸区规划中的一部分，是连通东盟地区、海南自贸区与内陆贸易往来的关键节点，对促进北部湾城市群外向型经济的高质量发展有着重要作用。

二、重点开发开放试验区

（一）东兴沿边重点开发开放实验区

2012 年设立的东兴国家重点开发开放试验区位于北部湾经济区和中国西南、泛珠三角与东盟三大经济圈交汇处，以及中国陆地边境线与海岸线西南端交汇处。试验区拥有大港口、大物流和临港大产业等腹地依托，同越南芒街仅一河之隔，是中国与东盟陆海河相连的区域，也是中国内陆腹地进入东盟便捷的海陆门户。试验区共 1226 平方千米，涵盖东兴市、港口区和防城区防城镇、江山乡、茅岭乡等地；海岸线约 538 千米，陆地边境线 100 多千米；拥有西部最大港口、中国沿海 12 个主枢纽港之一——防城港，以及防城港、东兴、企沙、江山 4 个国家级口岸，东兴、峒中、杨屋、里火、滩散 5 个边民互市点。其目标定位是成为中国—东盟战略合作的先行区、沿边地区经济增长极、国际通道重要枢纽。计划重点布局五大功能区，即国际经贸区、港口物流区、国际商务区、临港工业区和生态农业区。[1]

经过十年的发展，东兴国家重点开发开放试验区得到了突破性发展。通道基础设施建设逐渐完善，试验区万吨级以上泊位由 13 个增至 53 个，20 万吨级泊位增至 4 个，新增港口服务能力超 2000 万吨。2021 年，试验区规模以上工业企业总产值突破 1900 亿元，钢铁全行业产值逾千亿元，形成 4 个千亿级产业集群和 5 个百亿级特色产业，工业投资连续数年排广西首位。

（二）凭祥重点开发开放试验区

2016 年设立的凭祥重点开发开放试验区位于崇左市，面积共 2028 平方千米，包含凭祥市以及宁明县、龙州县、大新县、江州区、扶绥县部分区域。试验区与越南谅山、高平、广宁 3 省 10 县接壤，边界线长 533 千米，是中国

---

[1] 东兴沿边重点开发开放试验区基础信息来源于东兴沿边重点开发开放试验区官网，读取日期：2022 年 8 月 15 日。

对越南及东盟开放合作的重要前沿。现有友谊关、凭祥、水口、爱店等多个国家一类口岸、14个边民互市贸易点和广西凭祥综合保税区。试验区紧邻北部湾港口群、南宁机场,区内南宁—友谊关高速公路与越南一号公路直接相连,是泛亚铁路东线进入东盟的重要门户。其定位是以凭祥市为核心,以南宁—崇左—凭祥重要对外开放经济带(崇左段)、沿边经济合作、重点边境城镇建设示范带为主线,功能分区为国际经贸商务区、投资合作开发区、重点边境经济区、文化旅游合作区、现代农业合作区、边境村镇建设先行区,从而形成"一核两带六区"的空间布局。①

试验区设立后,促进崇左市从以物流为主的"通道经济"逐渐转为以加工与园区经济为主的"口岸经济"。其跨境加工业发展迅速,在广西率先实现了落地加工产品"直通式"通关模式,目前有规模以上口岸贸易加工企业65家,口岸贸易加工业总产值110亿元;多家企业列为广西互市商品落地加工试点企业。跨境电商等新业态行业升起,数十家企业入驻园区,线上水果成交额已突破1亿元;中国—东盟(凭祥)电商产业园、中国东盟(凭祥)电子商务信息港不断壮大。崇左被列为国家第三批两岸冷链物流产业合作试点城市,同时,崇左—越南海防港、崇左—越南河内—胡志明、崇左—谅山—沙湾拿吉—穆达汉—黑木山三条黄金物流线路打通,全国各地经崇左的跨境铁路班列达9条。

三、海南自由贸易港

中国(海南)自由贸易试验区,又称"海南自贸区"。2018年,海南省暨海南经济特区30周年大会上党中央宣布海南全岛建设自由贸易试验区。同年,国务院出台《关于支持海南全面深化改革开放的指导意见》《中国(海南)自由贸易试验区总体方案》等文件进一步明确海南自贸港的建设定位与目标:以海南自贸区为试点,实施更加积极主动的开放战略,加快构建开放型经济新体制,推动形成全面开放新格局,将海南建设成为全面深化改革开

---

① 凭祥重点开发开放试验区相关资料来源于凭祥重点开发开放试验区官网,读取日期:2022年8月15日。

放试验区、国家生态文明试验区、国际旅游消费中心和国家重大战略服务保障区，使其成为中国面向太平洋和印度洋的重要对外开放门户。在此定位之下，海南自由贸易港实施"一线放开、二线管住"的管理模式。

"一线"指海南与中国关境外其他国家和地区之间设立第一条防线，进出境环节强化安全准入（出）监管；制定禁止、限制进出口的货物、物品清单，清单外货物、物品自由进出；制定进口征税商品目录，目录外货物进入免征进口关税。以联运提单付运转运货物不征税、不检验。海南货物、物品按出口管理。建设高标准国际贸易"单一窗口"。①

"二线"指海南与大陆之间设立第二条防线，货物从海南进入内地按进口规定办理相关手续。鼓励类产业企业生产的不含进口料件或者含进口料件在海南加工增值超过30%（含）进入内地免征进口关税。海南前往内地的运输工具，简化进口管理。货物、物品及运输工具由内地进入海南自由贸易港，按国内流通规定管理。内地货物经海南自由贸易港中转再运往内地无须办理报关手续。海关对海南自由贸易港内企业及机构实施低干预、高效能的精准监管，实现自由贸易港内企业自由生产经营。

在"一线放开、二线管住"制度架构之下，海南自由贸易港可以实现人员进出与货物运输自由便利、跨境资金与数据安全有序地自由流动，逐步形成以高新技术产业、热带高效农业、旅游业和现代服务业为主的现代产业体系。

在洋浦保税港区先行先试"一线"放开、"二线"管住进出口管理制度并扩大试点至海口综合保税区、海口空港综合保税区的基础上，2020年12月，海南自由贸易港正式实施"零关税"清单政策。同时，为了优化货物贸易结构，海南自贸港实施出口产品内外销"同线同标同质"工程，引导传统出口企业内销转型，大力提升机电产品、高新技术产品等出口比重。2021年货物贸易进出口额约1477亿元，增速高于全国平均增速约36个百分点。

交通基础设施是一个地区发展的基石，但是就目前而言，海南的交通运输系统不够完善，交通运输工具单一、缺乏多样性，抑制了居民和游客选择

---

① 资料来源于海南自由贸易港官网，读取日期：2022年10月20日。

交通方式意向多样性，同时增加了货运和客运时间成本。因此，未来海南自由贸易港应注重现代化的陆路交通运输体系的完善，打造发达高效的交通运输网络。同时，进一步改善海南目前以旅游业和房地产行业为重的产业结构，发挥自贸港的创新优势。

四、中国（广西）自由贸易试验区

2019年8月30日，中国（广西）自由贸易区正式成立。自贸区定位是"发挥广西与东盟国家陆海相邻的独特优势，着力建设西南中南西北出海口、面向东盟的国际陆海贸易新通道，形成21世纪海上丝绸之路和丝绸之路经济带有机衔接的重要门户"。全区面积共约120平方千米，包含南宁、钦州港、崇左3个分片区。其中南宁片区约47平方千米（含南宁综合保税区约2.4平方千米），重点发展现代金融、智慧物流、数字经济、文化传媒等现代服务业以及新兴制造产业，致力于打造面向东盟的金融开放门户核心区和国际陆海贸易新通道重要节点。钦州港片区约58平方千米（含钦州保税港区约8.8平方千米），重点发展港航物流、国际贸易、绿色化工、新能源汽车关键零部件、电子信息、生物医药等产业，打造国际陆海贸易新通道门户港和向海经济集聚区。崇左片区15平方千米（含凭祥综合保税区约1平方千米），重点发展跨境贸易、跨境物流、跨境金融、跨境旅游和跨境劳务合作，致力于打造跨境产业合作示范区，构建国际陆海贸易新通道陆路门户。①

历经数年发展，自贸区取得了一定成效。自贸区采用北部湾港与西部重要铁路国际港联动合作模式，连通中欧班列，有效服务于"一带一路"的发展。同时，开通"RCEP—北部湾港—河南""阿联酋—钦州—兰州"等外贸线路和"西安—北部湾港"海铁联运班列，实施陆路起运港退税试点政策，西部陆海新通道沿线合作者覆盖16省（区市）、56市、108个站点。2021年钦州港首次进入全球集装箱大港30强。北部湾港货物、集装箱吞吐量增速均在全国沿海港主要港口中名列前茅。对友谊关口岸货物通关采用"甩挂"模式和代

① 广西自由贸易区基础资料来源于广西自由贸易区官网，读取日期：2022年8月16日。

驾货代"共享"机制，启用出入境车辆边检快捷通关系统和边民互市贸易进口商品落地加工模式，使互市通关时间以及车均运输成本均得以降低。

第四节　中国—东盟博览会

一、发展概况

2003年10月8日，中方在第7次中国与东盟（"10+1"）领导人会议上倡议，从2004年起每年在中国南宁举办中国—东盟博览会，同期举行中国—东盟商务与投资峰会。从2004年起，以"友谊、合作、发展、繁荣"为主题，以"促进中国—东盟自由贸易区建设，共享合作与发展机遇"为宗旨，蕴含着政治、经济、文化多重深意的中国—东盟博览会及中国—东盟商务与投资峰会每年在广西南宁举行，成为中国—东盟关系的一大盛事以及北部湾地区标志性的对外开放平台。

博览会由中国和东盟10国经贸主管部门及东盟秘书处共同主办，广西壮族自治区人民政府承办，从第4届开始每年确定一个主题国，展会内容涵盖商品贸易、投资合作、先进技术、服务贸易、"魅力之城"五大专题和主要贸易与投资促进活动、东博会系列展等内容。同时，东博会具有六大特色，即"进口与出口相结合""投资与引资相结合""商品贸易与服务贸易相结合""展会结合，相得益彰""既是经贸盛会，也是外交舞台""经贸活动与文化交流相结合"。可以说，中国—东盟博览会和商务与投资峰会已经成为中国和东盟经贸合作、人文交流等多领域合作的有效平台和机制。

多年来，中国—东盟博览会和商务与投资峰会保持着平稳的发展势头，参展规模不断扩大，经贸和投资效应也不断增强。从参展数量和规模来看，不论是展位数、参展企业还是参展参会客商人数都在不断增加（见表6-11）。以2021年举办的第18届博览会为例，出席的中国和东盟国家领导人共105位，部长级贵宾3500位，以及100多万名工商界领袖、企业代表和专家学者出席。第18届东博会展览总面积为10.2万平方米，展位总数5400个，其中外国展位数 905 个（含东盟 575 个），比上届增长 13.4%。参展企业共 3019家，实体展共有 1502 家企业参与，其中外国参展企业 397 家（东盟地区 238家），华为等一批世界 500 强企业和行业领军企业参展；"云上东博会"共有1517 家企业参展。80 个中外采购团组线上线下参会，"一带一路"沿线有 30个国家的 120 家企业参展。共举办 26 个高层论坛，涵盖 RCEP、产业链、产能、海关、卫生等领域。"云上东博会"全网曝光量超过 11.4 亿次，站内访问量超过 2156 万次。共举办 148 场线上线下经贸活动，各场对接会为国内外客商促成了 3200 对精确配对，实现"面对面"与"屏对屏"的精准对接。会期安排 13 个专业观众团组 700 多家企业巡馆和展位对接，开展展位对接洽谈 1500多次，达成采购合作意向 600 多项。共组织签订国际、国内合作项目 179 个，总投资额超 3000 亿元，且重大项目多、规模大，项目平均投资额近 17 亿元，10亿元以上项目 33 个，总投资额占比超 70%，其中 50 亿元以上项目 7 个。

经过多年的发展，中国—东盟博览会已经成为本地区一张响亮的名片，成为向东盟国家乃至世界宣传广西和泛北部湾合作的重要窗口，也进一步增强了南宁市作为本地区及中国与东盟国家经贸合作与人文交流的支点和渠道作用。此外，中国—东盟博览会的举办也为中国与东盟国家之间的旅游产业带来了巨大的发展契机。特别是"魅力之城"和旅游推介会平台的搭建，有力地助推了中国与东盟文化、旅游等多领域的不断融合。近年来，中国兴起了一波又一波"东盟旅游热"，东博会的"魅力之城"成为许多游客的首选之地。中国目前仍是东盟的最大旅游客源国，与此同时，东盟每年来华旅游的人数也不断上升，而这与每届东博会"魅力之城"和旅游推介会的精心展示有着密切的联系。

表 6-11　历届中国—东盟博览会经贸成效一览表

届次	举办时间（年/月/日）	总展位数（个）	展览面积（万平方米）	东盟展位数（个）	参展企业数（个）	参展参会客商人数（万人）	论坛数（个）
第 1 届	2004/11/3-6	2506	5.0	626	1505	1.8	1

届次	举办时间 （年/月/日）	总展 位数 （个）	展览面积 （万平方米）	东盟展 位数（个）	参展企业 数（个）	参展参会客 商人数 （万人）	论坛数 （个）
第2届	2005/10/19-22	3300	7.6	696	2000	2.5	1
第3届	2006/10/31-11/3	3663	8.0	837	2000	3.0	7
第4届	2007/10/28-31	3400	8.0	1124	1908	3.3	9
第5届	2008/10/22-25	3300	8.0	1154	2100	3.7	16
第6届	2009/10/20-24	4000	8.9	1168	2450	4.9	11
第7届	2010/10/20-24	4600	8.9	1178	2200	4.9	9
第8届	2011/10/21-26	4700	9.5	1161	2300	5.1	14
第9届	2012/9/21-25	4600	9.5	1264	2280	5.2	14
第10届	2013/9/3-6	4600	8.0	1294	2361	5.5	20
第11届	2014/9/16-19	4600	11.0	1223	2330	5.6	12
第12届	2015/9/18-21	4600	10.0	1247	2207	6.5	26
第13届	2016/9/11-14	5800	11.0	1459	2670	6.5	33
第14届	2017/9/12-15	6600	12.4	1523	2709	7.7	33
第15届	2018/9/12-15	6600	12.4	1446	2780	8.5	35
第16届	2019/9/21-24	7000	13.4	1548	2848	8.6	33
第17届	2020/11/27-30	5400	10.4	574	1581（线上）	—	11
第18届	2021/9/10-13	5400	10.2	575	3019	—	26
第19届	2022/9/16-19	5400	10.2	—	3653	—	24

资料来源：根据中国—东盟博览会秘书处"历届中国—东盟博览会经贸成效统计信息"（http://www.caexpo.org/html/about/tjxx/）及相关新闻报道整理。

表6-12　广西在中国—东盟货物贸易中的作用

单位：亿美元，%

年份	中国—东盟 贸易总额	广西—东盟 贸易额	广西占比	年份	中国—东盟 贸易总额	广西—东盟 贸易额	广西占比
2000	395.2	4.4	1.1	2011	3628.5	95.6	2.6
2001	416.1	4.2	1.0	2012	4000.9	120.5	3.0
2002	547.7	6.3	1.1	2013	4436.1	159.1	3.6

续表

年份	中国—东盟贸易总额	广西—东盟贸易额	广西占比	年份	中国—东盟贸易总额	广西—东盟贸易额	广西占比
2003	782.5	8.3	1.1	2014	4801.3	198.9	4.1
2004	1058.8	10.0	0.9	2015	4721.5	290.1	6.1
2005	1303.7	12.2	0.9	2016	4522.1	276.3	6.1
2006	1608.4	18.3	1.1	2017	5148.0	280.5	5.4
2007	2025.5	29.1	1.4	2018	5861.5	311.5	5.3
2008	2311.2	39.9	1.7	2019	6414.6	338.5	5.3
2009	2130.1	49.5	2.3	2020	6863.8	344.3	5.0
2010	2927.8	65.3	2.2	2021	8795.7	437.3	5.0

资料来源：根据历年中国海关统计数据整理。

二、区域经济效应

可以说，中国—东盟博览会和商务与投资峰会在南宁的举办，对广西及北部湾地区的产业发展、投资经贸、旅游、人文交流等产生了巨大的直接和间接效应，有力地提升了本地区的对外开放与国际化以及经济发展水平。其中，广西对东盟贸易额年均增长超过20%，东盟也连续20余年成为广西第一大贸易伙伴。广西对东盟的进出口贸易额，从2000年的4.4亿美元（其中出口3.1亿美元，进口1.3亿美元），到2020年广西对东盟贸易额2374亿元（其中出口1533亿元，进口841亿元）、2021年的2821亿元（其中出口1657亿元，进口1164亿元）。占中国对东盟贸易总额的比重从1%提升到近年的5%左右（见表6-12），位居广东（约占全国对东盟贸易22%）、江苏、浙江、上海、山东、福建、北京等省市之后。对越南贸易占广西与东盟贸易额的比重长期保持在70%~80%，近年来对泰国的贸易快速提升。边境小额贸易是重中之重，占对东盟贸易近四成，其中边境贸易出口额更是进口额的40倍之高。对马来西亚、新加坡、印尼等国的贸易份额共占约10%，对老、柬、缅、文等国的贸易份额共占1%左右。近年广西对东盟国家出口额较大的商品主要有轻纺日用品、机电产品、（价值在5000元及以下的）低值简易通关商品等；

从东盟国家进口额较大的商品主要有机电产品、干鲜水果、矿砂、低值简易通关商品、木浆及其他农林产品等。

博览会和商务与投资峰会对中国同东盟国家的关系都具有巨大的促进作用，主要体现在6个方面：一是战略互信不断巩固深化。前19届东博会共有182位中外领导人3700多位部长级贵宾出席，增进了战略互信，并推动中国—东盟关系从战略伙伴提升到全面战略伙伴。二是推动中国—东盟自贸区不断升级发展。东博会推动中国—东盟自贸区从1.0版升级到2.0版，并向3.0版迈进。三是"南宁渠道"不断扩宽通畅。东博会围绕40多个领域举办高层论坛，发布80多份合作倡议，使中国东盟合作重要机制汇聚南宁。四是服务功能不断增强拓展。东博会邀请区域外国家和国际组织参展参会，平台功能从服务"10+1"向服务RCEP和"一带一路"拓展。五是合作平台不断丰富延伸。东博会除形成"一主多专、巡展并行"的办展格局外，还建设"云上东博会"和中国—东盟经贸中心、中国—东盟特色商品汇聚中心，打造永不落幕合作平台。六是经贸成效不断显现。东博会举办一系列贸易投资促进活动，推动了中马"两国双园"、中国—印尼经贸合作区等重大国际项目建设。

此外，中国—东盟博览会还促进了广西的沿边开发开放试验区、综合保税区、自贸试验区等开放平台建设，推动国际国内先进或适用制造业的国际转移，强化了东亚区域产业链、供应链和价值链。

第五节　发展前瞻

随着"一带一路"中海上丝绸之路建设的推进，中国与周边国家的合作也不断深化。展望未来北部湾城市群外向型经济发展应重点关注以下方面。

第一，继续完善已有的口岸枢纽、经贸合作区、贸易试验区的基础设施建设，为未来北部湾城市群外向型经济水平的提升打下坚实的发展基础。

第二，依据资源禀赋和比较优势理论，北部湾城市群应依托西部陆海新通道，结合自身资源优势，有选择地承接粤港澳大湾区的产业转移，各个城市在开放中分工错位发展，形成在国内、国际市场上具有竞争优势的特色产业链，促进城市群区域协调发展。

第三，在 RCEP 协定、海南自贸港运作的战略机遇之下，北部湾城市群可依托多层次的开放平台，在对外贸易政策上先行先试，以此吸引资金、人才等生产要素的集聚，推动北部湾城市群（货物、服务）贸易和投资的自由化与便利化，将外向型经济做大做强。通过北部湾城市群之间外向型经济合作，增强广东、广西和海南三省区以及北部湾城市群与粤港澳大湾区之间外向型经济的合作发展。

第四，结合数字经济和互联网等先进科技，对传统产业链和贸易方式进行转型升级，提高生产效率，减小贸易成本，推动北部湾城市群与东盟各国贸易合作的深化。

北部湾城市群位于华南沿边、沿海地区，是中国面向东南亚国家的重要陆疆、海疆区域。作为发育中的新兴城市群，北部湾城市群外向型经济的发展能够为中国其他边疆区域提供良好的发展经验。未来，北部湾城市群在良好的经济水平基础之上，也应不断推进与周边国家在文化等和经贸合作，以高质量的开放发展融入国内国际双循环。

第七章　空间治理与区域协作

　　城市群的空间治理主要指在城市群空间范围内的治理活动，其内容涉及城市与区域内的各类事务。宏观层面，表现为政府对城市群空间的规划，即结合城市自身资源和发展优势，对于城市群内部城市进行定位分工，以达到分工协作、优势互补的目的。中观层面，表现为对城市群空间的产业进行合理的布局、基础设施的建设、提高城市群内部的可达性，加强城市群内部的经济联系①。对于城市群治理的主体理解范围也有"宽窄"之分，比较"宽"的视角认为城市群空间治理结构主体包括政府、非政府等多元化利益集团。不同主体在城市群发展过程中有不同的利益诉求。在现代语境下，"治理"更强调经济主体之间的通过对话、协调、合作来推动城市群的发展，最终达到"多赢"的社会发展目标。

　　尽管 2017 年北部湾城市群才正式规划成为国家级城市群，但学界对于北部湾城市群的研究可追溯到更早。2008 年国家发展和改革委员会颁布《广西北部湾经济区发展规划》前后，"北部湾经济区"主要用于指称广西北部湾经济区内的南宁、北海、钦州、防城港（南北钦防）4 个初步具备城市群形态的城市。这个时期对于北部湾城市群空间治理的研究多从南北钦防四市经济发展探讨城市群内部在区域经济分工、城市关联性等基础上未形成有效的协作模式。张协奎与林剑等（2009）提出，城市政府作为公共利益的代表，在

---

　　① 张京祥，陈浩. 空间治理：中国城乡规划转型的政治经济学 [J]. 城市规划，2014，38（11）：9-15.

合作与竞争过程中应发挥关键的协调作用，体现在将政府合作制度化、法制化等。① 蒋延勇（2010）指出广西北部湾城市群当时尚未形成城镇体系，城市规模等级不合理和城市数量偏少；城市群协作方面，地方政府职能转换滞后，没有形成必要的城市群内部各个城市协调发展的利益机制。②

2017 年国务院批复《北部湾城市群发展规划》后，学界对于北部湾城市群多从发展与规划方面进行研究。冯奎（2020）指出，西部地区的城市群（含北部湾城市群）需要进一步发挥省会或中心城市的作用，要注重发挥城市特色功能，放大城市群或城市组团在国家大局中的独特战略意义，不但强调硬联通，更要强调资源的软性联结。③ 孟祥林（2020）认为南宁市是北部湾城市群的区域中心城市，在引领北部湾城市群发展过程中应发挥更为重要的作用，应该通过围绕南宁市构建城市链、节点中心地和次级城市团等方式将隆安县、马山县、上林县、宾阳县等整合在一起。④

城市群治理方面的研究一般有两个角度：一是从城市群自身治理情况出发提出城市群治理的建议。如王开茹（2019）认为北部湾城市群应从建立多向互动的信息共享与协商制度、制定有效的利益协调与监督约束制度、构建多元参与的网络嵌入型治理机制、实施跨区域的横向协调与纵向嵌入式治理机制等方面入手，在分权化的城市政府之间构建新型协作关系。⑤ 二是在基于和国内外发展较为成熟的城市群进行对比的基础上给出相关的建议。其中李民梁（2019）以日本东京城市群、美国东北部城市群作为北部湾城市群、长三角城市群、珠三角城市群协同发展的经验，指出北部湾城市群协同发展的方向，即加强区域立法保障、畅通区域交通网络、构建协调合作机制、多主

---

① 张协奎，林剑，等. 广西北部湾经济区城市群可持续发展对策研究 [J]. 中国软科学，2009（05）：184-192.

② 蒋延勇. 广西北部湾城市群（"4+2"）协调发展问题研究 [J]. 广西财经学院学报，2010（10）：35-39.

③ 冯奎. 优化中心城市和城市群治理促进西部大开发 [J]. 中国发展观察，2020（11）：24-26.

④ 孟祥林. 北部湾城市群发展背景下南宁城市体系建设构想 [J]. 百色学院学报，2020，33（01）：96-105.

⑤ 王开茹. 北部湾城市群跨省域府际协作：基础、困境与路径选择 [J]. 广东开放大学学报，2019，28（02）：91-98.

体参与管理。①

综上所述，学界对于北部湾城市群空间治理研究主要从发展规划和战略定位等角度出发，而对于城市群空间治理具体的实施方向和措施方面的内容并不多。有鉴于此，本章通过梳理和阐述北部湾城市群空间治理的历程，探索城市群空间治理与跨区域合作的模式。

由最初构想到 2008 年广西北部湾经济区正式设立，到北部湾经济区内南北钦防同城化发展，再到 2017 年 12 月正式上升为国家级城市群发展规划，北部湾城市的空间结构在过去 30 多年的时间里发生了很大变化。一方面，空间范围由早期的 4 个地级市扩展到当前的 3 省 11 个地级市及海南省 4 个县市；另一方面，空间结构由最初的低水平、多中心结构，到南北钦防同城化，再到跨省区的多中心结构，并且不同的空间结构也影响着城市群空间治理的模式。根据北部湾城市群发展的时期，将其空间治理历程分为 4 个阶段。

第一节　早期治理阶段

一、早期规划

2008 年 1 月公布的《广西北部湾经济区发展规划》（以下简称《规划》）提出，南北钦防城市群按照四个等级城镇建设区建设。其中，南宁市作为一级城镇建设区，北海、钦州和防城港作为二级城镇建设区；东兴市区、宾阳、横县、武鸣、灵山、浦北、上思、上林、马山、隆安等县城按照三级城镇建设区建设；吴圩、六景、黎塘、那桐、南康、山口、犀牛脚、小董、大寺、张黄、陆屋、企沙、江平 13 个重点建制镇按照四级城镇建设区进行建设。四个不同级别的城镇建设区，对于北部湾经济区内部城市进行了分工，并且明确了发展目标（见表 7-1）。

---

① 李民梁. 北部湾城市群：国内外典型城市群协同发展经验及借鉴 [J]. 中共南宁市委党校学报，2019，21（06）：28-33.

表 7-1　广西北部湾经济区各城市建设规划

	市镇	发展目标
一级城镇建设区	南宁	城市发展要形成以邕江为轴线，西建东扩、完善江北、提升江南、重点向南的空间布局，此外，要加快五象新区的建设
二级城镇建设区	北海	按特大城市规模规划建设，城市发展重点东向推进，铁山港区作为城市功能区布局建设，统筹北海城区与合浦县城、铁山港区基础设施建设
	钦州	按照大城市规模规划建设，依托港口开发和临港工业发展，城市发展重点向东、向南拓展，重点建设钦州主城区、钦州港区和三娘湾滨海区
	防城港	按照大城市规模建设，依托深水港和企沙重工业基地开发，城市发展主要向北、向东及企沙方向拓展
三级城镇建设区	东兴市区、宾阳、横县、武鸣、灵山、浦北、上思、上林、马山、隆安等县城	东兴市按照中等城市规模规划建设，依托边境贸易、加工和旅游等产业发展，促进城市发展。2020 年城市建成区人口发展到 18 万~20 万人，城市建成区建设用地控制在 20 平方千米以内。城市发展主要向东拓展。宾阳、横县、武鸣、灵山 4 个县城按照中等城市规模规划建设，依托特色优势产业，促进城市建设。到 2020 年，宾阳县城人口发展到 40 万人，建成区面积控制在 50 平方千米以内；横县县城人口发展到 25 万人，建成区面积控制在 30 平方千米以内；武鸣县城人口发展到 20 万人，建成区面积控制在 22 平方千米以内；灵山县城人口发展到 35 万人，建成区面积控制在 40 平方千米以内；浦北、上思、上林、马山、隆安等县城人口发展到 5 万~12 万人，建成区面积控制在 15 平方千米以内
四级城镇建设区	吴圩、六景、黎塘、那桐、南康、山口、犀牛脚、小董、大寺、张黄、陆屋、企沙、江平 13 个重点建制镇	重点提升面向农业、农村、农民的公共服务和市场服务能力，促进城镇发展。2020 年建制镇人口规模发展到 10 万~20 万人

资料来源：根据 2008 年《广西北部湾经济区发展规划》整理。

此外，《规划》根据空间布局和岸线分区，建设 5 个功能组团，分别是南宁组团、钦州防城港组团、北海组团、铁山港（龙潭）组团以及东兴（凭祥）组团。5 个组团的功能定位都不同，其中南宁组团主要发挥首府中心城市作用，重点发展高新技术产业、加工制造业、商贸业和金融、会展、物流等现代服务业，建设保税物流中心，成为面向中国与东盟合作的区域性国际城市、综合交通枢纽和信息交流中心。

二、城市群区域内部治理

北部湾城市群内部治理设计主要分为两个角度：一是以政府为主导的治理安排；二是以城市群内部其他市场为主体的协调机制。

2000年，广西壮族自治区政府成立了南北钦防经济区规划实施协调领导小组，由自治区政府领导牵头，成员包括南北钦防四市主要官员。南北钦防经济区规划实施协调领导小组的主要工作是根据城市群的模式以及一体化宏观要求，对南北钦防内部进行经济协调，并针对沿海经济的发展和规划进行统筹，利用不定期会议或者年会的平台召集合作各方，对有关合作的事宜进行交流和讨论。

2006年，广西壮族自治区人民政府设立北部湾（广西）经济区规划建设管理委员会及其办公室（以下简称"湾办"），下设国际合作处、综合处、规划处、政策研究与宣传处、路港管理处和项目管理处等部门，主要负责统一规划和管理南北钦防城市群的发展。湾办作为协调机制的载体和常设机构，一方面负责对规划进行编制；另一方面加大对重大基础设施的组织建设力度，整合相关铁路以及港口资源，构建投融资平台，统筹建设重大产业项目，开拓更多渠道筹措资金用于开发建设。至此，以政府为主导的治理安排初步形成。

此外，以制度化形式固定召开的一些会议，如中国—东盟博览会、泛北部湾经济合作论坛，每年定期召开。这些会议安排不仅加强了城市群内部城市之间的沟通交流，而且为更为广泛的区域合作提供了稳定的平台。在管理机制上，湾办对于一些管理主体存在激烈竞争的领域，拥有稳定的资金来源和分配权，对具体事务有实质性的规范和制度化管理。在海域和岸线管理方面，湾办对自治区的海域使用金进行统筹安排，主要用于海域和岸线开发与保护。此外，通过成立广西北部湾国际港务集团有限公司（以下简称"北部湾港务集团",详见第九章分析),增强其在整合港口资源上的能力。其他制度制定方面的合作逐步展开,如在招商引资方面,南宁市招商局和其他3个城市招商局以协议的方式约定了在招商引资方面的合作安排,从原来竞争模式转变为优势互补错位发展的模式,使得产业得到更为合理的布局。

在北部湾城市群发展的早期阶段,其空间治理模式主要以政府作为先导,而其他主体根据政府的统筹安排在区域内进行各项活动。在城市群层面,设置了协调发展常设机构,并且积极开展活动,不同区域之间的合作也在更为具体的领域展开。

第二节　南北钦防同城化与一体化治理阶段

南北钦防同城化阶段主要是 2013—2017 年,以《广西北部湾经济区同城化发展推进方案》作为总体实行方案,目前已经基本落实。

一、南北钦防同城化布局及实施

2013 年 5 月,广西壮族自治区人民政府正式批准《广西北部湾经济区同城化发展推进方案》,北部湾经济区正式进入同城化时代。方案规定了同城化的主要内容,包括通信、交通、城镇体系、金融、旅游、口岸通关、产业、人力资源社会保障、教育资源九个方面,全方位推进一体化。

二、同城化的具体实施

南北钦防同城化以通信同城化作为突破口,2013 年 7 月,南北钦防以及崇左取消移动电话之间的长途、漫游费用,同年 10 月 1 日,取消固定电话的长途费用,广西北部湾经济区实现通信同城化。此举降低了通信资费,让居民直接感受到同城化带来的便利。

1. 交通同城化

由广西壮族自治区交通运输厅牵头,自治区发改委、铁路建设办、广西机场管理集团等相关单位配合,整合经济区内交通基础设施,打造北部湾经济区高速、便捷的综合交通运输网络。高速公路方面，六景—钦州港、玉林—铁山港、防城港—东兴等高速线路项目建成通车。铁路方面，广西连续开通运营多条高铁路线，南宁—钦州、钦州—北海、钦州—防城港 3 条沿海高铁全面建成通车，基本实现了南、北、钦、防四市间 1 小时高速铁路运输；铁路旅客到发量跨越式增长，南宁、钦州、北海、防城港高速铁路公交化运营。航空方面，初步完善钦州、防城港两市机场候机楼，启动北海第二机场建设工作。至 2015 年底，南北钦防四市实现交通同城化（见表 7-2）。

表 7-2　交通同城化大事记

时间	事件
2013 年 12 月	邕北铁路、钦防铁路正式开通，"1 小时"经济圈形成
2014 年 7 月	以"出行公交化、交通一体化、信息智能化"为目标的交通同城化工作启动
2014 年 10 月	自治区《关于深化北部湾经济区改革若干问题的决定》印发，口岸通关一体化、户籍同城化两项改革全面启动
2015 年底	建成使用"ETC"收费系统
2016 年 12 月	南北钦防四市交通"一卡通"实现在公交、地铁和部分出租车上互联互通
2017 年	"北部湾港集疏运一体化"改革启动

资料来源：根据新闻报道及各地政府官网信息整理。

2. 金融同城化

金融同城化包括八项内容，即银行服务收费同城化、银行资金汇划同城化、银行分支机构设立同城化、保险售后服务同城化、区域性股权交易市场建设、社会信用体系共享平台建设、"区域集优"直接债务融资联合发债平台建设，以及小额贷款公司经营区域同城化。

自启动金融同城化以来，区域内金融资源运作的障碍逐步消除，建立了统一的资本、货币、外汇、保险和期货市场等金融平台，信息、人才、资金等要素在区域内得到更有效的配置，构成要素市场同城化，更好地增进区域经济社会一体化发展（见表 7-3）。

表 7-3　金融同城化大事记

时间	事件
2013 年 12 月	广西地方银行业金融机构、区内各股份制商业银行、广西农村信用合作社联合社率先实施北部湾经济区银行服务收费同城化
2014 年 4 月	有工商银行广西区分行、农业银行广西区分行、中国银行广西区分行、建设银行广西区分行、交通银行广西区分行、邮政储蓄银行广西区分行等银行业金融机构加入，银行服务收费同城化全面实现
2014 年	金融电子结算综合业务系统同城统一收费工作基本完成
2015 年 7 月	南宁股权交易中心有限责任公司在南宁市工商行政管理局登记成立
2015 年 1—9 月	参与试点工作的小额贷款公司跨区域累计发放贷款 9272.5 万元，服务县域、"三农"和小微企业的作用逐步凸显
2015 年 12 月	保险售后服务同城化基本实现

资料来源：根据新闻报道及各地政府官网信息整理。

3. 旅游同城化

一是通过对外统一宣传，建立内部旅游联盟，联合参与国内各类旅游展览、推介会，开展北部湾旅游联盟整体形象推介宣传促销等活动，逐步建立统一的北部湾旅游品牌并提高北部湾旅游联盟旅游产品的知名度和关注度；二是通过北部湾旅游联盟构建旅游共同市场，实施旅游待遇同城化，2015 年底前实现经济区四市户籍居民凭身份证、居住证持有人凭居住证在经济区所有景点享受同城待遇。

4. 口岸通关优化

通过不断加强信息化建设，大大优化口岸通关业务流程，全面完善北部湾经济区电子口岸网络体系。在区域通关一体化、国际贸易"单一窗口"建设等通关便利化改革方面取得了积极成效。广西是西部地区首个启动并建成"单一窗口"的省份。2015 年，首期建设的"单一窗口"中，重点开发建设船舶进出口岸一次申报系统，初步实现"单一平台接入、一次性递交、跨系统共享"。2017 年，广西在全国率先试点建设陆路口岸"单一窗口"，首次将交通运管部门纳入"单一窗口"。2021 年初，广西口岸进口整体通关时间为 5.34 小时，出口整体通关时间为 0.48 小时，其中进口整体通关时间全国第一。

5. 产业同城化

2017 年 1 月下旬，《2017 年广西北部湾经济区重大产业发展专项资金安排方案》通过，并下达第一批投资计划，产业同城化的步伐正式迈开。第一批投资计划的资金安排总规模 13 亿元，分为 7 大类，共 74 项，重点支持产业发展、重大开发开放平台、金融创新和推动广西政府投资引导基金建设四个方面。投资计划对于电子信息产业、生物制药、装备制造业和其他重点产业项目，以及产业配套方面的广西北部湾表面处理中心和广西电子信息产品质检中心等项目建设，园区标准厂房建设，国家级、自治区级开发开放平台建设，探索在中马钦州产业园、马中关丹产业园以直投方式支持产业项目建设提供了较大的支持力度，为产业同城化发展奠定了基础。

6. 人力资源与社会保障同城化

在经济区范围内建立完整的社会保障政策体系，实现所有参保人员享受到同城同政策、同待遇和公平社会保障。"一卡通"工程的实行，实现了社保跨市领取和缴费转移、异地就诊即时刷卡结算等功能。公共就业服务信息化和标准化建设实现"社会保险"目录下的社会保不同险种的各项便民事项实时查询。此外，在跨市劳动者的政策咨询、岗位信息、职业信息、就业培训等就业服务方面也实现跨区域动态管理和信息共享。

7. 教育同城化

主要建立经济区教育合作交流联席会议制度，定期研究和解决经济区四市教育合作交流重大问题。2017 年底前，引导经济区四市优质学校异地创办分校和合作办学；经济区四市建立中小学教师研训合作机制，互派校长、教师挂职锻炼和跟岗研修，定期举办经济区四市中小学校长论坛；推进经济区四市教科研机构之间教科研合作计划，重点在教育规划研制、教师专业提升、教学质量提高、教育信息资源共享等方面开展合作，缩小地区差距，整体提升教育发展水平，逐步实现教育公平和均衡发展。

截至 2017 年，南北钦防通信同城化、金融同城化、旅游同城化、社会保障同城化、口岸通关一体化等任务已基本完成。

三、北钦防一体化发展

北钦防作为面向东盟开放合作的前沿和西部地区最便捷的出海通道，空间相连的区位优势为三市的一体化发展奠定良好基础。北钦防一体化发展有助于做大经济总量、做优质量效益、做强综合竞争力，将三市建设成为引领区域高质量发展的重要增长极。

2019 年 7 月 28 日，广西壮族自治区党委、政府正式印发《关于推进北钦防一体化和高水平开放高质量发展的意见》和《广西北部湾经济区北钦防一体化发展规划（2019—2025 年)》。北钦防一体化主要在空间布局、综合交通枢纽、现代化临港产业体系、大开放合作格局、沿海生态屏障、公共服务水平、发展机制体制 7 个方面全面展开。

1. 空间布局

一是构建一廊三区多点两屏障的空间格局。二是与广西北部湾经济区深度联动发展。三是协同推进北部湾城市群的建设，形成多层次一体化发展空间布局。

2. 综合交通枢纽建设

一是建设西部陆海新通道国际门户港，统筹北钦防的港口资源，加强进港铁路、进港公路、港口物流园区、货运站场的建设，完善港口集疏运体系。二是建设国家物流枢纽承载城市和打造互联互通交通网。聚焦北钦防三市互通、口岸衔接、对外连通，着力推进 32 个铁路、公路重点项目建设，加快推动北钦防三市间实现高铁动车常态化运行，逐步构建外畅内联、一体融合的区域现代交通综合运输体系。

3. 打造现代化临港产业体系

优化临港优势产业布局，统筹北钦防产业协同发展，发挥北钦防地缘优势和资源禀赋，共同培育新技术新业态新模式。围绕现代物流、金融、电子商务等领域重点建设临港现代服务业集聚区。提升北钦防旅游休闲基础设施水平，推广北部湾全域旅游。

4. 大开放合作

做实开放平台，并在此基础上实施新一轮加工贸易倍增计划，引进一批知名企业区域性总部。持续深化泛北部湾经济合作，推进跨境人民币业务创新，深化跨境金融合作。

5. 打造一体化沿海生态屏障

《打造北钦防一体化生态保护体系工作方案》以稳生态促转型为导向，推动绿色低碳发展、建立"湾长制"以及加强海洋、大气、水、土壤污染联防联控等方面的 10 项工作任务，加快构建流域海域纵向贯通、横向联动的区域开发和联防联治协作新格局，以生态环境高水平保护促进北钦防一体化高质量发展。

6. 公共服务

北钦防三市深入推进教育一体化，持续深化招生考试制度改革，发布统一的教育发展主要指标，实施考试评估等八方面教育一体化创新举措。拓展医疗服务一体化，聚焦区域医疗卫生体制改革等六方面任务，加快构建区域协调、城乡一体、医防协同、运行高效的整合型医疗卫生服务体系。推动北部湾市民卡"一卡通"服务升级，在就业服务、创新创业方面提供便利。

7. 体制机制

为保障一体化顺利推进，形成一体化发展体制长效机制，广西针对优化营商环境、提升园区功能水平、营造良好招才引智环境等方面，同时制定了一系列的措施保障一体化发展。其中，《北钦防优化营商环境工作方案》提出 8 个方面 20 项改革事项并细化月度目标，加快将北钦防三市打造成全区贸易投资最便利、行政效率最高、政务服务最规范、法制体系最完善的城市。

第三节　跨省区城市群空间治理阶段

2017 年国家颁布的《北部湾城市群发展规划》指出，在城市群的发展中，应以市场作为主导，政府起引导作用，即充分发挥市场配置资源的决定性作用，同时更好地发挥政府在空间开发管制、基础设施布局、公共服务供给、体制机制建设等方面的作用，促进资源要素充分流动和高效配置，有力有效加快城市群建设进程，全面提升城市群发展质量。《北部湾城市群发展规划》颁布后，城市群范围得到极大的扩展，促进了区域协调发展和跨区域协作。

一、北部湾城市群空间治理（协同发展）机制

北部湾城市群规划对于城市群的治理机制安排主要有 3 个层面。一是市场协同发展机制，即在城市群内部建立一体化市场秩序，包括建立区域市场体系以及区域金融市场、产权交易市场、要素自由流动和旅游市场一体化建设。二是公共服务协同发展机制，即通过加强教育合作、医疗卫生资源共享、文化繁荣、社会保障管理服务一体化以及公共事务协同治理的建设，形成城市群公共服务的协同发展。三是利益协调机制，通过研究建立北部湾城市群一体化发展基金、建立成本共担和利益共享机制等方式，推进北部湾城市群的协同发展。

二、城市群跨区域协同发展情况

这里从广西的视角出发，将北部湾城市群空间治理措施分为两个维度：一是广西区内北部湾城市群内部跨城市协同发展情况；二是北部湾城市群跨三省区域协同发展情况。

1. 广西壮族自治区内部跨市协同发展

根据《北部湾城市群发展规划》中对广西提出的"三大定位"，广西壮族自治区展开了一系列的工作。

第一，编制《北部湾城市群发展规划广西实施方案》，主要针对《北部湾城市群发展规划》中提出的目标制定更为详细的规划和实施主体及推进方案。第二，将广西北部湾经济区发展和北部湾城市群发展结合起来，深化广西北部湾经济区发展。上阶段已经基本实施完成了南北钦防城市群同城化发展，本阶段根据《北部湾城市群发展规划》范围，将崇左、玉林纳入北部湾城市群，进一步推动六市同城化乃至一体化的发展。此外，北钦防作为陆海新通道门户枢纽，推动三市由同城化向一体化发展。第三，根据《北部湾城市群

发展规划》中对于南宁市的核心城市定位，广西推出南宁强首府战略，通过产业布局、发展新经济、集聚要素、全面扩大开放等措施，进一步增强南宁市作为北部湾核心城市的实力，为北部湾城市群的发展构建实力强劲的增长极。2021年，南宁市经济总量迈上5000亿元台阶，在项目建设和开放合作上均取得了新突破，实现了市场主体活力、生态优势、群众获得感"三增强"。

2018年1月，广西壮族自治区人民政府印发《北部湾城市群发展规划广西实施方案》，实施主体是南宁市、北海市、钦州市、防城港市、玉林市、崇左市人民政府。六市发挥政府在空间开发管制、基础设施布局、公共服务供给、体制机制建设等方面的引导作用，以及市场在资源配置中的决定性作用。《北部湾城市群发展规划广西实施方案》指出在广西北部湾城市群内建立健全协作机制，定期组织召开城市群推进工作会议，协调推动跨市域重大事项。跨市域重大协作事项主要分为两个方面，一是户籍同城化、交通物流同城化、社会信用信息一体化、口岸通关一体化、人力资源保障同城化、教育资源一体化等方面的深入发展；二是将同城化由南北钦防扩展到加入玉林、崇左共6市。

将北部湾城市群和广西北部湾经济区发展结合起来，积极推动广西北部湾经济区升级发展：深化拓展面向东盟合作，打造开放型经济升级版。大力推动中新互联互通南向通道建设，推动南向通道海铁联运班列实现常态化。推动中国—东盟港口城市合作网络建设列入中国—东盟交通合作重点项目。积极服务中马"两国双园"建设，2021年2月，关丹园区350万吨钢厂实现投产。加快实施北部湾港对外投资战略，支持广西北部湾国际港务集团运营文莱摩拉港集装箱码头。

2019年4月，广西壮族自治区党委全面深化改革委员会第三次会议审议通过了《深化东兴重点开发试验区和跨境经济合作区管理体制机制改革方案》。2020年，东兴试验区地区生产总值586.24亿元。有序推进北部湾用海管理体制机制改革不断深入，多规衔接、建立沿海岸线和涉海规划协调会商制度等。

2019年7月，广西壮族自治区党委和人民政府印发《关于推进北钦防一体化和高水平开放高质量发展的意见》和《广西北部湾经济区北钦防一体化发展规划（2019—2025 年）》，将北钦防三市打造成为西部陆海新通道门户枢纽、与粤港澳大湾区联动发展的沿海经济带、引领广西高质量发展重要增长极、区域协调发展改革创新试验区、汇聚创新资源的科创成果转化区、宜居宜业宜游蓝色生态湾区。北钦防一体化发展主要在空间布局、综合交通枢纽、现代临港产业体系、大开放合作、沿海生态屏障、公共服务水平、发展体制机制等 7 个方面进行一体化建设安排。

具体实施措施由两方面构成，一是在协调机制安排上，通过成立自治区北钦防一体化发展领导小组，由自治区党委常委、常务副主席担任组长，自治区分管副主席任副组长，领导小组办公室设在自治区北部湾办。建立北钦防轮值制度，负责市际沟通协调事项。建立北钦防党政领导干部多层级交流任职机制。建立一体化发展专家委员会。将一体化发展重点任务落实情况纳入北钦防绩效管理，列入自治区党委、自治区人民政府督查范围。二是在配套政策制定方面，制定广西北部湾经济区开放开发新一轮优惠政策，研究出台关于国际门户港及一体化重大项目建设行动计划，优先保障相应要素资源配置。扩大北部湾产业投资基金规模，鼓励设立水运发展、产业担保等基金，自治区财政按不低于现有规模继续安排北部湾经济区发展专项资金，重点支持北钦防一体化发展。支持企业通过上市、发债、引入股权投资等多渠道融资。推行节能量、碳排放权、排污权、水权以及农村闲置用地交易制度。

2019 年 11 月，中共广西壮族自治区委员会、广西壮族自治区人民政府共同发布《关于实施强首府战略的若干意见》。意见指出，强首府战略的实施，作为服务中国与东盟开放合作、深度融入"一带一路"建设的重大举措，为加快建设壮美广西，打造引领全区高质量发展核心增长极贡献力量。南宁市的强大不但能进一步强化北部湾城市群核心城市作用，而且也为进一步对接大湾区先进生产力，积极承接产业转移，引领带动北部湾城市群与大湾区融合发展起到积极作用。

强首府战略分别从产业体系的构建、推进对外开放、加速要素集聚以及建设区域性大都市四个方面对南宁市的未来发展进行了布局。为更好地提高南宁的整体竞争力，意见制定了以下举措：首先，成立强首府战略指挥部，统筹协调推进强首府战略各项工作；其次，建立联席会议制度，定期听取工作进展情况汇报，研究新情况、总结新经验、解决新问题，重大问题及时报告自治区党委、政府；最后，提供政策保障，以"能放则放、能给尽给"的原则，将自治区相关权限下放到南宁市，推动南宁成为在要素市场化配置、营商环境优化、招商引资方式创新、城市空间统筹利用、农业农村改革等重点领域深化改革、先行先试、勇当全区改革发展的排头兵。2021年印发的《广西壮族自治区国民经济和社会发展第十四个五年规划和2035年愿景目标纲要》中明确，广西将加大实施强首府战略，着力聚要素、拓空间、优环境、增活力，持续增强首府城市集聚力、承载力和辐射力，形成引领全区高质量发展核心增长极。

2. 粤桂琼跨省域协同发展

自《北部湾城市群发展规划》发布后，粤桂琼三省（区）跨区域协同发展主要体现在3个方面：第一，三省（区）根据各自在规划当中的定位和分工，在区域内进行了对接方案的制定和推进；第二，推动建立粤桂琼三省（区）合作推进机制，在已有泛珠三角区域合作机制基础上，联合广东省、海南省，建立粤桂琼三省（区）推进北部湾城市群合作机制，议定跨省区间重大事项；第三，基于《粤港澳大湾区发展规划纲要》，北部湾城市群积极对接粤港澳大湾区，以开放引领经济实现高质量发展，通过体制机制对接、基础设施互联互通、重点合作平台建设推动产业联动发展、生态联防联治、公共服务共建共享等。

2017年1月25日，三省（区）联合印发《广西广东海南推进实施〈北部湾城市群发展规划〉的合作机制》，依托泛珠合作平台构建"三级运作"+"专题合作"的三省（区）合作机制。

2018年5月9日，广西、广东、海南三省（区）领导在海南省海口市签署《2018—2019年推进〈北部湾城市群发展规划〉实施合作重点工作》协议。此次签署的协议提出2018—2019年三省（区）重点推进实施的5个方面重点工作，包括切实推进交通基础设施等先导性合作项目，构筑互联互通的城市群交通网络；完善城市群生态环境治理联动机制，加强生态环境联防联控；推进重大开放通道和平台建设，深化城市群海陆双向开放合作；积极推进产业对接融合等基础性合作项目，促进城市群产业联动发展；加强沟通对接，积极推进北部湾城市群对接粤港澳大湾区。根据协议，2018—2019 年，三省（区）重点从交通基础设施、完善城市群生态环境治理联动机制、推进重大开放通道和平台建设、推进产业对接融合、推进北部湾城市群对接粤港澳大湾区等 5 个方面推进北部湾城市群发展。

2019 年 2 月《粤港澳大湾区发展规划纲要》颁布以来，广西积极贯彻落实国家决策部署，全力东融，全面对接粤港澳大湾区。在体制机制方面，对外与泛珠各方共同推动泛珠行政首长联席会议、泛珠论坛等；北部湾城市群合作机制加快完善。对内制定出台支持广西东融先行示范区建设"17 条"政策，出台支持大湾区"湾企入桂"、大湾区与北部湾地区"两湾"产业融合发展先行试验区等政策。

其中，在基础设施互联互通方面，广西区统筹推进铁路、公路、港航、机场等基础设施建设，连通粤港澳大湾区的 28 个重点基础设施项目建设进展顺利，努力构建对接粤港澳大湾区立体交通网络。玉林至湛江高速公路（广西段）已于 2020 年 6 月 30 日建成通车。2022 年 10 月 19 日，南宁国际空港综合交通枢纽工程通过竣工验收，南宁经玉林至深圳高铁南宁至玉林段等项目加快建设中。

北部湾城市群上升为国家级城市群后，广西范围北部湾城市群内部城市之间的治理通过北部湾经济区一体化发展、南宁市强首府战略、对接粤港澳大湾区等区域合作方式推动城市群广西部分的发展。在跨省（区）的范围，粤桂琼三省展开合作，签订《粤琼、粤桂框架合作协议》，共同建设粤桂经济合作区，推进粤琼港航一体化，同时还以成员大会、广播电视交流合作会议、联合采访活动等形式展开合作。在区域交通基础设施建设方面，一批跨界重大交通项目正在建设，区域交通网络逐步形成中。在产业协作方面，成立北部湾旅游协作机构，合力打造"无障碍旅游区"；开展跨界水域、环境联防联治。在社会保障、医疗、住房、旅游、体育、廉政、食品药品安全等方面共享共建，普惠民生。城市群的跨区域建设已经取得了一定的建设成果，但是在合作深度和广度方面还有待进一步拓展。

三、跨省区城市群空间治理与协作阶段

2022 年 3 月 25 日，经国务院批复同意，国家发展和改革委员会正式印发《北部湾城市群建设"十四五"实施方案》（以下简称《实施方案》）。该方案的印发推动北部湾城市群的跨省区合作进入新阶段。

《实施方案》中指出，北部湾城市群战略地位在中国—东盟共建"一带一路"国家开放合作深入，粤港澳大湾区和海南自由贸易港建设持续推进，西部陆海新通道加快构筑，碳达峰、碳中和纳入生态文明建设整体布局和经济社会发展大局中，更为突出，具备前所未有的机遇。

《实施方案》对于北部湾城市群总体发展方向和 2017 年的《北部湾城市群发展规划》保持一致，在重点方向方面提出强化通道支撑，突出向海发展，深化开放引领。城市群空间格局方面，强化空间分区管控，保护"一湾"，打造"两轴"，即南北钦防城镇发展轴和湛茂阳城镇发展轴，积极承接珠三角地区产业转移，强化北部湾城市群与粤港澳大湾区的深度对接。做强南宁发展能级，推进高端要素集聚，培育现代化都市圈，促进南宁与钦州、防城港、北海深度同城化发展。

《实施方案》颁布之后，广西、广东均进行了工作要点分析和方案的制定。其中，广东省人民政府于 2022 年 8 月 19 日印发《广东省贯彻落实〈北部湾城市群建设"十四五"实施方案〉重点任务分工方案》，广西壮族自治区发展和改革委员会先后印发《广西贯彻落实〈北部湾城市群建设"十四五"实施方案〉任务分工方案》和《广西贯彻落实〈北部湾城市群建设"十四五"实施方案〉任务推进工作细案》，明确责任清单和项目清单，细化年度工作要点和实施进度要求。

总之，《实施方案》为广东、广西、海南三省区就北部湾城市群的发展协作做出了要求，即建立城市群发展省际工作机制，细化任务举措、明确分工；加强基础设施互联互通、港口分工协作、产业链构建等方面的衔接合作；探

索建立城市间常态化工头交流机制和领导干部交流机制，协同推进重点任务落地；依托城镇化工作暨城乡融合发展工作部际联席会议制度等。

第四节　发展前瞻

城市群内部不同层级的政府作为城市治理的重要主体，为城市群发展起到引导作用。目前来看，城市群内部治理主要分为两个层次：一是以市域府际协作方式为基础的治理模式；二是以省域府际协作为基础的治理模式。两种模式之间存在相通之处，如必须尊重各级政府都有自身发展的需求，要考虑其合理的利益诉求；不同层级的政府间应该通过行政方式进行协调还是以市场原则作为协调的基础等。同时，跨省区范围的合作与市域范围的协作模式也存在差异，如经济发展水平高的省区和经济发展水平相对落后的省区之间如何进行协调发展等。基于此，下文对北部湾城市群空间治理的实际情况提出相应的对策建议。

一、构建城市群各主体间协议合作模式

城市群政府间合作的首要因素是自愿、平等。城市群成员参与城市群发展合作中，应该以自愿为起点，克服具有上下级关系的政府之间，合作容易忽视自愿原则的问题。城市群政府间的合作可以通过协议方式进行。协议作为法律文件，可以约定各主体在项目当中的权利和义务以及违约责任和纠纷解决等。通过引入商业惯例在城市群各主体之间进行项目建设与合作，更好地解决各主体的利益诉求，有利于追求平等共赢。

二、多元主体参与合作，第三方监督

遵循"市场主导，政府引导"的原则，在北部湾城市群空间治理和跨区域合作中，发挥市场配置资源的决定性作用，引导城市群中多元主体如企业、个人以一定的方式参与到城市群发展决策中，给政府治理提供更多元的视角，提高城市群运行效率。此外，在城市群跨区域合作中，适时引入第三方评估

机制，客观评价合作行为，规范和约束城市群内政府间合作与决策。

三、建立多向互动的信息共享与协商制度

在北部湾城市群跨省域合作中，可借助"互联网+"和"云计算技术"建立"一站式、全方位"的信息共享平台，帮助政府机构、企业或者市民充分了解和使用这些信息和数据，推动政府信息公开，实现开放性公共管理。此外，通过建立如省长、市长联席会议制度，以及定期召开城市群发展论坛，针对合作中遇到的信息分歧问题进行有组织、常态化的协调，促进城市政府之间的交流与协作。

四、制定有效的利益协调与监督约束制度

城市群政府之间追求的其实都是城市利益最大化，如何协调城市群发展中不同主体的利益分配，是城市群内部各级政府以及其他主体是否有动力充分参与城市群建设的关键问题。利益协调制度包括合理的利益分配机制和利益补偿机制，利益分配机制即对合作产生的收益进行公平、合理分配，保障各政府参与的积极性。此外，对于合作行为的监督约束制度同样重要，有效的监督约束制度可以维护城市群的持续发展动力。北部湾城市群各方可以通过协议等方式明确项目中各主体的权利和义务，通过法律法规依法追究违约责任和解决纠纷。

第八章　生态文明建设

北部湾城市群属于热带、亚热带气候，拥有中国南部大海湾和全国一流的生态环境质量，油气、港口、岸线、农林、旅游资源丰富，土地开发利用潜力较大，环境容量大，人口和经济承载力较强。然而，由于海湾区域处于半封闭状态，洋流较弱，不利于污染物扩散与降解，海洋环境污染风险较高，环境基础设施短板突出，一些地区红树林面积缩减、生态功能降低。本章主要从生态建设、环境保护以及生态共建共享几方面剖析北部湾生态城市群发展现状；通过北部湾城市群主要资源环境相关指标数据，分析城市群资源环境承载力与城市群持续发展状况；针对目前绿色发展存在的问题，提出新时代北部湾城市群应加强区域产业协作，落实环境联动保护，创新生态治理模式等政策建议，以进一步推动北部湾城市群实现生态环境优美、经济充满活力、生态品质优良的蓝色海湾城市群发展目标。

第一节　生态建设与环境保护

一、生态建设

随着国家富强与时代进步，人们对于生活、生产、生态环境的需求越渐强烈。推进区域生态环境建设，是保持经济社会健康和提高人民生活质量的必然要求，也是北部湾城市群实现绿色可持续发展的重要基础。

（一）生态建设概况

北部湾区域内分布着国家级北仑河口海洋自然保护区、国家级旅游度假区北海银滩、火山岩地质地貌景观涠洲岛、钦州湾"七十二泾"和龙门群岛等特色旅游资源。据广西生态环境厅统计，2020 年全区森林覆盖率在 60%以上，位列全国前三，植被生态质量正常偏好区域超过 95%，比全国平均水平高出 20%以上；共建立 72 个自然保护区，其中国家级自然保护区 23 个；2019 年以来，区内共计 19 个县（区）获自治区级生态县授牌，空气、地表水环境质量保持良好。其中，南宁以创建"全国生态示范城市"为目标，持续推进污染减排和环境保护工作，先后获得"联合国人居奖""国家生态园林城市"和"全国文明城市"等荣誉称号。北海市围绕建设"全国最适宜人居的滨海生态城市"发展目标，贯彻"生态立市"的城市发展思路，加大力度实施生态文明工程，连续入选"中国十佳宜居城市"并获得"中国人居环境范例奖"。2022 年南、北、钦、防、玉、崇六市先后印发实行本市生态环境"十四五"规划，倾力打造经济、社会、环境和谐发展的生态城市，力争将山清水秀、碧海蓝天的良好生态环境发展成为北部湾城市群的一大招牌。

广东作为全国经济发展第一大省，湛江、茂名和阳江市在推动高质量经济发展的同时，也奋力推进生态环境高水平建设。根据《北部湾城市群发展规划》打造"一湾双轴、一核两极"的框架要求，广东省着力建设"湛茂阳"城镇发展轴，以湛江为北部湾区域中心城市，大力支持其生态功能区绿色发展，努力创建"国家生态园林城市"，不断提升辐射带动能力。海南省也充分发挥生态优势，深入开展生态文明体制试验改革，建立全国性生态文明试验区。其中海口市催生了一批环保项目和环境友好型产业，为高质量高标准建设北部湾城市群增添新的增长点。北部湾主要城市的森林覆盖率如表 8-1 所示。

表 8-1 主要年份北部湾城市群森林覆盖率

单位：%

地区	年份		
	2010 年	2015 年	2020 年
南宁市	43.02	47.66	48.78
北海市	25.51	36.30	32.64
防城港市	54.93	58.53	61.97

地区	年份		
	2010 年	2015 年	2020 年
钦州市	49.31	54.21	57.78
玉林市	58.18	61.00	62.37
崇左市	48.78	54.70	55.51
湛江市	28.30	29.60	23.45
茂名市	56.60	58.48	55.81
阳江市	55.30	58.20	57.40
海口市	38.38	38.39	38.40
儋州市	38.50	54.40	54.90
十一地市平均值	45.16	50.13	49.91
全国平均值	20.36	21.63	22.96

资料来源：根据 2010 年、2015 年和 2020 年各省域、各城市统计年鉴及各城市年度国民经济和社会发展统计公报资料整理。

（二）存在问题

北部湾城市群环境质量总体较好，但局部生态脆弱问题突出。城市群内城市经济发展水平差距较大，各市所具备的资源禀赋也不尽相同，这决定了各地政府治理生态环境的投入力度难以协调统一。如表 8-2 所示，2015—2020 年北部湾城市群在节能环保领域的政府财政规划支出整体呈上升态势，尽管五年间玉林、茂名、湛江等市节能环保财政支出额有大幅增长，但各地投入金额与投入增比差异较大，钦州、北海和阳江市甚至出现节能环保支出负增长情况。这反映北部湾城市群内各地市在环境治理和生态保护方面发展不均衡，部分地区生态文明建设滞后，阻碍了北部湾城市群实现生态协同治理的进程。

表 8-2　2015—2020 年北部湾十一市政府节能环保支出

单位：万元

地区	2015 年	2020 年	支出增长率（%）
南宁市	142575	149156	4.6
北海市	22154	20048	-9.5

续表

地区	2015 年	2020 年	支出增长率（%）
防城港市	17695	29805	68.4
钦州市	17867	8080	−54.8
玉林市	6976	36307	420.5
崇左市	7708	10382	34.7
湛江市	41400	94300	127.8
茂名市	46700	130961	180.4
阳江市	20200	18500	−8.4
海口市	49837	65783	32.0
儋州市	10649	15706	47.5
十一地市平均值	34887	52639	50.9

资料来源：根据 2015 年、2021 年《中国城市统计年鉴》《中国城市统计年鉴》及各城市年度国民经济和社会发展统计公报资料整理。

整体而言，北部湾城市群生态建设目前存在如下主要问题：一是城市群发育不健全，工业化和产业化水平低，集聚与辐射带动能力较弱；二是粗放型经济增长方式尚未完全转变，特别是具有高消耗、高排放和高污染特征的重化工业带给北部湾城市群资源环境的压力不可小觑；三是区域内城市间产业同构化，石油化工、港口运输、生物制药等行业在主要港口城市工业总产值中所占比重都比较高，容易导致资源浪费与无序竞争；四是各自为政的地域分割现象阻碍北部湾城市群生态一体化进程，各市在制定相应环境规章时往往着眼于本地区利益而忽视整体区域的长远利益，在生态一体化立法方面也尚未形成统一的协作体系。

二、环境保护概况

自 2017 年《北部湾城市群发展规划》实施以来，桂粤琼三省（区）在决策、协调、执行层面建立"三级运行"机制，立足自身生态资源优势与特色，以推行绿色发展方式、改善空气环境质量、实施水环境污染防治及加强土壤环境保护等措施治理环境问题，守卫生态保护红线，贯彻以人为本理念，打造北部湾城市群美好生活圈。

（一）推行绿色发展方式

1. 促进产业绿色发展

绿色发展是构建高质量现代化产业体系的必然要求，也是解决环境污染问题的根本之策。为建设北部湾生态城市群，相关省（区）积极推动低碳经济发展，构建科技含量高、资源消耗低、环境污染少的绿色产业结构和绿色生产方式，形成社会发展新的增长点。

广西北部湾城市大力发展电子信息、生物医药、新能源汽车和节能环保等生态工业，其中南宁瑞声科技产业园、钦州科技工业园区及北海惠科电子等电子信息项目建设速度加快，邦琪药业现代中药制剂生产线和博世科绿色智能制造环保设备生产线等生态工业项目建成投产。

广东环北部湾城市加强绿色产业资源培育，着力培育森林资源，不断夯实林业可持续发展基础。全面推进新一轮"绿化广东大行动"，突出发展木竹资源，努力建设用材林、原料林、经济林、苗木花卉、珍贵树木和大径级木材培育五大类基地。积极扶持一批规模大、效益好、带动力强的林业龙头企业，促进产业转型升级。其中，依托丰富的森林资源，茂名市打造了林业产业新的增长极。

海南省实施产业准入负面清单制度，全面禁止高能耗、高污染、高排放产业和低端制造业，优化全省产业园区布局。洋浦经济开发区、海口国家高新技术产业开发区、东方工业园区和老城经济开发区等重点产业园区进一步完善，按需完成污水收集与处理、集中供热等基础设施建设和运维。

2. 调整优化能源结构

能源是生态文明建设的一个重要领域，调整传统能源结构，积极发展清洁能源是环境保护工作的必经之路。

"十三五"规划以来，广西北部湾城市不断优化能源建设，制定和实施了《广西节能减排降碳和能源消费总量控制"十三五"规划》，加强顶层设计。其中，防城港市持续推进核电建设，降低天然气发电经济风险，加快推动海陆风电资源开发，严格控制火电使用规模。钦州市投资约506亿元，重点推进

83 个节能减排项目，涉及固废、污水、垃圾等废物处理，节能改造，新能源和清洁能源建设，环境整治等多个领域。北海市严格控制煤炭消费，推进重点地区煤炭减量替代，利用海洋资源优势，大力发展生物质热电联产等能源。

广东湛茂阳三市加快发展新能源产业，建立广东新能源基地。依托阳江核电、风电和波浪能发电项目，茂名油母页岩发电项目，雷州半岛风电项目和生物质发电等项目，积极发展新能源产业。三市加强分工与合作，共同把湛茂阳临港经济圈打造成为北部湾城市群重要的清洁能源利用基地。

海南省加快构建安全、绿色、集约、高效的清洁能源供应体系，落实"削煤减油"政策要求，分阶段逐步淘汰现有燃煤机组。开展工业炉窑综合整治，彻底淘汰不合格工业炉窑，鼓励使用电、天然气等清洁能源。

3. 推行绿色生活方式

绿色生活方式是一种与自然和谐共存，在满足自身需求的同时尽最大可能保护自然环境的生活方式。亲近自然、节约资源、绿色消费、注重环保等是绿色生活方式的基本特征。北部湾城市群内各市（县）积极倡导绿色生活理念，践行绿色生活方式。以南宁市和湛江市为例，南宁每年举行节能宣传周活动，广西 14 个地级市节能管理相关部门及社会公众积极参与。2020 年主题为"绿水青山，节能增效"，活动周内共计开展了 26 项节能宣传活动，如市生态环境局围绕世界环境日宣传主题，开展绿色捡跑、驿站打卡活动。团市委在邕江边组织南宁青年志愿者环保骑行暨低碳宣传行动等，进一步推动绿色生活方式成为时代新风尚，有利于发挥其生态示范的核心带动功能。2020 年5 月，湛江市出台《关于倡导文明健康绿色环保生活方式的行动方案》，在推进城市生活垃圾分类方面，加强分类知识普及和现场指引，重点引导群众精准投放垃圾，倡导集约、节约的生产和生活方式，推进生活垃圾源头减量。

（二）改善空气环境质量

空气是人类赖以生存的基础。在城市的发展演进过程中，工业化会带来大量废气排放，当废气的排放速率超过环境自身的净化速率后就会造成空气污染。空气污染不仅严重危害城市经济可持续发展及社会稳定，其集聚效应也给城市群的发展带来更高风险的污染威胁。北部湾城市群在改善空气环境质量方面做了大量有益工作。如表 8-3 所示，2020 年北部湾城市群主要 11 个地级市细颗粒物年平均浓度在 23 微克/立方米左右，显著低于全国该指标水平，空气质量保持优良。

表 8-3　2020 年北部湾十一市空气质量指标

地区	细颗粒物年平均浓度（微克/立方米）	工业颗粒物排放量（吨）	工业二氧化硫排放量（吨）	工业氮氧化物排放量（吨）
南宁市	31	9548	6426	13843
北海市	23	2535	2865	4789
防城港市	22	4416	3599	12262
钦州市	25	2936	2840	4862
玉林市	28	4964	2018	9313
崇左市	26	3888	2241	11304
湛江市	21	6485	6303	16483
茂名市	21	2214	4749	5432
阳江市	21	6065	4943	11858
海口市	14	66	475	130
儋州市	15	796	260	629
全国	37	4009000	2532000	4175000

资料来源：根据 2021 年《中国城市统计年鉴》《中国统计年鉴》和 2020 年《中华人民共和国国民经济和社会发展统计公报》资料整理。

2018 年，广西壮族自治区政府印发《大气污染防治攻坚三年作战方案（2018—2020 年)》，明确采取多项举措，保卫蓝天。为响应国家和自治区文件号召，改善城市环境空气质量，南宁市出台《南宁市环境空气质量持续稳定达标规划》和《南宁市大气污染防治攻坚三年作战方案（2018—2020 年)》，明确空气质量改善中长期目标，规划大气污染防治攻坚作战路线。任务主要包括：加强扬尘污染综合治理，推进三大结构调整，深化工业污染治理，严控秸秆露天焚烧，强化移动源污染防治。同时还增加"硬核"科技措施，包括建设扬尘治理"慧眼"系统、督促重点排污企业安装烟气排放自动监控设施、引进空气净化技术支撑单位等。2020 年市区空气质量优良率达

98%，PM2.5浓度为25微克/立方米，均有优化。

海南省环境空气质量总体优良，2019年优良天数比例为97.5%。其中优级天数比例为82.0%，良级天数比例为15.5%，轻度污染天数比例为2.5%，无中度、重度和严重污染天。围绕"空气环境质量只能变好不能变差"的行动目标，不断提升区域内环境空气质量。一方面，加强重点行业企业大气污染治理。整治建材、石化、玻璃、火电等重点行业无组织排放，推动水泥、玻璃、垃圾焚烧等行业污染治理升级改造，开展包装印刷、家具制造、医药、农药、车船维修等重点行业挥发性有机物（VOCs）的综合整治，实行清单管理。另一方面，推进船舶港口油库污染防治。严格执行船舶大气污染物排放控制区相关排放要求，加强对冒黑烟船舶的监督管理，严禁新建不达标船舶投入运营，推广使用纯电动或天然气等清洁能源船舶。加快港口岸电设施建设和船舶受电设备改造，全面推广港口装卸机械及港区内部运输车辆使用新能源。推进老旧渔业船舶提前报废更新，逐步清理取缔涉渔"三无"船舶。

（三）实施水环境污染防治

北部湾城市群汇集百川，海洋开阔，拥有丰富的水资源，但在过往很长一段时间里，由于人们对水环境保护问题不够重视，导致大量生活用水及工业废水只经过简单处理就直接排入江河或海洋。表8-4显示，北部湾城市群水资源虽然丰富但分布不均，2020年北部湾十一市人均日生活用水量总体超过全国标准水平，生活用水量较大。经济规模较高的城市如南宁、海口和湛江污水排放量也显著高于其他地级市，而防城港和崇左市污水处理率低。因此，为保障供水安全，各地域采取了一系列措施建立人工水环境污染防治系统，努力解决水资源承载能力与经济发展不匹配问题，共同营造一个良好的城市群生态系统。

表8-4 2020年北部湾十一市水资源及污水处理相关指标

地区	水资源总量（亿立方米）	居民生活用水量（亿立方米）	城市人均日生活用水量（升）	城市污水排放量（万立方米）	污水处理厂集中处理率（%）
南宁市	119.00	7.44	314.12	52803	92.68

地区	水资源总量（亿立方米）	居民生活用水量（亿立方米）	城市人均日生活用水量（升）	城市污水排放量（万立方米）	污水处理厂集中处理率（%）
北海市	19.20	1.29	306.94	6682	98.24
防城港市	68.00	0.86	299	4224	64.20
钦州市	66.00	1.66	333.65	6603	93.79
玉林市	54.29	3.06	194.29	7854	93.85
崇左市	84.00	1.38	277.27	1845	60.61
湛江市	72.94	3.71	214.13	17692	94.68
茂名市	91.07	4.70	174.50	6372	98.71
阳江市	120.61	1.62	245.85	7162	100
海口市	16.49	1.31	246.19	20181	100
儋州市	12.14	0.21	224.89	1815	100
全国	31605.20	866.12	179.4	5713633	95.78

资料来源：根据2021年《中国城市统计年鉴》《中国统计年鉴》及2020年《中华人民共和国国民经济和社会发展统计公报》资料整理。

1. 广西沿海城市水环境综合治理

广西以廉州湾、茅尾海、防城港湾、铁山港湾为重点，实施河口海湾综合整治，全面整治入海污染源，规范入海排污口设置。出台禁养区、限养区规范制度，推广生态、健康、循环型水产养殖模式，如互净清洁养殖生产工艺、无公害标准化健康养殖技术以及鱼虾混养、鱼贝生态养殖技术等，限制近海投饵网箱养殖，鼓励发展深海抗风浪网箱养殖、工厂化循环水养殖等，加强养殖投入品管理，严格控制水产养殖污染影响。治理船舶污染，全面贯彻落实《广西北部湾港船舶污染物接收、转运、处置能力评估及相应设施建设方案》，建设完善船舶污染物接收处理设施，提高含油污水、化学品洗舱水、船舶垃圾等接收处置能力及污染事故应急能力；依法强制报废超过使用年限的船舶，规范拆船行为，禁止冲滩拆解。强化陆海污染联防联控，加强入海河流治理与监管，重点推进南流江、钦江、西门江等流域环境综合整治方案实施。

2. 粤西近岸海域水环境污染防治

按照"海陆一盘棋"的发展理念，广东北部湾城市统筹陆域和海域污染防治工作。一是控制陆源污染排放。根据海洋功能区划、海水动力条件和海底工程设施情况，实行达标污水离岸排放，利用深远海扩散条件减轻近岸海域环境压力。推进重点海域环境综合整治，特别是对于水质劣于四类（海水水质标准）或水质下降的北部湾、水东湾、湛江港、雷州湾等河口和海湾。二是加强海上污染源船舶和港口污染防治，以及海水养殖污染防控。三是保护海洋生态。落实《广东省海洋生态红线》文件，构建海洋生态红线管控体系。保护典型海洋生态系统和重要渔业水域。加大对红树林、珊瑚礁、海草床、河口、滨海湿地等典型海洋生态系统，以及产卵场、索饵场、越冬场、洄游通道等重要渔业水域的保护力度，健全生态系统的监测评估网络体系。根据《海洋生态修复项目管理办法》，围绕滨海湿地、岸滩、海湾、海岛、河口、红树林、珊瑚礁、海草床等典型生态系统，开展生态保护与修复。实施沿海防护林体系建设工程，构筑沿海生态屏障。

3. 海南省近岸海域污染防治

据海南生态环境厅公布的信息，2020年海南省近岸海域海水水质总体为优，全省近岸海域监测站位中，按面积计算，优良（一、二类）水质海域面积比例为99.88%。优良水质点位比例为95.6%，其中，一类水质点位比例为85.2%，二类为10.4%，三类为0.9%，四类为2.6%。全省开展重点海域生态环境承载力研究，建立重点海域污染物排海总量控制制度，在海口、三亚、儋州等市县开展试点。严格实行陆源污染物排海标准，规定沿海市县对陆域各类污水进行集中处理达标后再进行深海排放。全面推行"湾长制"的海湾治理新模式，综合整治万宁小海、文昌清澜红树林自然保护区和海口东寨港红树林自然保护区等重点海湾，逐步达到一、二类水质目标。制定水产养殖尾水排放地方标准，严格查处超标排放养殖废水、违法违规用药等行为。至2020年，治理范围内水产养殖尾水基本实现达标排放。

（四）加强土壤保护

土壤作为构成城市生态系统的一个重要部分，具有容纳基础设施建设，农业与林业生产基础，构成景观以及保存自然和文化遗产，生物基因库与繁殖场所，原材料来源，过滤、缓冲与转化能力等多种生态服务功能。然而，随着城市化步伐日益加快，使土地资源稀缺、土壤污染等问题日益突出，从而造成城市土壤与生态环境的恶化，使得人们对土壤环境保护和治理问题逐渐引起重视。北部湾城市群各地主要采取了下列措施。

1. 确定重点监管名单，逐步建立污染地块名录

广西北部湾城市对从事过化工（含制药、石油加工等）、印染、制革、电镀、造纸、铅蓄电池制造、有色金属矿采选和冶炼企业，以及从事过危险废物储存、利用、处置活动的用地开展疑似土壤污染地块排查工作。收集污染地块土壤环境管理信息，建立其行政区域疑似污染地块名单。广东湛、茂、阳三市定期对土壤污染重点监管单位名录周边土壤进行监测，强化建设用地土壤环境管理，建立建设用地土壤污染风险管控和修复名录并向社会公开。海南省对列入建设用地土壤污染风险管控和修复名录的地块实行土地用途负面清单和动态管理，建立联合监管机制和调查评估制度，土地开发利用必须符合规划用地土壤环境质量要求，对暂不开发或现阶段不具备治理修复条件的污染地块实施风险管控。

2. 落实耕地保护制度，守护粮食安全底线

广西北部湾各市依法依规加强耕地"占补平衡"规范管理和耕地质量建设，开展耕地质量调查和监测工作，实施污染土壤治理修复工程。广东省坚持最严格的耕地保护制度和最严格的节约用地制度，落实本区域的市（县）级人民政府耕地保护责任目标考核办法。海南省建立农业投入品田间废弃物回收利用激励机制，推动农业废弃物分类处理和资源化利用。

3. 加强能力培养，提升土壤环境监管水平

"十二五"期间，广西共投入 3.4 亿元用于提高土壤监测分析、监察、执法能力，同时通过组织相关业务与技术培训，"南北钦防"四市土壤环境监管水平得到大幅提升。广东省构建土壤环境质量监测网络，优化整合各级环境监测机构，现已实现土壤环境质量监测点位所有县（市、区）全覆盖。海南省建立重点工业行业危险废物信息化监管体系，加强危险废物全过程监管，

推进退塘还林、还湿、还海工作，至 2020 年已完成退塘还林还湿 1 万亩（约 666.67 公顷），强化了湿地资源的生态结构与功能。

从相关发展指标来看，如表 8-5 所示，2020 年北部湾地区 11 个地级市绿地面积约占全国 2.1%，其中公园绿地为 15133 公顷，地区绿化覆盖率接近全国平均水平，环境保护成效显著。

表 8-5　2020 年北部湾地区 11 个地级市环境发展相关指标

地区	绿地面积（公顷）	其中：公园绿地（公顷）	建成区绿化覆盖率（%）	生活垃圾无害化处理率（%）
南宁市	14217	4640	41.1	100
北海市	3027	653	41.2	100
防城港市	1916	673	42.6	100
钦州市	11366	461	40.1	100
玉林市	3136	1074	39.6	100
崇左市	1389	415	40.1	100
湛江市	4650	1573	45.1	99.3
茂名市	5231	1593	43.8	100
阳江市	12905	1322	41.9	100
海口市	7132	2463	41.0	100
儋州市	4542	266	40.1	100
十一地市整体	69511	15133	41.6	99.9
全国	3312245	797912	42.1	99.7

资料来源：根据 2021 年《中国城市统计年鉴》《中国统计年鉴》及各城市年度国民经济和社会发展统计公报资料整理。

第二节　生态共建共享发展

生态系统往往是跨区域的。北部湾海域东邻广东雷州半岛和海南岛，北邻广西，西邻越南，与琼州海峡和中国南海相连，为中越两国陆地与海南岛所环抱，陆域跨越多个地区和城市，其生态系统修复、恢复、重建及其维育，需要多个行政区域协作协同。而环境污染破坏的影响、作用及后果往往也是跨区域的，如森林植被破坏造成的水土流失、气候失调、大气污染流动等，不仅涉及当地，还会影响同享一片海湾的其他区域。因此，环境污染治理和生态协调发展需要生态命运共同体内所有行政区共同承担，需要跨区域的联防联控。

区域生态共建问题的研究由来已久，最早源于城市规划与空间布局的探讨。"生态共建共享"指的是在特定的自然地域或经济地域内所有行政区之间的生态建设协商与合作，制定生态建设环境保护全域性整体目标和专项目标，系统规划和安排生态环境建设工程，按比例分担生态环境建设成本，最终达到生态共建、环境共保、资源共享、优势互补、区域共赢，实现特定区域内社会经济可持续发展和生态环境良性循环的目标。[①] 时至今日，随着城市化进程不断加快，区域经济发展与生态保护之间矛盾日益突出，生态共建共享机制已成为区域城市群发展的重要政策取向。为此，桂粤琼三省（区）打破行政壁垒，探索跨行政区域生态融合发展的体制机制，在协同并进中实现更好的社会分工，整体提升城市群能级水平。

一、联动发展绿色产业

北部湾城市群充分发挥面向东盟和沿海沿边优势，统筹区域内联动互补，培育发展绿色产业。农业方面，以打造"北部湾绿色健康食品"品牌为发展方向，培育壮大农业产业化龙头企业，初步建成绿色农业产业集群。北部湾是全国最大的热带亚热带农业经济区，拥有耕地面积4200万亩以上，主要农产品有天然橡胶、糖料和热带水果等，是全国最大的"南菜北运"生产供应基地。在国家战略机遇背景下，环北部湾城市持续强化合作，推进平台创新，各地农业特色协同互补，逐渐形成规模与集聚优势。南宁、茂名、湛江等市延伸加工和商贸产业链条，提升农产品附加值；海南依托特色农产品期货品

---

① 彭文英. 探索京津冀生态共建共享机制［J］. 人民论坛，2018（36）：88-89.

种政策，协同茂名、北海、湛江等北部湾兄弟城市，进行水产品交易中心项目建设，探索水产品现货和期货交易模式，提供生产、金融、保险和贸易"一条龙"服务。

在工业方面，防城港、钦州、铁山港等港区和重点工业园区以及北海、防城港、钦州等能源基地的绿色化改造，建设港城一体化系统，逐步形成北部湾新兴临港工业基地集群。依托钦州、防城港、铁山、湛江、茂名、洋浦等港区和重点工业园区，建设在全国具有重要影响力的湾区生态型工业集群。广西北部湾经济区重点打造电子信息、高端装备制造、新能源等新兴产业集群，在南宁、北海、钦州建设计算机整机生产与零配件产业基地、光电显示研发基地和电子信息产业园。其中，南宁加快建设千亿元电子信息产业园，推进惠科移动智能终端产业集群和中国电子北部湾信息港建设，加快完善钦州高新技术开发区建设，构建南宁—钦州—北海电子信息核心产业带。全面推进湛江—北海粤桂北部湾经济合作区建设，以交通基础设施建设为先导，以承接产业转移和园区建设为切入点，创新管理模式，推进政策措施对接，构筑湛江—北海经济一体化、同城化发展格局，提高湛江—北海经济圈的竞争力和辐射带动力。

在第三产业方面，积极发展大健康产业，建设中国—东盟（南宁）健康城和北部湾国际滨海养生健康服务基地等，推动老年人生态宜居社区建设。2018 年 6 月，北部湾城市群 15 市（县）签署跨区域旅游合作协议，共塑北部湾旅游品牌。制定 15 市（县）旅游营销一体化策略，联合制作旅游宣传册、宣传折页及旅游宣传片；建立会展活动互请机制，重大活动以及重大节事举办地城市积极邀请合作方城市参加；联合推出旅游互惠政策，形成定期互送游客合作机制，在 15 市（县）内全面实现无障碍旅游；构建涉旅信息数据共享机制和交换机制，建立完善的区域旅游信息共享体系，促进涉旅数据融合，联合构建绿色智慧旅游平台。同时，各省（区）深入挖掘地方特色文化资源，强化南宁、北海、湛江、海口等交通连接，打造环北部湾特色旅游线路。

二、共建区域生态屏障

生态屏障是一个地域和功能的概念，指的是位于特定区域的具有良性生态功能的巨型生态系统。该生态系统是屏障区域的生态安全系统，同时又是相邻区域生态环境的"净化器""过滤器"和"稳定器"。根据《北部湾城市群发展规划》的要求，近几年桂粤琼三省（区）协力共建区域生态屏障，包括广西境内的大明山水源涵养及土壤保持生态功能区、四方岭—十万大山水源涵养与生物多样性保护生态功能区等，努力构建陆海一体生态安全格局。建设水系生态廊道，维护河湖水域、岸线等生态空间，其中包括构建以邕江、郁江、左江、右江、绣江等西江水系和南流江、九洲江、钦江、北仑河等独流入海水系为主的河流生态廊道。建设珠江流域防护林体系，推动生态清洁小流域建设和生态系统保护与修复，开展湖滨带、重点湖库及小流域水土流失综合治理。强化海湾岸线资源保护和自然属性维护，重点保护沿海基干防护林带红树林、海草床、河口港湾湿地、海岛等重要海洋生态系统。划定海洋生态红线，推进十万大山、防城金花茶等自然保护区建设，合浦儒良、涠洲岛—斜阳岛珊瑚礁等重要海洋保护区建设，以及合浦山口、北仑河口、党江、茅尾海等红树林保护区建设，实施涠洲火山地貌自然遗址保护工程，提升文化景观保护水平。

三、协同治理生态环境

生态协同治理是为了获得生态治理的最大化效益，协同政府部门、非政府组织、企业、公民等多元主体，在网络信息技术的支持下，通过政府公信力、制定联动机制、培养治理能力、建立治理体系等方式，共同协作治理生态，以最大限度地维护和增进公共利益。北部湾城市群生态环境具有跨区域性，复杂的污染治理问题和利益分配仅靠政府的力量是难以解决的，需要从多元主体的利益出发，集合各方力量，共同协商，联合行动，才能整合资源，实现最优公共利益。因此，桂粤琼三省（区）采取了一定的协同措施共治北部湾城市群生态环境，主要从水体污染治理、土壤污染治理和大气污染治理三方面展开工作。

（一）协同治理水体污染

北部湾是中国最洁净的绿色海湾之一。2020 年广西近岸海域水质状况总体优良，44 个近岸海域区控监测点位水质优良比例为 88.6%，22 个国控监测点位平均水质优良比例为 95.5%。尽管海水水质级别稳定，但广西区控监测优良点位海水环境功能区达标率有待提高。一方面原因是近海水体的污染，体现在入海河流污染程度较重。根据广西环保局资料显示，北海廉州湾、钦州湾和防城港市北仑河口水体质量均为"劣于第四类海水水质标准"，而主要原因是海水富营养化，海水中磷酸盐、无机氮等因子超标，人为破坏生态环境损害了近海水体质量。另一方面原因是江河湖泊的污染。北部湾城市群内的河流水体主要包括南流江、邕江、钦江、防城江和茅岭河等，其中钦江和防城江污染程度较重，主要缘于工业污水、废渣排放、畜禽水产养殖和农业农药肥料使用过度，造成的生态环境危害体现在江河湖泊水体富营养化、近海海水水质变差等。

在此情形下，区域内各市平等协商、共同治理，使得北部湾水体污染状况明显改善。各市各级政府强化对入海排污口的清理整治与监管，确保排污口稳定达标排放，对南流江、茅尾海、钦州湾、廉州湾和防城港西湾、东湾等重点入海河流和近岸海域进行污染防治，建设港口船舶油污水、生活污水以及船舶废弃物接收处理设施。制定相关条例对临海工业污水排放进行严格限定标准，对于要求排污的企业必须取得排污许可证并由环保厅进行监管。综合整治九洲江、鹤地水库、黄华江、罗江等粤桂省际跨界河流、水库及南流江等跨市河流的水环境，开展跨界河流断面水质考核，研究新的流域海域生态补偿方案，深化推广生态补偿机制试点。在政府主导、多部门配合、民众参与下，水体污染治理取得了一定的成果。截至 2020 年，北部湾沿岸各市群众对环境治理满意度较高，水体污染治理得到广大群众的认可。广西北部湾城市污水排放量比五年前减少 10%~15%，湖泊水质达一、二类水质有 80% 以上，78% 的河流入海口水质也得到一定程度的改善，各相关部门对水污染发生的协同处理反应能力不断提升。

（二）协同治理土壤污染

目前，北部湾城市群存在较突出的土壤问题是速生桉树的大面积种植。速生桉树是一种原产于澳洲的树种，适合生长于亚热带季风气候环境，具有易生长、耐旱的特性。大量且大面积种植速生桉树对生态环境有较大威胁，树木由于快速生长需要加速吸取土壤营养成分，造成土地贫瘠，不利于种植其他农作物，容易造成一定的生态失衡问题。同时，在种植过程中由于需要施用大量有毒除草剂，没有被植被吸收的重金属元素会残存在土壤中，并随着雨水渗入地下水，造成地下水重金属元素严重超标，危害人类身体健康。其他的土壤污染形式主要是工业排放的废渣，废渣金属含量较高，对农田里的土壤造成污染，从而污染粮食，危害人体健康。

为此，各市相继印发《关于退桉还耕及林地调整优化桉树结构工作指导意见》，要求各相关部门要在国家划定的基本农田红线范围内，依据《土地管理法》《基本农田保护条例》等法律法规开展桉树清理引退工作，恢复原种植条件，并恢复《基本农田保护条例》规定的法定用途。逐步调减桉树人工纯林种植规模，调整造林树种，将主要江河源头、风景名胜区、城镇村屯周边的桉树纯林改造为混交林或其他乡土、珍贵树种林，形成以乡土树种为主、丰富多样的森林生态系统。各市农业部门对农民宣传关于科学使用化肥和农药的知识，引导农民合理施用，利用优惠政策号召农民多使用生态肥料，并对土壤方面的问题予以整治。对于固定废弃物和重金属污染问题，各市（县）进一步加强重金属污染综合整治工作，严格管控涉重行业，鼓励和支持涉重产业转型升级。

（三）协同治理大气污染

大气污染具有流动性强、成因复杂的特点。随着北部湾区域大气污染关联紧密且防控压力不断增大，单纯依靠各行其是的治污模式很难实质应对污染形势。因此北部湾城市群建立北部湾区域大气污染联防联控机制，坚持"统一规划、统一监测、统一监管、统一评估、统一协调"的大气污染联防联控工作原则，定期召开联席会议，研究解决大气污染防治重大事项，推动节能减排、产业准入、落后产能淘汰和重污染天气应对的协调协作，共同承担起守护北部湾沿海区域生态环境的使命。

一是对于城市施工扬尘导致空气质量变差的问题，排查摸清挥发性有机物污染底数，制定和落实航运、石化等行业挥发性有机物和道路扬尘、工地粉尘、港口粉尘、重型柴油货车或拖拉机尾气治理方案。二是针对大气污染的主要来源工业废气排放，各市政府和部门推进企业大气污染物稳定达标排放，鼓励和支持企业通过技术创新实现更低污染排放。三是做好舆论引导工作，提高民众大气环境保护意识，发动群众参与监督。四是在农业污染源应对方面，各市推进秸秆禁烧和综合利用，建立网格化监管体系，实施"定点、定时、定人、定责"管控，责任到乡镇、村委、农户。桂粤琼三省（区）生态环境厅进一步完善卫星遥感监测露天焚烧火点系统建设，建立定期通报制度，在大气扩散条件有利的情况下，有组织地对禁烧区外的秸秆进行错峰集中焚烧。开展夏收、秋收、榨季秸秆禁烧专项巡查，重点加大对城乡接合部、铁路和高速公路两侧、甘蔗"双高"示范区等区域的巡查执法力度，坚决打好蓝天保卫战。

四、联合实施环境监测

生态环境监测是环境保护的基础，也是生态文明建设的重要支撑。为促进北部湾城市群生态环境监测工作健康有序开展，各市生态环境监测机构加强联合监督管理。以治水、治气、治渣为重点，出台施行《生态环境监测条例》，以灵敏和准确监测，支撑各市精准治污、科学治污、依法治污。各地联合开展北部湾生态环境大普查，掌握各类生态隐患和环境风险，建立环境准入负面清单，设置生态红线，守住底线。同时，北部湾城市群作为一个整体，共同建立区域污染联防联控机制和环境应急预警机制，局部市区建立环境信息共享机制。譬如，广西北部湾城市政府定期召开联防联控会议，会商解决北部湾生态环境保护问题，实现监管执法一体化，统筹协调南宁、北海、防城港和钦州市环境监管，采取督查、交办等措施，加大执法力度，严厉打击污染环境的违法行为。建立统一高效的环境监测体系以及跨行政区环境污染联合防治协调机制，各市政府协同划定重点生态功能监管区，共同加强北部湾海域生态环境监测和保护。

第三节　发展前瞻

"绿水青山就是金山银山"，经济与环境和谐可持续发展是维持区域进步的长久之计。从前文分析看，虽然北部湾各市（区）生态环境治理颇有成效，但由于区域范围内资源环境、经济基础和地理位置呈现显著差异，各市协同和融合程度明显不足，局部环境脆弱问题依然突出。根据《北部湾城市群发展规划》框架，要建设成为"生态环境优美、经济充满活力、生态品质优良的蓝色海湾城市群"，需着眼于长远，谋篇于大局，促进资源统筹利用，加强环境联动保护，提高生态文明建设水平，增进社会民生福祉，形成人与自然和谐相处的新局面。

一、深化区域政策设计，推动政策落地执行

深化目前北部湾城市群政府高层间已有的磋商和沟通机制，进一步做实整体设计和部署。完善生态文明决策制度，将生态文明建设融入经济建设、文化建设、政治建设、社会建设的方方面面，贯穿于城市群发展全过程；完善生态文明管理体系，着力推进重点区域大气污染治理和重点流域水污染治理，完善自然资源监管制度，依法加强环境影响评价；完善生态文明考核评价制度，将反映环境保护实施成效和生态文明建设效果纳入地方领导干部政绩考核体系，大幅提高指标权重。为符合国家要求，桂粤琼三省（区）各市县应当根据主体功能区和重点生态功能区的定位进行分类评估考核，尽快出台《生态文明建设目标评价考核办法》，在考查共同指标的基础上，对不同功能区给予不同考评。以中心城市为基础框架开展生态系统价值核算试点，在一段时间内对领导干部进行自然资源专项审计，由资源环境承载力确定自然资源资产控制目标。此外，城市群内各市应立足区情，灵活制定《绿色生活文明公约》，提倡和宣传绿色生活理念，养成绿色生活方式。

二、加强区域产业协作，构建绿色经济体系

针对北部湾城市群资源环境承载力较弱的现状，要通过市场化手段，调整产业布局，推动经济结构高级化，从而降低局部地区资源环境负荷。依托北部湾城市群内国家级自贸港、保税区、开发区、高新区等开放平台，汇聚创新要素，共同打造绿色产业链条，走低碳、循环、可持续发展之路。推进跨行政区域产业转移，通过项目合作、联合出资、技术支持和资源互补等方式，深化区域产业分工合作。

首先，促进临港工业绿色转型，严格遵循国家《产业结构调整指导目录（2019年）》要求，推进高污染、高能耗的落后产能依照法律法规有序退出，提高行业清洁生产技术和水平。制定《北部湾绿色工业指导目录》，根据城市群内各市（县）资源禀赋差异合理确定工业企业准入门槛，加快与粤港澳大湾区对接步伐。

其次，促进现代服务业集聚发展，加快北部湾城市群生产性服务业向专业化和高端价值链延伸发展，加快消费服务业向精细化和高品质转型。根据"先规划，后建设"的理念，对生产性服务集聚区、流通服务集聚区、消费服务集聚区以及特色优势服务产业集聚区进行总体规划和空间布局，并落实分区运营的管理模式。推动南宁、北海、钦州、防城港、湛江、茂名和海口等重点城市形成跨行政区域的现代服务业产业集群。

再次，打造特色农业产业集群，推行无公害农产品种植方式，建设蔬菜产业带，巩固和提升北部湾城市群在粤港澳大湾区优质"菜篮子"地位。建设雷州半岛热带现代农业示范区，推进农业与科技深度融合，形成特色农业产业规模化、生态化发展。

最后，推进能源基础设施建设，积极构建新能源供给网络体系，以核电为主体，水电、风电、光伏发电、生物质发电和天然气发电等为基础，提高北部湾城市群清洁能源供给水平。各市（区）应继续加大新能源汽车的推广力度，加快汽车充电基础设施建设，出台服务和优惠税收政策，鼓励公共单位采购使用新能源电动车。

三、创新生态治理模式，提升群内合作效率

加快构建北部湾城市群跨流域生态补偿机制、跨区域大气污染联防联控机制、水污染联合防治机制、环境污染与生态破坏联防联控机制等治理框架。在已有合作基础上创新治理模式，进一步深化跨行政区域环境污染联合防治协调机制、北部湾城市群环境信息共享互通机制、重大环境事件应急处置响应机制、海洋生态联合执法监督机制以及环境风险定期研判会商机制等。探索建立北部湾城市群"多规融合"综合机制，加强桂粤琼三省（区）总体对接，避免资源浪费。建立更高层次的协调议事制度，加强城市间的合作、交流与互动。借鉴和学习长三角城市群先进经验，创立北部湾城市群三省（区）主要领导规范化、常态化决策机制，促进在能源、旅游、环保等方面的城市绿色合作。健全城市群内生态环保联防联控机制，实现城市间高效的生态共建和环境共治。

第九章　城市群建设中的港口企业

——以广西北部湾国际港务集团为例

港口是水陆交通的集结点和枢纽处。国际国内贸易大都是通过港口以及港口企业来完成的，因此港口以及港口企业的兴衰对于其所在城市甚至国家的发展具有标志性的作用。随着北部湾地区经济在沿海沿边开放合作中的逐步深化，港口企业研究对北部湾城市群建设的意义进一步凸显。

北部湾港是中国西部地区最便捷的出海口，也是西部陆海新通道的重要枢纽，在区域经济发展和"一带一路"合作中具有独特的区位优势。有研究认为，北部湾港口的建设能够更好地发挥其对于区域经济的带动作用，为推动北部湾经济区发展、促进广西开放开发、构建西南中南地区开放发展新的战略支点、打造中国—东盟自贸区升级版"桥头堡"、建设海上丝绸之路新门户提供强有力的支持。[①] 因而应该抓好北部湾港中国西南门户的建设，以此促进中西部地区货物贸易和带动西南腹地经济发展。[②] 还有研究认为北部湾港是广西开放合作的窗口与前沿，应该在利用区域经贸合作红利的同时，提升北部湾港口生产能力，优化港口服务水平，主动对接《区域全面经济伙伴关系协定》（RCEP）各成员国港口，积极开展港航合作，以促进与东盟紧密经济关系以及融入国内国际双循环新发展格局。[③]

可见，目前学界所认为的北部湾港口的优势主要在于沿边与沿海、邻近

---

① 程紫来，吴海斌. 广西北部湾智慧港口建设发展模式 [J]. 中国港口，2020（03）：29-33.

② 占金刚，程哲. 北部湾港与西部陆海新通道沿线省份的物流发展 [J]. 中国港口，2022（07）：44-48.

③ 冯海珊，蔡胤华，陈梓松. RCEP 背景下广西北部湾港发展对策 [J]. 中国港口，2022（04）：17-20.

东盟、中国西部、粤港澳大湾区等，但是关于港口企业，现有研究很少涉及。因此，本章主要从港口企业发展战略案例研究分析的视角出发，聚焦北部湾港口企业发展与区域经济发展的关系。

广西北部湾国际港务集团有限公司成立于 2007 年 2 月，是广西壮族自治区政府直属的国有独资企业，公司由广西沿海三港——钦州港、北海港以及防城港重组整合设立而成。公司经营北部湾港港口与物流等业务，是完成自治区"推进落实构建面向东盟的国际大通道、打造西南中南地区开放发展新的战略支点、形成丝绸之路经济带和 21 世纪"海上丝绸之路"有机衔接的重要门户"三大使命的重要推动者和践行者，其发展与整个北部湾城市群的建设和经济增长有着密切的相互关系。

第一节　发展概况

一、发展历程

广西北部湾国际港务集团有限公司（以下简称"北港集团"）是广西政府直属的大型国有独资企业，于 2007 年 2 月整合沿海防城港、钦州、北海三市所属的公共码头资产成立，是广西沿海唯一的公共码头投资运营商。经过十多年的发展壮大，北港集团围绕港口核心主业，培育临港产业，现已形成港口、物流、工贸、能源、文旅、建设、船闸、金融服务、海外投资九大业务板块，业务拓展至中国香港地区以及新加坡、马来西亚、文莱、泰国等国家。

2013 年 9 月 7 日，中国国家主席习近平在访问哈萨克斯坦时提出共同建设"丝绸之路经济带"；同年 10 月 3 日，习近平主席在访问印度尼西亚时又提出共同建设 21 世纪"海上丝绸之路"。自此，北港集团积极与"一带一路"沿线国家和地区在港口、园区和产业等领域展开深入的投资与合作。例如，在马来西亚参与"两国双园"之马中关丹产业园的建设与运营以及马来西亚关丹港的投资与管理；在文莱参与摩拉港和摩拉渔港的建设和运营管理；在泰国投资泰国 TCT 内河码头；在中国香港开展干散货国际海运业务，打造境外投融资平台，成为广西唯一在中国香港拥有全产业链金融牌照的企业。

2017年北港集团开通首条远洋航线"钦州—中东/印度"航线，增开北部湾港—泰国林查班、越南海防港的水果运输快线；为加快"南向通道"建设，通过完善配套服务，启动钦州—中国香港/新加坡"天天班"公共驳船航线，推动临港企业散货运输改集装箱运输（简称"散改集"）工作、北粮南运和南北汽车集运对流业务落地，初步形成集装箱业务集聚效应和市场化业态。

2019年海铁联运业务取得新进展，年内成功开通"贺州—北部湾港""玉林—北部湾港"海铁联运班列，打通桂东地区海铁联运物流通道。

北港集团实施"一轴两翼"战略①，港口主营业务发展布局不断深化。截至2021年12月31日，共开通航线64条，其中外贸37条（含远洋航线4条、挂靠东盟航线28条），内贸27条，主要覆盖东南亚、东北亚、南美和南非；散杂货业务已迈入装卸、储存、贸易、交割等全供应链服务时代。

2021年，中国政府将北部湾港与上海港、广州港等港口一并列为国际枢纽海港；同年8月，国家发展和改革委员会印发的《"十四五"推进西部陆海新通道高质量建设实施方案》进一步强调加快建设广西北部湾港国际门户港，高水平共建西部陆海新通道，打造国内国际双循环重要节点枢纽，这成为北部湾港发展的新机遇。

二、运营现状

1. 货物吞吐量

根据表9-1显示，自2014年以来，北港集团的货物吞吐量一直处于一个上升的态势，其中2019年的货物吞吐量增幅（17.97%）最为明显。这一年，《西部陆海新通道总体规划》正式印发，推动北港集团新增了12条航线，其中外贸4条，内贸8条。此外，北港集团通过推动广西货回流北部湾港、新

---

① 一轴是指从南宁到新加坡经济走廊，它以铁路、高速公路和高等级的公路为载体，把6个国家、9个城市串联在了一起。两翼中的一翼，是大湄公河次区域合作区，以澜沧江、湄公河为载体，涵盖中国、越南、老挝、泰国、柬埔寨和缅甸6个国家；另外一翼，是泛北部湾经济合作区，以海洋为载体，包括中国、越南、马来西亚、新加坡、印尼、文莱和菲律宾。

通道海铁联运业务和集装箱中转业务等货源项目，使得 2019 年的货物吞吐量
有了大幅的提高。2021 年北港集团货物吞吐量达到新高，但相比往年增幅有
所下降，这是由于新冠疫情蔓延，港口生产面临疫情防控、环保整治、航道
施工、能力不足、船舶集中到港等多重因素影响。在此情形下，北港集团与
山东港口集团、天津港、海南港航等国内多个港口集团合作，通过"两港一
航"等业务模式拓展航线和货源，在疫情的冲击中快速恢复。

表 9-1　2014—2021 年北部湾港货物吞吐量

年份	货物吞吐量（亿吨）	同比增长率（%）
2014	1.23	12.00
2015	1.28	3.73
2016	1.40	9.02
2017	1.62	15.71
2018	1.83	13.15
2019	2.33	17.97
2020	2.67	14.84
2021	2.69	13.09

资料来源：根据北港集团 2014—2021 年年度报告整理。

2. 集装箱吞吐量

对比 2014—2021 年的数据（见表 9-2）可以发现，北部湾港集装箱吞
吐量在 8 年内增长将近 6 倍。公司的集装箱业务主要以钦州港区为中轴，并
通过"穿梭巴士"进行钦北防三港区间干支线集疏。目前集装箱业务初步
形成集聚效应，所拥有的内外贸航线已基本实现了全国沿海主要港口以及
东南亚地区主要港口全覆盖。2021 年集装箱吞吐量达到 601.19 万标箱，这
主要得益于北港集团开拓散改集①货源，参与西部陆海新通道计划，以及海

---

① "散改集"意思是将原来是散装的货物装入集装箱进行运输，更加环保、高效、便捷，经
济效益和社会效益突出。

铁联运等业务。不断上涨的集装箱吞吐量也体现了北港集团在散改集以及海铁联运等业务上广阔的前景。

表 9-2　2014—2021 年北部湾港集装箱吞吐量

年份	集装箱吞吐量（万 TEU）	同比增长率（%）
2014	112.00	12.60
2015	141.52	26.35
2016	179.51	26.85
2017	241.30	34.42
2018	308.00	27.76
2019	415.71	28.62
2020	538.37	29.50
2021	601.19	19.01

资料来源：根据北港集团 2014—2021 年年度报告整理。

3. 吞吐量在全国的位置

2021 年北港集团货物吞吐量在全国排名第十，相比 2020 年前进了五名；集装箱吞吐量全国排名第九，前进了两名，这两项双双跻身前十。近年来，随着中国与东盟国家的合作不断加深，北部湾港因其区位优势成为中国与东盟国家合作的重要桥梁。国家提出西部陆海新通道计划，打造国内国际双循环重要节点枢纽，为北部湾港的发展带来了新的机遇。① 在国家的高度重视以及多重优惠政策下，北部湾港的吞吐量得以提升。

这里选取 2021 年全国主要港口的集装箱及货物吞吐量进行对比，并剔除极端值上海港集装箱吞吐量（4703 万 TEU）、宁波—舟山港货物吞吐量（122405 万吨）。结果如图 9-1 所示，前十大港口的吞吐量与运输能力都相当强，北部湾港的吞吐量与这些大港相比还有较大的差距。此外，北部湾港所包含的 3 个港口中，钦州港的货物和集装箱的吞吐能力相对于其他两个港口

---

① 李秀中. 西部陆海新通道政策红利显现北部湾港跻身全国十强［N］. 第一财经日报，2022-02-25（A07）.

更强，这是由于北部湾港集装箱航线（65 条，包括外贸 37 条和内贸 28 条）
中挂靠钦州港的集装箱航线有 58 条。北海港与防城港的吞吐能力都有待进一
步的提升。因此，在西部陆海新通道、西部大开发以及北部湾城市群建设等
多重政策优势下，北部湾港应把握机遇，进一步提升自己的吞吐能力。

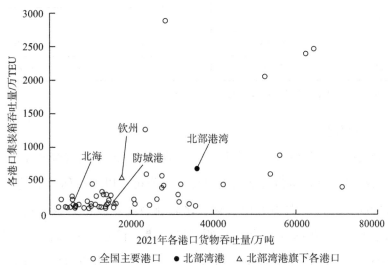

图 9-1 2021 年全国主要港口集装箱及货物吞吐量分布

资料来源：根据国泰安数据库整理，图中删除极端值样本（上海港、宁波—舟山港）。

4. 营业现状

2014—2021 年这 8 年，北部湾港的营业收入增长十分显著，从 2014 年的
42.38 亿元增长至 2021 年的 58.98 亿元，增幅为 40.5%（见表 9-3）。其中，
2014—2016 年有所下降，之后几年又迅速上升。2015—2019 年公司的毛利率
也在稳步增长，即便是 2020 年受新冠疫情的影响，也仍然稳定在 36% 左右。
可见，北港集团的营业状况以及未来发展前景良好。

表 9-3 2014—2021 年北港集团营业状况

年份	营业收入（亿元）	营业成本（亿元）	毛利率（%）
2014	42.38	30.96	26.95
2015	30.55	21.04	31.13

续表

年份	营业收入（亿元）	营业成本（亿元）	毛利率（%）
2016	29.88	19.57	34.52
2017	32.68	20.80	36.36
2018	41.69	26.31	36.90
2019	47.92	29.30	38.86
2020	53.63	33.04	38.39
2021	58.98	37.81	35.90

资料来源：根据北港集团 2014—2021 年年度报告整理。

5. 股权概况

北港集团的实际控制人为广西壮族自治区人民政府国有资产监督管理委员会，其控股上市公司为北部湾港股份有限公司（以下简称"北港股份"）。北港股份原名北海港股份有限公司、北海新力实业股份有限公司，成立于 1989 年，1995 年在深圳证券交易所挂牌上市，代号为北部湾港（股票代码：000582），成为广西最早的上市公司之一。在广西壮族自治区和北港集团战略部署下，2013 年防城港、钦州港主要码头借壳北海港实现北钦防三港整体上市，后更名为北部湾港股份有限公司，成为广西北部湾地区国有公共码头的唯一运营商。北港股份主营业务包含货物装卸、港口仓储、港口拖轮、外轮理货、无船承运等。表 9-4 显示了 2021 年末北港股份前十大股东持股情况。此外，截至 2021 年末，北港股份旗下有 18 家全资控股子公司，以及多家非全资控股子公司。

表 9-4　2021 年末北港股份前十大股东持股情况

股东名称	股东性质	持股比例	持股数量
广西北部湾国际港务集团有限公司	国有法人	63.11%	1030868617
上海中海码头发展有限公司	国有法人	10.66%	174080311
广西广投资产管理股份有限公司	境内非国有法人	1.64%	26709916
香港中央结算有限公司	境外法人	1.41%	22977291

续表

股东名称	股东性质	持股比例	持股数量
平安基金—平安银行—中融国际信托—中融—财富 1 号结构化集合资金信托	其他	1.38%	22473002
广西宏桂资本运营集团有限公司	国有法人	1.33%	21694741
国华人寿保险股份有限公司—自有资金	其他	1.01%	16468626
广西交通发展投资基金合伙企业（有限合伙）	境内非国有法人	0.77%	12650604
中国华电集团财务有限公司	国有法人	0.65%	10595170
广东粤财信托有限公司—粤财信托·粤中 3 号集合资金信托计划	其他	0.56%	9220000

资料来源：根据北港集团 2021 年年度报告整理。

第二节　发展环境

一、外部环境

（一）宏观环境

1. 政策环境

2015 年 3 月，中国国家发展和改革委员会、外交部、商务部共同发布的《共建"一带一路"愿景与行动》指出："发挥广西与东盟国家陆海相邻的独特优势，加快北部湾经济区和珠江—西江经济带开放发展，构建面向东盟区域的国际通道，打造西南、中南地区开放发展新的战略支点，形成 21 世纪海上丝绸之路与丝绸之路经济带有机衔接的重要门户。""通道、支点、门户"三大定位为北部湾的发展提供了重要机遇。

随后，广西壮族自治区先后出台《关于深化北部湾经济区改革若干问题的决定》《珠江—西江经济带发展规划广西实施意见》，以及《实施"双核驱动"重大项目建设工作方案》，提出打造北部湾经济区升级版，统筹协调北部湾经济区、桂东经济先行区和桂西北资源富集区发展，实现三大定位与"一带一路"倡议的有效对接。

2019 年 8 月，国家发布《西部陆海新通道总体规划》，北部湾港成为中国大陆地区西部陆海新通道的终点，打造向海经济的"桥头堡"。广西政府为加快其发展推出了一系列优惠政策，积极加大港口航道、后方集疏运通道建设力度，为公司争取对港区功能调整、港口岸线规划等多项政策支持。

可见，国家和地方政府都相当重视北部湾地区未来的发展，把北部湾港放在了十分重要的战略地位上。因此，北部湾港的发展有着非常良好的政策环境。

2. 经济环境

表 9-5 显示，中国对外贸易额正处于快速发展阶段，这说明作为反映对外贸易情况"晴雨表"的港口，有着非常良好的经济环境。

此外，中国与东盟各国的合作不断加深。2020—2021 年东盟连续成为中国最大的贸易伙伴。2021 年，中国—东盟贸易指数上升至 298.0，为历年新高。北部湾作为中国与东盟陆海相连的地区和西南地区最便捷的出海通道，北部湾港的重要性不言而喻。此外，北港集团已与马来西亚、新加坡、泰国等东盟国家港口建立了深度的合作，未来的发展空间巨大。

表 9-5　2016—2021 年中国与东盟贸易情况

年份	中国对外贸易总额（亿美元）	中国与东盟贸易总额（亿美元）	东盟贸易额占比（%）	东盟排名	中国—东盟贸易指数
2016	36849	3686	10.0	3	160.1
2017	41045	4410	10.7	3	161.3
2018	46230	4785	10.4	3	190.4
2019	45753	5080	11.1	2	201.5
2020	46463	5186	11.2	1	241.1
2021	60515	6690	11.1	1	298.0

资料来源：根据中国海关总署和东盟数据库官网数据整理，读取日期：2022 年 11 月 24 日。

3. 社会环境

表 9-6 显示，中国新增劳动力平均受教育年限以及受高等教育人数的比例稳步提升。高素质人才可以改善一个企业的经营环境，提高企业的创新能

力，为企业带来更高质量的发展。

表 9-6　2016—2020 年中国新增劳动力受教育情况

年份	新增劳动力平均受教育年限（年）	受过高等教育的比例（%）
2016	13.4	44.7
2017	13.5	46.4
2018	13.6	48.2
2019	13.7	50.9
2020	13.8	53.5

资料来源：根据 2020 年全国教育事业发展统计公报整理，读取日期：2022 年 11 月 24 日。

4. 技术环境

中国港口群中的枢纽型港口均已具备综合物流服务功能，正在向供应链服务阶段升级发展，如天津港、青岛港、上海港、广州港等。近年来，北港集团通过西部陆海新通道和国际枢纽港的建设，第三代港口的功能已经逐步完善，正加快朝着第四代、第五代港口的功能升级转变。

北部湾港于 2020 年开工建设北部湾港自动化集装箱码头，是全球首创的 U 形布局方案设计，为全球自动化集装箱码头建设贡献"北部湾港模式"。北部湾港钦州自动化集装箱码头在 2022 年 6 月正式启用后，可满足世界最大的 20 万吨级集装箱船靠泊要求。钦州码头采用自动化装卸及运输设备，配套智能生产操作系统，打造可以完全进出箱区的高效、经济的自动化码头。2023 年全部启用后，可增加集装箱吞吐能力 260 万标箱，北部湾港船舶平均装卸货物效率可从过去的 15800 吨/（天·艘）提高到 21498 吨/（天·艘），集装箱班轮平均船时效率从过去的 40 自然箱/小时提高到 91 自然箱/小时。

目前，北部湾港正在进行数字化的转型，并已初步建成多式联运综合服务平台，使港口作业水平和企业管理效率得以提高。

（二）行业环境

1. 同行业竞争

对于国际港口竞争，新加坡 PSA 国际港务集团是全球最大的集装箱码头营运商之一，具有较强的吞吐能力以及丰富的国际航线，在国际港口中具有很强的竞争力。相对而言，北部湾港的竞争优势不强。

而就国内港口而言，目前中国港口已经基本形成了以长三角、珠三角、环渤海、东南沿海以及西南沿海地区港口为主的五大港口群。港口间的竞争主要分为3个方面：港口群之间的竞争，同一港口群中不同港口间的竞争以及同一港口中不同企业间的竞争。

对比全国所有港口行业的上市公司（A股）在2021年的营业状况（见表9-7），可知各项数据最好的上市公司为上港集团。相对而言，北部湾港各项数据都处于中下游，竞争实力不强。业绩较好的上市公司基本都位于长三角港口群，这主要是因为长三角港口群地处中国东部沿海与沿江产业密集带，发展基础较好。

表9-7　2021年全国港口行业上市公司（A股）主要经济指标排序

单位：亿元

公司简称	营业收入	净利润	总资产	净资产
上港集团	342.89	146.82	1707.87	1078.06
厦门港务	235.78	2.39	110.31	48.76
宁波港	231.28	43.32	949.62	588.73
青岛港	160.99	39.64	605.76	387.85
招商港口	152.84	26.86	1759.84	1110.35
天津港	144.68	9.73	343.85	228.62
辽港股份	123.48	19.16	578.13	410.54
广州港	120.20	11.35	400.13	178.01
秦港股份	65.95	10.38	277.77	169.10
日照港	65.05	7.37	292.03	147.63
珠海港	63.81	4.46	177.36	73.95
唐山港	60.75	20.89	237.44	198.06
北部湾港	58.98	10.28	268.84	132.01
重庆港	54.82	0.67	123.54	68.12
锦州港	29.33	1.26	184.63	66.64

续表

公司简称	营业收入	净利润	总资产	净资产
连云港	20.33	1.09	92.48	52.68
南京港	7.97	1.46	47.41	35.41
盐田港	6.80	4.61	139.51	102.06

资料来源：根据国泰安数据库整理。

由于北港集团与上述上市公司并不在同一个港口群内，因此相互间的竞争态势较小。目前全国吞吐量前 20 的港口中，仅有湛江港、海口港与北部湾港同属于西南港口群，存在一定的竞争。因此，我们分析西南即北部湾地区港口的竞争实力。

一是腹地经济实力方面，从表 9-8 中可见，2016—2021 年防城港市、钦州市与北海市三市的地区生产总值（GDP）之和与湛江市差距不大，基本为海口市 GDP 的两倍。因此北部湾港与湛江港的腹地经济实力旗鼓相当，且二者均强于海口港。

表 9-8　2016—2021 年北部湾主要城市国民生产总值

单位：亿元

地区	年份					
	2016 年	2017 年	2018 年	2019 年	2020 年	2021 年
海口市	1303	1421	1536	1679	1792	2057
湛江市	2561	2807	2944	3065	3100	3560
北海市	1007	1230	1213	1301	1277	1504
钦州市	1102	1310	1214	1356	1388	1648
防城港市	676	742	662	701	733	816
北钦防三市合计	2785	3282	3089	3358	3398	3968

资料来源：根据历年《广西统计年鉴》《湛江统计年鉴》《海南统计年鉴》整理。

二是对外贸易能力方面，表 9-9 中显示，2021 年北部湾港三市中对外贸易能力最强的是防城港市，其次是湛江市和海口市。防城港向来以外贸货物和大宗散货运输为主，因此其进出口总额均高于钦州市和北海市，且差距越来越大。

北部湾港所在城市的进出口总额接近湛江市的 3 倍，海口市比湛江市更低，因此北部湾港的对外贸易能力整体强于湛江港，海口市的对外贸易能力目前尚弱。

表 9-9　2016—2021 年北部湾主要城市进出口总额

单位：亿元

地区	年份					
	2016 年	2017 年	2018 年	2019 年	2020 年	2021 年
海口市	258	210	341	331	370	476
湛江市	304	346	377	414	446	542
北海市	205	231	321	294	269	300
钦州市	292	340	227	204	218	256
防城港市	579	769	719	805	708	886
北钦防三市合计	1076	1340	1267	1303	1195	1442

资料来源：根据历年《广西统计年鉴》《湛江统计年鉴》《海南统计年鉴》整理。

三是集装箱及货物吞吐量方面，如表 9-10 所示，2018—2021 年集装箱吞吐能力最强的是钦州港，其次为海口港；货物吞吐能力最强的为湛江港，其次为钦州港。2018 年以前湛江港的货物吞吐能力强于北部湾港，然而 2019 年货物吞吐量骤降，之后缓慢上升，还未恢复至原来的水平。与此同时，北部湾港的货物吞吐能力不断增强，在 2021 年已远超湛江港。海口港货物吞吐能力在 2018 年仅次于湛江港，而近几年趋于平稳，上涨幅度不大，因此 2020 年后被防城港和钦州港反超。2021 年北部湾港的集装箱、货物吞吐量均进入全国前十名，显示北部湾港目前整体的吞吐能力最强，其次是湛江港，最后是海口港。

表 9-10　主要年份北部湾主要港口集装箱与货物吞吐量

港口	集装箱吞吐量（万 TEU）				货物吞吐量（万吨）			
	2018 年	2019 年	2020 年	2021 年	2018 年	2019 年	2020 年	2021 年
海口港	185	197	197	201	11883	12447	11781	12169
湛江港	101	112	123	140	30185	21570	23391	25555
北海港	26	38	50	61	3387	3496	3736	4323
钦州港	232	302	395	463	10150	11931	13649	16699

港口	集装箱吞吐量（万 TEU）				货物吞吐量（万吨）			
	2018 年	2019 年	2020 年	2021 年	2018 年	2019 年	2020 年	2021 年
防城港	31	42	60	77	10448	10141	12182	14800
北部湾港	290	382	505	601	23986	25568	29567	35822

资料来源：根据中华人民共和国交通运输部数据整理。

综上所述，得益于广西壮族自治区政府的支持，港口的整合，以及经济腹地的壮大等，目前在北部湾地区，北部湾港的竞争力整体上强于湛江港和海口港，但分各港口来看，湛江港仍有较强的竞争力。

2. 供应商的议价能力

港口企业的正常运营需要码头建设、货轮装卸以及多方面的设施完善，这就对上游供应商有较高的要求。港口行业的供应商主要包含建筑公司、零部件制造公司、集装箱公司等。北部湾港是由广西国资委全资控股，因此所合作的供应商也大多数为北港集团附属子公司等，均由政府控股支持，主要目的并非盈利，因此议价能力有所不足。

3. 购买者的议价能力

港口行业的购买者为货商、运输公司等。对于港口的收费计价，国家交通运输部与发改委在 2015 年印发的《港口收费计费办法》统一规定收费标准，因此下游客户的议价能力也不高。

4. 替代品的威胁

港口运输的替代品主要包含空运和陆运。相较于空运而言，虽然海运的航程较长，风险较大，然而海运的货运量较大，成本较低，并且可运输产品的种类较多。而空运由于安全问题，很多产品无法运输。对比于陆运，海运的航行路线四通八达，限制性较小，灵活性更大。北部湾地区的空运与陆运不太发达，且陆运与海运多形成集疏运体系，因此港口运输被替代的可能性比较小。

5. 潜在进入者的威胁

中国港口行业市场集中度一般。港口建设需要自然条件良好的岸线资源，对周边配套资源也有着较高的要求，具有一定的资源稀缺性；港口与腹地经济的发展相辅相成，其辐射区域相对稳定，从而呈现较为明显的区域垄断性特征。中国的港口基本采取政企合作的方式，政府对港口投资建设采取统一规划管理，实施严格的项目审批制度；航道、码头等港口设施所需投资规模大，属于资本密集型行业。总体看，中国港口行业的整体准入壁垒较高。

然而在国际上，新加坡 PSA 国际港务集团与新加坡太平船务有限公司早在 2015 年就与北港集团共同组建广西北部湾国际集装箱码头有限公司及广西北部湾国际码头管理有限公司，这些国际合作为北港集团带来了新机遇，但也存在着潜在的威胁。

二、内部环境

（一）资源分析

1. 实物资源

企业的固定资产属于企业实物资源。2021 年，北港集团固定资产原值 12.4 亿元，全年完成固定资产投资 61.7 亿元。表 9-11 显示了公司目前所拥有的固定资产账面价值。此外，2021 年全年公司到港设备共 78 台/套，为北部湾港吞吐量较快增长提供有力保障；截至 2021 年底，公司拥有及管理沿海生产性泊位 77 个，万吨级以上泊位 70 个，10 万吨级以上泊位 28 个，15 万吨级以上泊位 14 个，20 万吨级以上泊位 4 个，30 万吨级泊位 1 个。实物资源与中国其他上市港口企业相比还有一定的差距，北部湾港还需要进一步发展壮大。

表 9-11 2021 年北港集团固定资产

单位：亿元

	房屋及建筑物	机器设备	运输设备	其他设备	合计
期初账面价值	5.96	3.12	0.09	2.37	11.54
期末账面价值	6.53	3.26	0.15	2.50	12.44

资料来源：根据北港集团 2021 年年度报告整理。

2. 财务资源

如表 9-12 所示，2016—2021 年，北港集团的各项财务指标显示其一直处于盈利状态，并且营业收入与总资产逐年递增，现金流也较为充足，经营指标完成较好。总体上，公司财务资源也十分雄厚。

表 9-12　2016—2021 年北港集团主要财务指标

指标	年份					
	2016 年	2017 年	2018 年	2019 年	2020 年	2021 年
营业收入（亿元）	29.95	37.11	42.11	47.92	53.63	58.98
归属于上市公司股东的净利润（亿元）	4.52	5.95	6.46	9.84	10.76	10.28
归属于上市公司股东的扣除作经常性损益的净利润（亿元）	4.51	5.49	6.70	9.69	10.61	9.90
经营活动产生的现金流量净额（亿元）	11.02	14.18	18.31	15.52	23.33	14.38
基本每股收益（元/股）	0.36	0.43	0.46	0.60	0.66	0.64
稀释每股收益（元/股）	0.36	0.43	0.46	0.60	0.66	0.59
加权平均净资产收益率（%）	7.37	8.22	8.11	10.33	10.20	9.21
总资产（亿元）	122.64	156.87	171.17	181.49	213.20	268.84
归属于上市公司股东的净资产（亿元）	63.32	72.54	92.06	94.75	110.12	112.78

资料来源：根据北港集团 2016—2021 年年度报告整理。

3. 人力资源

员工构成方面：截至 2021 年底，北港集团共有员工 8378 人，其中生产人员有 5949 人，技术人员有 1021 人，研发人员有 278 人，占总员工数量的 3.32%。优秀人才将成为企业可持续发展的原动力和战略性资源。

员工培训方面：近年来，北港集团加强了对员工的培训，不断完善其培训机制。一方面围绕人才队伍建设要求，以高水平的培训团队为师资，结合适应企业战略开展新型培训项目；另一方面加强技能人才培养工作，提升技能人才的服务水平，构建人才培养新路径。

吸引人才力度方面：相比于其他港口企业，目前北港集团高学历人才数量较少，吸引人才能力有所不足，主要原因是公司的薪资与就业条件还需要进一步提升。2021 年，北港集团员工学历在大学本科及以上的仅占 23.28%，占比最多的则是高中及以下学历，为34.97%（见表9-13）。这说明北港集团还需要进一步吸纳高学历人才，为企业注入新鲜有活力的血液。

表9-13 2021年北港集团员工学历

教育程度类别	数量（人）	占比（%）
大学本科及以上学历	1950	23.27
大学专科学历	2193	26.18
中专学历	1305	15.58
高中及以下学历	2930	34.97
合计	8378	100.00

资料来源：根据北港集团2021年年度报告整理。

4. 组织管理资源

北港集团建立了较为完善的法人治理结构，设有股东大会、董事会、监事会、党委会、经理层等机构，公司的经营管理实行董事会授权下的总经理负责制。各机构均独立于控股股东及其他发起人，依法行使各自职权。公司与控股股东在业务、人员、资产、机构、财务等方面分开，保证公司的独立性如图9-2所示。

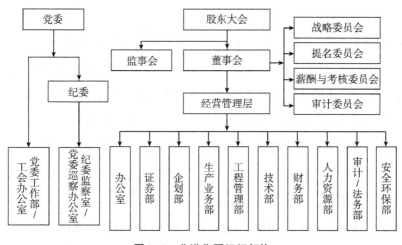

图9-2 北港集团组织架构

资料来源：根据北港集团官网资料整理。

（二）能力分析

1. 科研能力

2019—2021 年公司的研发投入数据（见表 9-14）显示，北港集团的研发人员与研发投入都有所增加，而研发投入资本化的金额与占比有所减少。北港集团 2022 年时有 9 个研发项目，其中北部湾港集装箱设备交接单 EIR 无纸化管理系统、北部湾港电子数据交换平台系统等已完成，北部湾港电子招标采购平台系统、防城港中心堆场斗轮堆取料机自动化技术研究与应用和集装箱智能理货系统研发开始试运行。北港集团目前正在研发更多数字化、信息化的项目，以带动企业更高效率的发展。

表 9-14　2019—2021 年北港集团研发投入情况

指标	年份		
	2019 年	2020 年	2021 年
研发人员数量（人）	101	199	278
研发人员数量占比（%）	1.40	2.68	3.32
研发投入金额（亿元）	13.23	18.44	20.09
研发投入占营业收入比例（%）	0.28	0.34	0.34
研发投入资本化的金额（亿元）	0.00	13.49	11.87
资本化研发投入占研发投入的比例（%）	0.00	73.14	59.07

资料来源：根据北港集团 2019—2021 年年度报告整理。

2. 营销能力

近年来，北港集团多次对国内国际进行调研。2010 年，北部湾国际港务集团与中海集团两次联合组团出访新加坡港、马来西亚巴生港、越南西贡新港等东盟国家的主要港口，调研当地港口状况，邀请有关港口参加泛北部湾经济合作论坛，寻求泛北部湾各港口间的港航和物流合作。通过调研，北港集团与越南、马来西亚以及新加坡达成友好合作。同时，随着国家西部陆海新通道计划品牌效应的不断扩大，北港集团的知名度也进一步提升。此外，北港集团多次协助组织国内国际交流会，向多地企业宣传北部湾港发展现状及前景，以提高其在港口行业的知名度。不过目前北港集团的营销手段还较为单一，在国际市场上的宣传能力还有待提升。①

3. 核心竞争力

一是公司区位条件优越。北部湾港地处泛北部湾经济圈、泛珠三角区域经济圈、中国—东盟经济圈交汇地带，是践行"一带一路"倡议与实施西部陆海新通道战略的关键节点，是西南地区内外贸物资转运距离最短的出海口。东盟现已成为中国第一大贸易伙伴，而广西及北部湾区域是中国唯一与东盟国家陆海相邻的地区。北港集团应进一步发挥毗邻东盟的区位优势，深度融入"一带一路"倡议，提升国家与东南亚等地区的互联互通水平。

二是北部湾港战略地位突出。国家赋予广西在"一带一路"合作中新的历史定位，西部陆海新通道建设得到国家支持。2019 年 8 月，国家发改委印发《西部陆海新通道总体规划》，提出打造广西北部湾国际门户港；2021 年 2 月，中共中央、国务院印发《国家综合立体交通网规划纲要》，将北部湾港与上海港、广州港等港口一并列为国际枢纽海港；2021 年 8 月，国家发改委印发了《"十四五"推进西部陆海新通道高质量建设实施方案》，进一步强调加快建设广西北部湾港国际门户港，高水平共建西部陆海新通道，打造国内国际双循环重要节点枢纽，这些为北部湾港的发展带来了新的机遇。作为中国大陆地区西部陆海新通道的终点与大西南对外开放的门户，为将北部湾港建设成为向海经济的"桥头堡"和国际枢纽海港，广西壮族自治区政府推出了一系列优惠政策，包括加大港口航道及后方集疏运通道的建设力度，为公司提供港区功能调整与港口岸线规划等多项支持。

三是公司腹地货源发展潜力大。依托西部陆海新通道建设，北部湾港辐射的货源腹地主要包括广西、云南、贵州、四川、重庆等中国西部地区及湖南、湖北等中部地区。随着北部湾地区公路、铁路集疏运网络的建成，西部陆海新通道建设和西部大开发形成新格局将加快推动北部湾港腹地经济发展，使公司货源具有更大增长潜力。目前，西部陆海新通道北部湾港开行的班列已达 10 个省区、38 个城市和 71 个站点。

---

① 龙红艳. 广西北部湾港口国际营销策略研究［D］. 广西大学，2013.

第三节　港口合作

一、国内港口合作

1. 北部湾地区港口合作

为统筹港口资源，2007 年 2 月 14 日，广西壮族自治区整合北海港、钦州港以及防城港三港区，成立北部湾国际港务集团，开启了全国跨行政区域港口资产整合的先河。通过统一规划、统一建设、统一运营，三港区从各自为政转变为协同发展，内生动力显著增强。

在北部湾城市群内部，各港口之间同质性高，基本是竞争大于合作。对当地港口企业而言，港口间的无序竞争带来的弊大于利。因此，北港集团为抢抓西部陆海新通道建设发展机遇，加快千万标箱的战略目标达成，与海南港航控股有限公司、海南省洋浦开发建设控股有限公司、山东省港口集团有限公司于 2021 年 9 月 11 日共同签署《战略合作框架协议》[①]，以海南自由贸易港、西部陆海新通道等重大历史发展机遇为契机，本着优势互补、共同发展的原则，优化整合优势资源，打造共赢、可持续的战略合作伙伴关系。这些有利于北港集团进一步拓展北部湾区域的港口布局，挖掘北部湾港与湛江港、洋浦港等港口之间的战略协同效应，通过优化北部湾区域的航线网络布局，提升北部湾港的竞争力与影响力，加快西部陆海新通道国际门户港建设。

2. 与粤港澳大湾区港口合作

粤港澳大湾区港口群多为华南大港，发展基础好，实力雄厚，是北部湾港的重要合作伙伴。2022 年 9 月 16 日，北港集团与广州港集团签订"两湾快航"合作框架协议，致力打造沿海沿边沿江开放合作、产业协同发展引领区[②]。"两湾快航"以钦州港、南沙港为枢纽中心，发挥各自在港口经营、航线布局等方面优势，充分利用两港腹地及外贸网络资源优势，建设两广之间

---

①　北部湾地区港口合作资料来源于北港集团官网，读取日期：2022 年 11 月 24 日。
②　北港集团与广州港集团合作资料来源于北港集团官网，读取日期：2022 年 11 月 24 日。

便捷高效的海上物流通道，运营"北部湾—粤港澳大湾区"支线集装箱运输，实现货源双向对流，促进两港集装箱增量货源，进一步促进北部湾城市群与大湾区城市群之间的合作，提升地区经济发展。

3. 与山东青岛港、日照港合作

北部湾港口与国内北方港口之间性能互补，合作潜力大。2021年5月23日，北港集团与山东港口集团在南宁共同举办"精品快航服务客户恳谈会"，山东青岛港，日照港，安通控股，泛亚航运，中谷物流和北部湾港股份有限公司共同签署《"两港一航"战略合作框架协议》，各方共建"两港一航"精品航线，便利货物流通和贸易往来，更好地服务国家"一带一路"建设。

二、国际港口合作

1. 与马来西亚关丹港合作

关丹港是马来西亚东海岸第一大港，毗邻马中关丹产业园。马来西亚政府为了加快其东部沿海地区的发展，将关丹港列为重点发展的港口之一，同时为配合马中关丹产业园的建设，规划将关丹港打造成为马来西亚东海岸的区域性枢纽港。2012年6月，中马两国正式签署《关于马中关丹产业园合作的协定》，中马"两国双园"模式正式形成。在此机遇下，北港集团以"两国双园"投资开发为契机，拓展与东盟国家的国际合作，探索"港—产—园"发展模式，成为广西产业"走出去"的平台。2013年10月，北港集团签署关丹港40%股权的收购协议，2015年完成收购工作后，关丹港成为北部湾港在海外入股的第一个港口。此外，北港集团还开通了北部湾港至关丹港的直航航线，为马中关丹产业园项目提供了运输保障，使广西与马来西亚的合作也更加频繁和便利。

2. 与新加坡港合作

新加坡PSA国际港务集团是全球领先的港口集团，也是全球最大的集装箱码头营运商之一，在港口信息服务方面有着丰富的经验。2015年6月，北港集团与PSA集团、新加坡太平船务（私人）有限公司签署钦州港合资经营合同，成立广西北部湾国际集装箱码头有限公司。2018年5月24日，广西北部湾国际港务集团与 PSA 集团签订合资合同，成立北部湾港网络有限公司，致力于深化港口信息网络合作。此外，北港集团还与 PSA 集团合作，共同投资泰国 TCT 内河码头。

3. 与文莱摩拉港合作

2017 年 2 月，文莱摩拉港有限公司由北港集团旗下的北部湾控股（香港）公司与文莱达鲁萨兰资产管理公司合资成立，北港集团完成文莱摩拉港集装箱码头的接管工作，成为公司在"一带一路"项目中迈出的又一大步，也标志着"文莱—广西经济走廊"的旗舰项目顺利落地。2022 年 7 月，北部湾港与文莱摩拉港就共同促进国际陆海贸易新通道和东盟东部增长区互联互通签订合作备忘录，在"文莱—广西经济走廊"框架下，双方进一步推进高质量共建"一带一路"和西部陆海新通道。

总体来看，随着西部陆海新通道建设全面推进，目前北部湾港集装箱航线 65 条，其中外贸 37 条、内贸 28 条，基本实现国内主要港口和东南亚、东北亚主要港口全覆盖，通达全球 100 多个国家的 200 多个港口。公司的外贸集装箱航线为北海港—钦州港—世界各地、北海港—中国香港—世界各地；内贸集装箱航线为北海港—钦州港—国内各港，国内外区域性的港口合作奠定了一定的基础。

第四节　发展前瞻

一、发展机遇

从国际看，中国的"一带一路"倡议得到广泛响应，与沿线国家的贸易合作持续扩大，RCEP 生效实施，与东盟国家的合作不断深化，为北港集团航运、物流、经贸等方面对外合作带来重大利好。

从国内看，西部陆海新通道建设如火如荼，西部大开发形成新格局，国家多式联运提速发展，粤港澳大湾区建设加快推进等，为北港集团多元化业务板块的拓展提供了广阔空间。2022 年 8 月 28 日，平陆运河正式进入实质性建设阶段，建成之后将成为广西最便捷的出海通道，北部湾港也会成为西部内陆省份货物出海运输的优先选择。① 此外，2017 年 4 月，习近平总书记赴广西实地考察期间强调北部湾港发展的重要性，为北部湾港的发展注入了强大的动力。北港集团应把握目前所拥有的优势，逐步上升为国际枢纽海港。

二、未来挑战

北港集团所处的北部湾地区港口众多，且与湛江港、海口港等存在很大程度上的同质性，港口之间地域相近、干线相似、腹地叠加，导致港口的恶性竞争、产能过剩日益明显。公司所辐射的西南地区，存在产业结构不优，经济腹地局限，工业短板明显，发展后劲不足等劣势。来自国内及国际的港口竞争也日趋激烈，市场竞争压力加大。

此外，全球经济形势仍然复杂多变；部分地区及地缘冲突隐患不断，南中国海局势有赖国际合作防控；贸易保护主义等逆全球化增加了全球及地区经济的不确定性，这些使港口行业的发展面临大挑战。

三、对策与展望

北港集团应充分发挥北部湾在区域和城市群发展以及向海经济中的引领地位与作用，确保公司的可持续发展。公司对内应集中发展港口装卸、堆存的主营业务，推进专业化码头建设，提高港口服务水平；积极参与市场竞争，构建沟通东中西、连接海内外的港口运输网络；不断提升市场竞争力和市场占有率，从根本上提升公司的盈利能力，为广大客户提供优质、便捷、高效的港口运输服务，为广大股东带来长期、稳定的回报。对外则应利用自身的区位优势，加强与东盟国家的合作，扩大港口投资并加强对产业园的建设，积极与"一带一路"倡议对接，用港口经济带动区域合作与城市发展。

过去北部湾港的发展长期面临着一个难题，即广西货不走广西港。尽管中西部及广西货物通过广西海港出海看起来有优势，但市场仍然倾向于"舍

① 龙启柏. 平陆运河正式开建 [J]. 珠江水运，2022（18）：6-9.

近求远"，甚至不远千里借道上海等东部沿海城市出海。这是由于北部湾港相对国内其他大港来说建设较晚，国际航线相对较少，缺少直达航线。这导致远洋货物需要中转，低效率一度弱化了北部湾港口的吸引力。

而今，随着国家及国际多项政策的实施，北部湾港的货物与集装箱吞吐量已双双跻身全国前十，其实力也日渐凸显，越来越多的企业选择通过西部陆海新通道进出货物。作为西部陆海新通道关键节点，北部湾港将不断从中获利。凭借着地理区位的优势，北部湾港地区已吸引大量国内产业转移项目，如河北津西钢铁项目落户防城港、上海华谊集团在钦州投资、太阳纸业在北海设厂等。沿海城市的快速发展，必然会带动整个北部湾城市群的发展。

未来，北部湾港口将吸引更多产业与资本、人口等要素流入，区域及城市经济发展也将会越来越有活力。

第十章　城市群建设中的城商行

——以广西北部湾银行集团为例

城市商业银行（以下简称"城商行"），是 20 世纪 80 年代设立的城市信用社发展到一定程度的升格。作为中国多层次金融机构体系的重要组成部分，服务地方经济的主力军，城商行植根于本地市场，立足于城商行的定位，为本地各大行业中小企业的成长、城市基础设施的完善以及乡村振兴提供了巨大的资金支持。截至 2021 年末，全国范围内已有 125 家城商行。

关于城商行对于地区经济增长的作用，郭峰、熊瑞祥（2017）利用渐进性的双重差分法研究城商行的成立对城市经济增长的影响，认为城商行主要通过为企业提供银行贷款与促进企业增长促进了所在地区经济增长。[1] 王贺峰（2021）通过探索日本地方银行发展对中国城商行的启示，认为日本地方银行在不确定的经济环境中通过产品和服务创新缓解地方就业和人口老龄化的问题，在为中小企业提供资金的同时对中小企业提供全方位支持，进而对地方经济产生重要的改善作用。[2]

关于城商行对港口城市建设的支持作用，纪华鎏（2021）通过北部湾银行的案例研究，认为其扩大边境地区金融服务覆盖范围的举措极大地推进了港口物流金融的发展，且其创立的"北部湾银行·钦州城市发展产业投资基金"项目有力地支持了钦州港的基础设施建设和临港企业的发展。[3]

---

① 郭峰，熊瑞祥. 地方金融机构与地区经济增长——来自城商行设立的准自然实验 [J]. 经济学（季刊），2017，16（04）：26.

② 王贺峰. 日本地方银行发展对我国城商行的启示 [J]. 新金融，2021（04）：41-46.

③ 纪华鎏. 北部湾港港口物流金融发展研究 [J]. 合作经济与科技，2021（18）：56-59.

关于金融机构对民营、小微企业的作用，田文静（2020）通过晋商银行与地方政府合作创造优良的投资和金融环境，加大对中小企业的贷款力度，创新细分金融产品以支持山西省中小企业能源开采清洁技术的案例研究，肯定了城商行对中小企业高质量转型的重要支持作用。[①] 陈前总（2019）通过北部湾银行推动金融供给侧结构性改革，缓解北部湾地区民营、小微企业融资难的难题的案例研究，肯定了北部湾银行对民营、中小企业的支撑作用。[②]

综上所述，城商行对于地方经济的影响已经得到充分肯定，本章将着重从城商行发展战略案例研究的视角，研究在北部湾城市群发展过程中，城市群和都市圈发展与北部湾银行发展之间相互促进的关系。

北部湾城市群规划建设以来，随着经济总量不断增长，城市群11个地级市的金融服务业发展迅速，银行业存贷款余额规模持续扩大。2020年，11市存、贷款余额分别达到32692亿元和33620亿元，相比于2016年增长31.7%和65.9%；存款余额占广东、广西和海南三省区存款余额总额的10.9%，贷款余额占3省区的14.5%；11市的贷款余额占十一市地区生产总值（GDP）的163.3%。图10-1显示，南宁、海口和湛江三座城市的年末金融机构人民币各项金融贷款余额在11市中位列前三，其中，南宁的生产总值与其他城市拉开较大距离。

广西北部湾银行集团是广西为响应国家实施北部湾经济区开放开发战略，在原南宁市商业银行基础上改制设立的省级城市商业银行。在上述金融大环境下，广西北部湾银行集团经营效果突出，其总资产在广西所有城市商业银行中排名第2位，在中国银行业协会2021年度商业银行稳健发展能力"陀螺"评价体系位列城商行第22位，凭借一级资本在"2021年全球银行1000强"榜单中排名第370位。作为一家区域性、国际化、股份制优质特色银行，在中国新时代西部大开发计划中起着重要的作用。北部湾银行经营成效突出，在财务、业务、人力和科技方面具备较强的资源优势，是广西跨境金融、小

---

① 田文静. 地方性商业银行普惠金融服务创新分析——以山西省为例 [J]. 现代审计与会计，2020（12）：32-33.
② 陈前总. 金融供给侧视角下缓解民营、小微企业融资难融资贵问题探索——以广西北部湾银行为例 [J]. 沿海企业与科技，2019（03）：8-12.

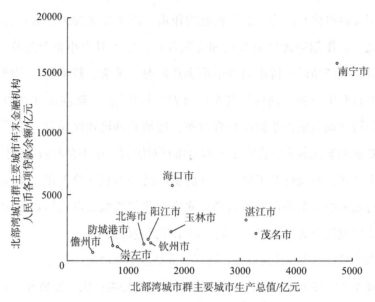

图 10-1　2020 年北部湾城市群主要城市生产总值、金融机构人民币各项贷款余额概况

资料来源：根据 2021 年《中国城市统计年鉴》及《中国统计年鉴》归纳绘制。

微贷款、乡村振兴和产业转型升级发展的重要推动者和践行者，其助力将拉动整个北部湾城市群的经济增长，为整个城市群的产业发展和城市建设带来更多新的机遇。

第一节　发展概况

一、发展历程

（一）基本概况

在北部湾经济区建设前期，钦州、北海和防城港的基础设施项目需要消耗巨额资金，广西壮族自治区政府资金支持不足，急需专门筹资融资的平台。同时，区域经济建设的新生力量——中小企业正遭遇融资难的问题，区内却没有一家专门服务中小企业的金融机构。此外，促进泛北部湾经济合作区和大湄公河次区域国家能源和资源合作开发，引进新加坡等国的资金、技术和管理等庞大的跨国经济活动必然伴随着多样且金额数量大的金融活动，需要相应的金融手段和金融平台的支撑。2008 年 1 月，国家发改委发布的《广西北部湾经济区发展规划》明确提出，大力发展区域性金融机构以服务北部湾经济区的开发。因此，广西北部湾银行顺应国家实施北部湾经济区开放开发战略，在原南宁市商业银行基础上改制设立为省级城市商业银行，于 2008 年 10 月挂牌成立。基于上述背景，广西北部湾银行的发展战略自然是立足广西，深耕中小企业与社区，面向东盟，联结湾区，融通全球，着力打造行业聚焦、生态驱动的区域性、国际性以及股份制优质特色专业银行。2009 年，北部湾银行与其他股东出资共同成立了村镇银行，北部湾银行本行与村镇银行合称"广西北部湾银行集团"（以下简称"北部湾银行"）。

（二）股权概况

作为广西特色银行，北部湾银行股权结构较为分散，无控股股东和实际控制人。截至 2021 年末，北部湾银行最大的 10 名股东除了巨人投资（7.92%）以外，皆属于广西本土股东，分别是广西投资集团金融控股（17.47%）、广西出版传媒集团（6.25%）、广西融桂物流集团（6.00%）、广西柳州钢铁集团（5.39%）、广西桂冠电力股份（4.13%）、广西贵港市港盛投资（3.94%）、广西宏桂资本运营集团（3.77%）、广西荣和企业集团（3.38%）、广西路桥工程集团（2.50%）、广西交通投资集团（2.50%）以及河池市国有资本投资运营（2.50%）。其中巨人投资和荣和集团都属于民营企业。

（三）组织架构

如图 10-2 显示，2019 年北部湾银行的前台经营与营销管理部门的业务多有交叉，导致银行内部分工不明确。2020 年，北部湾银行组织架构优化调整如图 10-3 所示，推行"强总部"战略①，秉持"前台精细化、中台专业化、后台集约化"原则，将前台业务部门划分为公司金融板块和零售金融板块统筹管理，稳步推进现代中后台体系建设，形成系统化、长期化、统一化的格局，全面推动公司高质量发展。但板块划分的依据是服务对象，导致业务类

---

① 2021 年北部湾银行年报。

型依然存在交集。公司金融板块服务的是大型企业类客户和机构类客户，主要业务是存款、信贷、投行、交易和国际结算等；零售金融板块面向的是个人消费类客户和小型企业类客户，主要业务包括存贷款和理财。

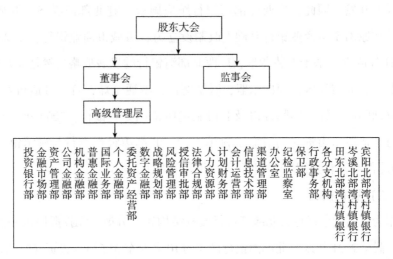

图 10-2　2019 年北部湾银行组织架构

资料来源：根据 2019 年北部湾银行年报归纳改绘。

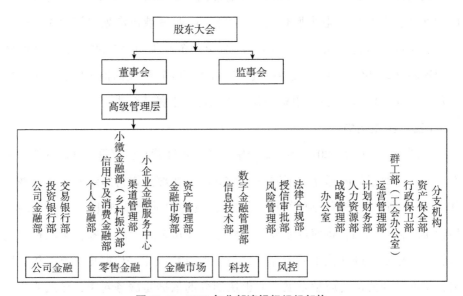

图 10-3　2020 年北部湾银行组织架构

资料来源：根据 2020 年北部湾银行年报归纳改绘。

（四）分支机构及子公司情况

随着区域和城市经济的发展，北部湾银行不断拓展分支机构。公司在2009年拓宽信贷渠道，与其他股东共同出资成立村镇银行，推动金融服务下乡，为农村小微企业和农户带来了便利，有利于乡村振兴的持续推进，也有效承担了社会责任。此后，公司又积极贯彻国家扶持中小企业的工作要求，于2015年设立小企业金融服务中心，为广西的小微企业提供信贷，助力地方经济的发展。如表10-1所示，北部湾银行的一级分支行机构以及营业网点数量随着区域城市经济的发展不断增加，深入广西的各个县市。北部湾银行目前已在南宁、桂林、柳州、北海、贵港、钦州、防城港、崇左、玉林、百色、梧州、河池、贺州13个区市和桂平、横州、凭祥等56个重点县域设立了分支机构，在田东、宾阳、岑溪县区市设立了3家村镇银行。截至2021年末，全行共有一级分支机构15家，营业网点近300家，职工人数超4500人。其中，如表10-2所示，北部湾银行在北部湾城市群内的一级分支机构有8家，南宁有3家，其余为北海、钦州、防城港、玉林和崇左各1家；营业网点数177家，占总数的60%左右，重点覆盖了南宁都市圈。根据图10-3所示，在北部湾城市群内，北部湾银行的一级分支机构与营业网点主要在GDP较高的城市——南宁和玉林分布较多。北部湾银行作为一家城市商业性银行，受《城市商业银行异地分支机构管理办法》和自身发展规模的限制，未能扩张到广东与海南的环北部湾区县市，这也从另一面说明北部湾银行有待成长发展。

表10-1　2008—2021年北部湾银行机构数量

年份	一级分支行	小企业金融服务中心（包含分中心）	营业网点	村镇银行
2008	3	0	49	0
2009	7	0	53	1
2010	9	0	60	1
2011	9	0	63	3
2012	10	0	66	3
2013	10	0	66	3
2014	20	0	67	3

年份	一级分支行	小企业金融服务中心（包含分中心）	营业网点	村镇银行
2015	20	1	71	3
2016	19	1	75	3
2017	19	4	77	3
2018	20	4	119	3
2019	21	4	149	3
2020	20	4	216	3
2021	15	7	280	3

资料来源：2008—2021 年北部湾银行年报。

表 10-2   2021 年北部湾城市群内北部湾银行机构数量

地区	一级分支机构	中心数/营业网点
南宁市	3	95
北海市	1	14
钦州市	1	14
防城港市	1	10
玉林市	1	27
崇左市	1	17

资料来源：2021 年北部湾银行年报。

二、经营现状分析

北部湾银行努力打造"支持地方经济发展的省级主力金融平台、金融创新平台、地方金融人才培养平台"。截至 2021 年末，北部湾银行累计提供区内外融资逾 1.7 万亿元服务广西经济社会发展，其中从广西区外引进资金 6200 亿元以上；累计实现营业收入超 290 亿元，经营利润 280 亿元，上缴税金超 100 亿元。经过 10 余年短暂而不懈的耕耘，北部湾银行逐渐成长为总资产超 3900 亿元、存款余额超 2700 亿元、贷款余额超 2200 亿元，具有良好公司治理和风险管理机制的现代商业银行。

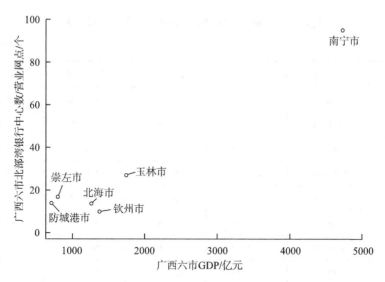

图 10-4　2020 年广西六市北部湾银行中心数/营业网点概况

资料来源：2021 年《中国城市统计年鉴》和 2021 年北部湾银行年报。

（一）经营概况

如表 10-3 所示，2008—2021 年北部湾银行的经营规模总体上呈现快速发展的趋势。2008—2012 年是其业务拓展时期，经营规模快速扩大；2013—2014 年，受宏观经济持续低位运行的影响，部分企业客户生产经营面临较大的困难和压力，客户违约情况增多，不良贷款处置压力增大，导致北部湾银行经营规模收缩；2015—2021 年北部湾银行面对着严峻的经济金融环境，围绕抓改革、拓市场、控风险、轻包袱、强治理、树品牌等展开工作，推动规模逐年扩大，各项财务指标保持着稳健的年增长幅度。截至 2021 年末，资产总额达到 3605.31 亿元，比 2008 年增加了 3444.62 亿元，年平均增幅达到27.03%；负债总额达到 3370.24 亿元，比 2008 年增长了 24 倍，年平均增幅为 28.09%；资本净额为 303.60 亿元，比 2008 年增加了 277.64 亿元，年平均增幅为 20.82%；存款总额为 2395.84 亿元，比 2008 年增长了 17 倍，年平均增幅为 24.96%；贷款总额为 1970.55 亿元，比 2008 年增加了 1895.38 亿元，年平均增幅达到 28.56%。

表 10-3 2008—2021 年北部湾银行经营规模情况表

单位：亿元

年份	资产总额	负债总额	资本净额①	存款总额	贷款总额
2008	160.69	134.93	25.96	132.28	75.17
2009	273.38	240.94	31.59	235.55	135.18
2010	592.28	550.62	42.95	343.36	173.89
2011	1111.61	1064.13	59.66	456.85	234.47
2012	1217.16	1143.54	88.96	560.77	358.24
2013	915.89	840.29	90.84	581.03	381.86
2014	855.95	764.09	107.65	563.29	401.28
2015	1130.28	1020.43	126.48	638.54	422.74
2016	1347.89	1236.98	120.01	754.28	521.66
2017	1590.29	1471.35	125.73	1028.36	616.61
2018	1891.46	1746.26	150.81	1207.96	938.57
2019	2315.07	2142.69	207.70	1508.51	1187.54
2020	3052.79	2839.72	276.15	2058.50	1577.95
2021	3605.31	3370.24	303.60	2395.84	1970.55

资料来源：2008—2021 年北部湾银行年报。

（二）经营效益

如表 10-4 所示，北部湾银行的经营效益总体上处于不断提升的态势，营业利润在 2008—2012 年的 5 年间由 1.30 亿元增加到 14.85 亿元，翻了 11 倍多。2014 年，营业利润跌到 1.54 亿元，几乎与集团成立第一年的营业利润齐平。此后北部湾银行花费了 5 年的时间才使其营业利润超过 2012 年的水平。资产利润率 2008 年为 1.14%，处于最高值；2013—2014 年大幅度下降，2014 年为 0.15%；2015—2021 年稳步回升，2021 年为 0.61%，但仍与 2012 年的 0.96% 有一定的差距。每股净收益 2014 年为 0.04 元，虽然在 2015—2021

---

① 对于银行来说，资本净额有规定，核心资本不能低于资本净额的 50%，附属资本不能高于核心资本的 100%。

年期间逐步增加，2021 年达到了 0.25 元的高值，但与 2012 年相比还是低了 0.2 元。

表 10-4　2008—2021 年北部湾银行经营效益情况

年份	营业利润（亿元）	资产利润率[①]（%）	每股净收益[②]（元）
2008	1.30	1.14	—
2009	2.77	0.92	—
2010	5.84	1.02	0.22
2011	10.50	0.92	0.39
2012	14.85	0.96	0.45
2013	3.47	0.25	0.10
2014	1.54	0.15	0.04
2015	4.08	0.35	0.08
2016	6.92	0.43	0.12
2017	10.34	0.56	0.18
2018	12.31	0.54	0.20
2019	15.17	0.55	0.16
2020	19.81	0.57	0.20
2021	26.70	0.61	0.25

注："—"表示数据在该年年报中未披露。

资料来源：2008—2021 年北部湾银行年报。

（三）经营风险

如表 10-5 所示，2008—2021 年，北部湾银行的经营风险总体偏小。中国的拨备覆盖率监管标准通常为 120%～150%，北部湾银行的拨备覆盖率在 2008—2021 年期间总体上远超监管标准，但是波动较大。2012 年的拨备覆盖率达到了 440.07% 的高值，这就意味着较高的机会成本，不利于北部湾银行利润的合理利用；2018 年的拨备覆盖率降至 138.88% 的低值。2008—2017

---

① 监管规定商业银行资产利润率大于等于 0.6%。

② 每股净收益是评估一家企业经营业绩和比较不同企业运行状况的重要依据，每股收益 0.3 元左右，市盈率在 15 倍左右，比较正常。

年，存贷比符合监管标准，但2018—2021年存贷比不断上升，其背后所隐含的存贷款金额变动不利于经营风险的控制。2008—2021年，资本充足率和流动性比率各年都较为相近，波动幅度不大且满足监管标准。

表10-5　2008—2021年北部湾银行经营风险情况

单位：%

年份	拨备覆盖率①	资本充足率②	存贷比③	流动性比率④
2008	144.54	38.09	0.57	63.23
2009	162.06	21.84	0.57	48.51
2010	219.10	16.99	0.51	48.02
2011	383.03	14.01	0.51	51.29
2012	440.07	13.16	0.64	48.92
2013	267.26	12.82	0.66	46.12
2014	156.79	15.27	0.71	59.83
2015	267.73	14.94	0.66	43.51
2016	188.77	13.25	0.69	36.93
2017	158.73	11.83	0.60	40.57
2018	138.88	11.46	0.78	43.98
2019	170.56	12.79	0.79	49.83
2020	192.22	13.62	0.77	60.60
2021	199.18	12.11	0.82	79.17

资料来源：2008—2021年北部湾银行年报。

---

①　拨备覆盖率又被称为拨备充足率，具体是指商业银行在开展贷款业务的过程中，为可能出现的坏账或者呆账所准备资金的使用比例，是量度商业银行抵御风险能力的指标。

②　资本充足率是指一个银行的资本总额对其风险加权资产的比率，代表了银行对负债的最后偿债能力。根据银保监会规定，资本充足率不得低于8%。

③　存贷比是指银行资产负债表中的贷款资产占存款负债的比例。该比率越高，负债对应的贷款资产越多，银行的流动性越低，中央银行规定该比率不得超过75%。

④　流动性比率是指流动资产对流动负债的比率，用来衡量企业流动资产在短期债务到期以前，可以变为现金用于偿还负债的能力。商业银行流动性监管要求流动性比率不得低于25%。

第二节　优劣势、机遇与挑战

一、优势与劣势

（一）优势

1. 财务实力

首先，在北部湾银行股权占比前十名的股东都是广西区内外优质的企业，在一定程度上能够给予北部湾银行发展壮大的资金和运行经验支持。其次，根据表10-6，最近5个会计年度，北部湾银行一直处于盈利状态，营业收入与总资产逐年递增，经营指标完成较好；规模与效益增速均在30%左右，可以看出其稳健经营的实力。同时，存贷款金额持续增长，2021年，各项存款占广西同业市场份额达到7.29%①，较2019年提高了1.87个百分点；各项贷款占广西同业市场份额达到5.09%②，较2019年提高了0.99个百分点。

表10-6　2019—2021年北部湾银行主要财务状况

指标	年份				
	2017 年	2018 年	2019 年	2020 年	2021 年
营业收入（亿元）	22.15	33.79	47.83	60.14	78.23
营业利润（亿元）	10.34	12.31	15.17	19.81	26.70
净利润（亿元）	8.11	9.38	11.62	15.51	20.35
归属于母公司股东的净利润（亿元）	7.98	9.25	11.44	15.38	20.21
资产总额（亿元）	1603.36	1891.47	2350.30	3052.79	3605.32
所有者权益（亿元）	117.94	145.21	175.36	213.07	235.08
其中：归属于母公司股东权益（亿元）	116.06	143.25	173.27	210.89	232.88
资本净额（亿元）	124.72	150.81	207.70	276.15	303.60

① 资料来源于 2021 年北部湾银行年报。
② 资料来源于 2021 年北部湾银行年报。

续表

指标	年份				
	2017 年	2018 年	2019 年	2020 年	2021 年
负债总额（亿元）	1485.42	1746.26	2174.94	2839.72	3370.24
发放贷款及垫款总额（亿元）	661.61	958.22	1215.38	1577.95	1970.55
吸收存款（亿元）	1028.36	1207.96	1542.01	2058.50	2395.84
经营活动产生的现金流量净额（亿元）	69.79	−222.47	190.14	−17.01	61.88
每股净资产（不含永续债）（元）	2.60	2.40	2.28	2.38	2.64
每股净收益（不含永续债）（元）	0.18	0.20	0.16	0.2	0.25

资料来源：2017—2021 年北部湾银行年报。

2. 风险管理能力

如表 10-7 所示，北部湾银行拨备覆盖率连续数年增长，到 2021 年提升至 199.18%，拨备基础持续夯实，安全边际逐渐增厚。不良贷款额、不良贷款率连续四年实现"一控一降"，不良贷款额处于监管要求的合理范围内，不良贷款率由 1.53% 降至 1.27%，资产质量持续向好。资本充足率达 12.11%，保持较优水平，资本实力进一步夯实。

表 10-7　2017—2021 年北部湾银行风险指标状况

指标	年份				
	2017 年	2018 年	2019 年	2020 年	2021 年
拨备覆盖率（%）	158.73	138.88	170.56	192.22	199.18
不良贷款（亿元）	—	14.39	17.86	20.58	25.06
不良贷款率（%）	—	1.53	1.47	1.30	1.27
资本充足率（%）	11.83	11.46	12.79	13.62	12.11

注："—"表示数据在该年年报中未披露。

资料来源：2017—2021 年北部湾银行年报。

3. 人才实力

高层次人才是一个集团平稳快速运行的内在推动力。2021 年，北部湾银行员工共 4224 人，较上年增长 28.55%。其中，全国会计领军人才（企业类）

1人，广西"十百千人才"3人，南宁市高层次人才中D层次人才4名，E层次人才16名，高级职称27人，中高级职称占比10.78%。在员工教育水平方面，包含毕业于全球和国内外知名重点高校的博士、硕士318人，大学本科及以上学历占比92.53%。如表10-8显示，2018—2021年4年来，北部湾银行为集团扩张储备了一定数量的高层次人才。银行员工整体素质较高，能做出较为明智的决策，也能较为专业地开展业务。

在员工培训和员工关爱方面，北部湾银行强化培训育人，激活内生动力。根据表10-9所示，北部湾银行每年举办各类培训超过百场，帮助员工成长，2016—2020年5年之间员工培训人次增加一倍，已经形成了成熟的员工培养机制。此外，北部湾银行对于有困难的员工给予帮助，努力为员工办实事、办好事，提升了员工对北部湾银行的归属感。

表 10-8　2018—2021 年北部湾银行员工受教育程度情况

单位：人

年份	博士、硕士研究生学历	大学本科学历	大学本科以下学历
2018	179	1835	685
2019	228	2309	332
2020	260	2744	285
2021	318	3590	316

资料来源：2018—2021 年北部湾银行年报。

表 10-9　2016—2020 年北部湾银行员工权益情况

年份	员工培训（人次）	人均培训（学时）	帮助困难员工（人次）	帮助困难员工投入金额（万元）
2016	24225	—	157	16.5
2017	25431	47.4	201	—
2018	26700	56.7	—	26.5
2019	—	71.4	—	23.04
2020	44300	66.4	—	27.85

注："—"表示数据在该年年报中未披露。

资料来源：2016—2020 年北部湾银行社会责任报告。

4. 科技能力

首先，根据表 10-10 所示，2021 年，北部湾银行在科技方面投入 4.70 亿元，同比增长 19.70%；信息科技正式员工共 196 人，占比 4.89%。近三年北部湾银行在技术上的投入呈增长趋势，可以看出公司对于数字金融革新的重视及公司的金融数字化潜力。其次，若以网银个人客户量反映技术创新能力，北部湾银行网银客户数从 2019 年的 111.82 万户上升至 2021 年的 188.66 万户，也从侧面体现出其技术能力正处于不断加强中。最后，北部湾银行在 2021 年启动机器人流程自动化技术的研发应用，创新引入机器人流程自动化平台和技术，成为区内首家成功落地并批量运用该技术的城商行；搭建首个容器化部署的统一决策引擎系统，助力业务模型敏捷应用；建成广西区内地方法人金融机构首家智能外呼系统，打造营销、催收、通知三大外呼应用，大幅提升外呼效能。以上措施都帮助湾行智能化应用迈出新步伐，得到国家的技术认可；同时，助力五象总部大厦数据中心成功入选国家工信部及发改委等六部委联合公布的《国家绿色数据中心》名单，成为广西首家也是当前唯一一家国家绿色数据中心。

表 10-10　2019—2021 年北部湾银行技术投入及技术人员情况

年份	技术投入（亿元）	同比增长（%）	技术人员（人）	占比（%）
2019	2.15	104.70	—	—
2020	3.94	82.65	192	5.84
2021	4.70	19.70	196	4.89

注："—"表示数据在该年年报中未披露。

资料来源：2019—2021 年北部湾银行年报。

（二）劣势

1. 资本补充能力的制约

近年来，北部湾银行的资本增长速度减缓。在由中国银行业协会发布的以"一级核心资本净额"[①] 为排序依据的中国银行业 100 强中，2019 年北部

---

① 核心一级资本具有最强的损失吸收能力，是衡量商业银行综合实力和风险抵补能力的核心指标，也是银行业经营发展的重要基础，主要包括实收资本或普通股、资本公积、盈余公积、一般风险准备、未分配利润和少数股东资本可计入部分，补充来源包括 IPO、定增、配股、可转债等方式。

湾银行名列第 77 名，桂林银行和柳州银行分别名列第 66 名、第 78 名。2021年北部湾银行下降到第 82 名，桂林银行和柳州银行分别下降到第 68 名、第 96 名。这意味着在宏观经济下行而导致的银行业整体外源性资本补充下降的情况下，北部湾银行自身的内源性资本补充能力不足。所以，当面对大规模和长周期的湾区项目建设的时候，北部湾银行可能没有足够的能力支撑整个建设过程。

2. 资产规模小

北部湾银行作为一家边疆地区的城商行，其资产规模远小于其他国有商业银行。根据银监会的相关规定，在给单一客户提供贷款的时候，其支持额度受资产规模的影响，所以这不利于北部湾银行充分满足大型企业客户的业务需求。

3. 贷款集中度高

银行的贷款集中度偏高通常不利于自身的风险控制。首先，受制于其资产规模偏小的原因，北部湾银行的主要客户都是小微企业。2021 年北部湾银行发放"桂惠贷"政策性贴息贷款 137.66 亿元，其中投向小微企业 97 亿元，占比 70.46%。而小微企业对市场较为敏感，受新冠疫情影响经济一度下行时，小微企业贷款占比大不利于银行的资金回收。其次，2021 年北部湾银行向其十大单一借款人（不包括集团借款人）发放的贷款额占资本净额为52.87%，最大的单一借款人的贷款额占该行资本净额 8.20%，接近于银行业法律法规规定的银行向任何单一借款人的贷款不得超过自身资本净额的 10%这一警戒值。最后，贷款行业集中度高。在 2021 年公司财报中划分的 19 个行业里，贷款前四大行业是租赁和商务服务业、制造业、批发零售业及建筑业，一共占据贷款总额的 41.52%。

4. 营业网点覆盖率低

首先，北部湾银行的一级分支机构目前还未在来宾市建立，地级市覆盖率没有达到 100%。其次，北部湾银行的一级分支行由 2020 年的 20 家下降到2021 年的 15 家，在地级市一般只有一个一级分支机构，这不利于公司知名度的提升。再次，在重要的沿海沿边城市——北海、防城港、崇左以及钦州等市的区县里，北部湾银行的县级支行平均只有 2.5 家，这不利于北部湾银行在边境贸易中提供跨境金融服务。最后，北部湾银行目前只有 3 家村镇银行且分布在南宁，这会导致流失掉大部分追求便捷、省时的个人客户和个体户。

二、机遇与挑战

2002 年，中国与东盟签署《中国—东盟全面经济合作框架协议》，正式启动中国—东盟自由贸易区建设。2006 年，广西正式成立北部湾经济区。基于此背景，由广西壮族自治区政府支持成立的北部湾银行拥有了发展的先天优势。同时，"一带一路"倡议的实施、北部湾城市群建设、西部陆海新通道运营、中国—东盟自由贸易区 3.0 版本的启动、RCEP 外向型经济的发展及中国—马来西亚钦州产业园区金融试点的落实都给北部湾银行带来了新的机遇和挑战。

（一）机遇

1. 工程建设的资金需求

根据"一带一路"倡议对广西的定位——构建面向东盟的国际大通道、打造西南中南地区开放发展新的战略支点、形成 21 世纪海上丝绸之路和丝绸之路经济带有机衔接的重要门户，广西需要通过与相关各方合作完成航空、铁路、境内外公路、港口建设，将中国与中南半岛、广西与内陆省份连接起来，以有利于中国与东盟的贸易往来。以上项目建设所需的大量投资融资以及资金管理需求，给北部湾银行带来拓展贷款市场以及增加与政府、海内外企业金融联系的机会。

2. 城市建设的金融需求

《北部湾城市群发展规划》自 2017 年 1 月实施以来，对北部湾各城市深度融合有了更多的需求。不只是要求市场整合，使得劳动、资本等要素在城市群内自由流动，同时还要求教育、金融、旅游、产业等服务以及行政管理体系等方方面面的整合，甚至包括连通北部湾城市群中的跨省连通。城市群各市的深度融合也包括促进金融体系的一致，通过降低区域金融管理体制不一致带来的限制，银行得以增加营业网点，这有利于北部湾银行在北部湾城市群内高效开展业务，同时，也为北部湾银行作为城商行在北部湾城市群建设中实现跨区经营提供了可能。

3. 广西沿边金融综合改革试验区

2021 年 9 月 26 日，广西复制推广中国—马来西亚钦州产业园区金融试点两项政策，将跨境人民币双向流动便利化政策从中国—马来西亚钦州产业园区推广到广西自由贸易试验区全域，境外项目贷款政策从马来西亚马中关丹产业园区推广到东盟十国，为广西银行发展海外业务提供了更好的环境。同时，为北部湾银行扩大开展跨境结算业务提供了机遇，有利于其业务平稳发展。

（二）挑战

1. 同业竞争

如表 10-10 所示，北部湾银行、柳州银行和桂林银行是广西现有的三家城商行，2021 年北部湾银行的经营规模位居第二，桂林银行领先，柳州银行远落后于前两家。北部湾银行的经营规模与桂林银行有一定的差距，但是经营效益远高于桂林银行和柳州银行。根据表 10-12 所示，北部湾银行的不良贷款率优于广西地区的柳州银行、桂林银行以及国家四大行，拨备覆盖率高于柳州银行、桂林银行以及中国银行。这说明 2021 年北部湾银行的资产质量边际向好，抵御风险的能力属于中等偏上水平。北部湾银行的核心一级资本充足率虽然超过监管标准，但在 7 家银行里偏低，这也说明了其内源资本补充能力有限，资本管理需进一步加强。北部湾银行的净息差不仅低于四大行，还低于广西区域内银行净息差均值 2.79%，说明其盈利能力还有上升的空间。

表 10-11 2021 年广西城市商业银行资产、负债及利润情况

单位：亿元

银行名称	资产总额	负债总额	经营利润
北部湾银行	3605.31	3370.24	26.70
柳州银行	1741.28	1593.11	10.10
桂林银行	4425.58	4163.47	15.60

资料来源：2021 年北部湾银行年报、柳州银行年报及桂林银行年报。

表 10-12　2021 年广西地区主要银行经营情况

单位：%

银行名称	不良贷款率①	拨备覆盖率	核心一级资本充足率②	净息差③
北部湾银行	1.27	199.18	8.11	2.0
柳州银行	1.81	168.84	11.75	1.98
桂林银行	1.69	144.26	7.65	2.23
中国银行	1.33	187.05	11.30	1.75
中国工商银行	1.42	205.84	11.31	2.11
中国建设银行	1.42	239.96	11.59	2.13
中国农业银行	1.43	299.73	11.44	2.12

资料来源：2021 年北部湾银行年报、柳州银行年报、桂林银行年报、中国银行年报、中国工商银行年报、中国建设银行年报及中国农业银行年报。

2. 分支机构的地域限制

目前，北部湾银行在参与西部陆海新通道的建设以及中国—东盟经济往来时，多以区内地方和国内企业的金融支持者出现，为区内对外生产企业提供信贷、贸易结算业务，其在境外没有分支行，这导致北部湾银行跨境联动、贷款、投资、融资、资金池等业务展开艰难。

3. 汇率风险

北部湾银行是金融行业中面向东盟国家同业进行交流和参与"一带一路"倡议的重要金融机构。不过，在"一带一路"倡议沿线 65 个国家中，目前仅有 8 个国家的货币与人民币实现了直接的交易；其中，在联系紧密的 10 个东盟国家中仅有 3 个国家货币实现了与人民币的直接交易。这意味着北部湾银

---

① 不良贷款率是指金融机构不良贷款占总贷款余额的占比。《商业银行风险监管核心指标（试行）》中要求不应高于 5%。

② 核心一级资本充足率是指商业银行持有的符合规定的核心一级资本与风险加权资产之间的比率，是衡量一个银行抵御风险的能力和能否健康运营的一个重要指标。根据银监会规定，核心一级资本充足率不得低于 5%。

③ 净息差是指净利息收入的收益率，即净利息收入与平均生息资产规模的比值（即净利息收益率）。净息差是衡量金融机构盈利能力的重要指标。

行在拓展海外业务时面临着各国国际汇率不同且不稳定的情况，北部湾银行的汇率监控能力面临更大的挑战。

第三节　在区域经济发展中的作用

多年来，北部湾银行在积极、主动融入广西面向东盟的金融开放门户、"一带一路"倡议国际合作、西部陆海新通道及城市群与都市圈的建设，通过小微金融中心支持农户与小微企业的发展，积极承担起服务广西对外开放和推动北部湾经济区发展的社会责任。

一、跨境金融服务

2009 年 8 月北部湾银行正式开通外汇业务，此后，在为广西中小企业进出口结算和贸易融资服务的同时，不断加深中国与东盟金融行业交流，在中国—东盟的国际舞台上发挥作用。

2018 年，北部湾银行作为唯一一家地方法人银行受邀在中国—东盟基础设施互联互通金融论坛上发言。2019 年，北部湾银行开办代发境内越南务工人员工资业务，获得境外旅客购物离境退税业务代理资格。2020 年，北部湾银行参与承办第 12 届中国—东盟金融合作与发展领袖论坛；凭借外汇业务清算高效、汇率优惠的优势，成功中标 2020—2025 年广西国际金融组织贷款项目银行。2021 年还突破银行传统融资模式，成功落地广西首笔铁海联运"一单制"跨境融资业务，实现融资程序便利化。

北部湾银行还通过成立中国—东盟货币跨境业务中心、上线实时结算的"跨境电子结算平台"、开发"富桂通—跨境达互市电子结算"产品、为进出口企业提供"关单贷"融资支持、在边境口岸推广"边民贷"开展边民互市结算、与越南投资与发展银行等达成现钞双币跨境调运业务合作等举措，积极扩大边境地区金融服务范围。如表 10-13 显示，2017—2021 年北部湾银行的贸易融资量不断上涨，2021 年达到 326 亿元，较 5 年前增长了 10 倍；跨境结算量达到 63.09 亿美元，较 5 年增长了 101.69%；与 30 多个国家的 212 家银行建立了代理关系，有力支持了广西企业的进出口结算和贸易融资业务。

表 10-13　2017—2021 年北部湾银行跨境金融业务情况

年份	贸易融资（亿元）	跨境结算（亿美元）	有效代理行（家）
2017	29.44	31.28	—
2018	—	19.41	215
2019	98.42	32.39	217
2020	117.22	45.87	211
2021	326.00	63.09	212

注："—"表示数据在该年年报中未披露。

资料来源：2017—2021 年北部湾银行社会责任报告。

二、小微企业服务

2009 年，北部湾银行专门成立小微企业金融服务中心，此后，推出小微企业信贷产品、科技助力小微企业以及贷款偏向小微企业，致力于参与区域内小微企业的融资行为和成长业务。

北部湾银行通过积极参加与小微企业融资活动相关的业内活动，如"民微首贷""百行进万企"等，满足小微企业融资需求。公司小微企业金融服务中心推出的信贷品种——"小微 OK 贷"和"北部湾小微贷"系列拥有十余种惠及各行各业小微企业的产品，其特点是线上进行、申请材料简单、快速放款、担保方式灵活、利率优惠。授信额度最高可达 1000 万元，有效缩短了小微企业办理信贷的时间且放宽了小微企业的贷款额度空间。同时，北部湾银行实行担保人制度并且不需要任何抵押，为小微企业免去了贷款的众多手续和对抵押物进行评估的费用。

公司还利用金融科技手段，优化小微企业线上办理审批贷款流程和为小微企业引流。通过打造完善"数字小微"系统，坚定走小微数字化步伐，并且将金融产品融入客户的生活场景，多样化全线上流程微贷产品，在很大程度上提升了小微企业贷款的获客率、审批率和通过率（陈前总，2019）。

表 10-14 显示，北部湾银行对小微企业的普惠贷款余额在 2017—2021 年

呈现大幅增加的态势。2017 年末普惠型小微企业贷款余额 48.02 亿元，2021 年末普惠型小微企业贷款余额 192.82 亿元，5 年增长了 3 倍。2018 年小微企业贷款户数过万；2021 年，发放低利率"桂惠贷"137.66 亿元，其中投向小微企业 97 亿元，占比 70.46%，落实了"面向小微"的发展战略。

表 10-14　2017—2021 年北部湾银行普惠小微企业贷款余额情况

年份	贷款余额（亿元）	增速（%）	贷款户数（家）
2017	48.02	—	7944
2018	72.32	50.60	13297
2019	95.01	31.37	13513
2020	134.20	41.25	—
2021	192.82	43.68	—

注："—"表示数据在该年年报中未披露。

资料来源：2017—2021 年北部湾银行社会责任报告。

三、服务乡村振兴

北部湾银行不仅在组织布局上支持乡村振兴，还开发适宜当地经济发展的金融产品，以实际行动支持乡村经济的繁荣和发展。

首先，北部湾银行在总—分—支各机构层面建立小微金融部或乡村振兴部。继出资组建田东北部湾村镇银行之后，又于 2011 年先后运营宾阳北部湾村镇银行、岑溪北部湾村镇银行。截至 2021 年末，北部湾银行已成立 50 个县域支行，拥有 24 个村镇银行网点，实现了广西北部湾经济区 6 个城市市县机构全覆盖，得以深入县域开展"三农"金融服务，助推村镇经济发展。

其次，北部湾银行建立了县域机构产品及标准化服务体系，向县域客户群提供个性化金融产品和方案。先是推出标准化的利率优惠、还款方式灵活的涉农信贷产品——"农链贷""惠农贷"等；后是深入乡镇，挖掘各市县的资源优势来打造富民产业，针对糖料蔗、水果、木材等特色种植业以及鸡鸭鱼、猪牛羊等养殖业，推出对应的"甘蔗贷""芒果贷""养殖贷"等信贷产品，支持乡村种植户、养殖户扩大生产，拓宽农村居民就业渠道，服务广西

"一县一业"特色产业规划，切实推动巩固脱贫攻坚成果同乡村振兴有效衔接。

此外，北部湾银行还参与农村的危房改造、道路建设、农田水利建设等基础设施项目，为乡村振兴提供资金支持。

表 10-15 显示，截至 2021 年末，北部湾银行的涉农贷款余额由 2017 年的 65.34 亿元增长到了 2021 年的 297.98 亿元，5 年增长了 3.6 倍，其间的年增速也很高。在广西的脱贫攻坚战中，北部湾银行每年的扶贫投入基本在百万元以上。公司对广西的乡村振兴事业提供了强有力的支持，同时，专注于低收益的涉农贷款也意味着低风险，有利于北部湾银行的长远稳健发展。[①]

表 10-15 2017—2021 年北部湾银行涉农款项情况

年份	涉农贷款余额（亿元）	年增速（%）	扶贫款项（万元）
2017	65.34	89.61	5000
2018	76.52	21.70	—
2019	114.29	49.36	258
2020	169.20	48.04	555.94
2021	297.98	76.11	—

注："—"表示数据在该年年报中未披露。

资料来源：2017—2021 年北部湾银行社会责任报告。

四、服务城市发展

北部湾银行通过提升南宁城市辐射力、促进都市圈与北部湾城市群的发展、服务西部陆海新通道建设等，不断增强服务地方经济发展的主力军作用，为城市经济发展贡献积极力量。

2016—2019 年，北部湾银行在保障性安居工程项目上的贷款余额由 0.43 亿元增加到 7.47 亿元。2019 年和 2020 年北部湾银行分别投放 30 亿元贷款余额和 60 亿元贷款余额建设五象总部基地、轨道交通、工业智能化、国际物流

---

① 赵语. 广西北部湾银行支农服务调查报告 [J]. 广西经济，2014（01）：62-64.

园区等南宁重要民生工程项目，助力城市民生、提升南宁城市品质和都市圈的影响力。

对于北部湾城市群的发展，截至 2020 年末，北部湾银行通过各种金融产品组合，投放了近 50 亿元重点支持北海、钦州、崇左、防城港、玉林等地区的重点基础设施建设、港口码头建设、生态环境项目、重点民生工程等。2019 年围绕钦州和崇左自贸片区的各项建设，分别精准投放 17.3 亿元和 19.126 亿元，有力支持了沿海与沿边城市的经济发展。

此外，北部湾银行还通过重点支持玉林交通旅游投资集团铁山港东岸码头、北海市工业园区、柳州东通集团轨道交通、南宁城投集团物流园区、广西旅游发展集团旅游产业、玉林福绵机场等工程项目，助力西部陆海新通道的建成。同时，北部湾银行对接粤港澳大湾区，2020 年累计对珠江—西江经济带地方投放余额超 300 亿元，助力广西地方抓住大湾区产业转移的机遇期，实现区域合作发展。

五、服务产业发展

北部湾银行围绕广西重大发展战略，主动服务传统产业的"二次创业"，为战略性新兴产业提供资金支持，同时，以"环境为本"为宗旨加快发展绿色金融，加大绿色金融供给，助力区域现代化经济体系的建设和产业振兴。

北部湾银行大力支持汽车、机械、铝业、冶金及有色金属产业、化工和糖业等传统产业"二次创业"，持续助力相关产业结构升级、业务发展转型。表 10-16 显示，首先，从 2016—2020 年，北部湾银行给予传统产业的贷款余额由 30.68 亿元上升到 254.50 亿元，年均增速 52.67%。其次，截至 2021 年初，公司给予 17 家制糖以及涉糖企业贷款 36.51 亿元，贴现业务 11.24 亿元，有效提高了广西糖料蔗生产水平，促进制糖产业持续健康发展。再次，为助力广西高质量发展，北部湾银行还重点支持具有行业前景、核心技术、成长性较好的高端产业，给予战略性新兴产业的贷款余额由 2016 年的 0.62 亿元提升到 2020 年的 10.65 亿元，数额 5 年增长了 16 倍，为实体经济的发展注入了金融的力量。最后，北部湾银行积极响应国家碳达峰碳中和的"双碳"目标，不仅发行了绿色金融债，还通过与南宁市共建广西（南宁）碳金融与绿色发展创新联合实验室来研究绿色产业，为广西绿色金融发展出谋划策，将生态环境转化为广西的发展优势，助力壮美广西的建设；为产业结构转型提供绿色动力，从 2016—2020 年的 5 年间绿色信贷由 12.50 亿元增加至 39.74亿元。

表 10-16　2016—2020 年北部湾银行产业发展服务情况

年份	传统产业贷款余额（亿元）	战略性新兴产业贷款余额（亿元）	绿色信贷余额（亿元）	环保项目数量（个）
2016	30.68	0.62	12.50	23
2017	51.30	2.43	14.76	85
2018	151.65	4.27	22.29	92
2019	200.81	4.25	37.11	100
2020	254.50	10.65	39.74	—

注："—"表示数据在该年年报中未披露。

资料来源：2016—2020 年北部湾银行社会责任报告。

总之，作为北部湾城市群和南宁都市圈的新兴金融机构，北部湾银行与区域经济之间的互动正不断加强。

附　录

附录一

附表1　2020年北部湾城市群主要指标及在全国和粤桂琼三省区中的位置

指标	2020年北部湾城市群合计	相当于全国（%）	相当于粤桂琼三省区（%）
国土面积	11.7平方千米	1.2	26.3
地级市	11个	3.8	28.2
县级市	11个	2.8	32.4
县	23个	1.8	26.4
民族县	1个	0.9	4.8
市辖区	29个	3.0	25.4
乡镇	668个	1.7	26.0
街道	156个	1.8	24.4
海岸线	5372千米	16.5	57.0
大陆海岸线	4234千米	13.0	46.4
国际陆地边境线	775千米	3.4	76.0
水资源总量*	724亿立方米	2.3	18.0
绿地面积	71499公顷	2.2	13.2
其中：公园绿地面积	15327公顷	1.9	12.1
工业颗粒物排放量*	43913吨	1.1	21.2
工业二氧化硫排放量*	36719吨	1.5	18.3
工业氮氧化物排放量*	90905吨	2.2	12.1
常住人口	4401万人	3.1	23.6
0~14岁人数	1064万人	4.2	28.3
15~59岁人数	2635万人	3.0	21.4
60岁以上人数	694万人	2.6	27.3
大学文化程度人口	507万人	2.3	19.1
高中（含中专）文化程度的人口	630万人	3.0	20.3
初中文化程度人口	1600万人	3.3	23.9
小学文化程度人口	1115万人	3.2	26.6
文盲人口	89万人	2.4	26.7

续表

指标	2020 年北部湾城市群合计	相当于全国（%）	相当于粤桂琼三省区（%）
城镇常住人口	2392 万人	2.7	18.9
城镇化率	54.4%	85.1	80.0
建成区面积	1360 平方千米	2.2	17.0
年末实有城市道路面积*	17627 万平方米	1.8	16.2
境内公路总里程*	107397 千米	2.1	27.3
公路密度*	92 千米/百平方千米	170.1	105.8
境内高速公路总里程*	3799 千米	2.4	20.6
高速公路比重*	3.5%	114.2	75.5
高速公路密度*	3.3 千米/百平方千米	194.3	79.9
公路客运量*	2 亿人	3.1	24.5
公路货运量*	12 亿吨	3.4	30.0
供气总量（煤气、天然气）	16 亿立方米	1.0	10.2
液化石油气供气总量	33 亿吨	3.9	10.3
普通高等学校*	77 所	2.8	27.2
中等职业教育学校*	205 所	2.1	28.9
普通中学*	1848 所	2.8	25.5
普通小学*	7250 所	4.6	35.4
普通高等学校专任教师数*	5 万人	2.8	26.0
中等职业教育学校专任教师数*	2 万人	2.3	26.2
普通中学专任教师数*	19 万人	3.3	26.1
普通小学专任教师数*	24 万人	3.7	26.8
普通本专科在校学生数*	113 万人	3.4	27.6
中等职业教育学校在校学生数*	53 万人	3.2	31.4
普通中学在校学生数*	269 万人	3.6	27.3
普通小学在校学生数*	441 万人	4.1	26.7
公共图书馆图书藏量*	2995 万册	2.5	13.8
博物馆数*	62 个	1.1	11.5
医院数*	679 个	1.9	22.7
医院床位数*	18 万张	2.5	24.5
执业（助理）医师数*	11 万人	2.6	22.9

指标	2020 年北部湾城市群合计	相当于全国（%）	相当于粤桂琼三省区（%）
城镇职工基本养老保险参保人数	725 万人	1.6	12.9
职工基本医疗保险参保人数	546 万人	1.6	7.9
失业保险参保人数	341 万人	1.6	8.2
地区生产总值（当年价）	22310 亿元	2.2	16.1
人均地区生产总值	48666 元	67.6	65.6
地均地区生产总值	1875 万元/平方千米	177.1	61.3
第一产业增加值	4015 亿元	5.2	42.5
第二产业增加值	6301 亿元	1.6	12.2
第三产业增加值	11995 亿元	2.2	15.5
地方一般公共预算收入	1391 亿元	1.4	11.8
地方一般公共预算支出	4227 亿元	2.0	18.4
其中：科学技术支出	390 亿元	0.7	4.2
教育支出	819 亿元	2.4	18.6
规模以上工业企业数*	5034 个	1.3	7.6
其中：内资企业	4598 个	1.3	8.6
港、澳、台商投资企业	263 个	1.3	3.2
外商投资企业	173 个	0.7	4.2
规模以上工业企业流动资产*	7460 亿元	1.1	7.4
规模以上工业企业利润*	894 亿元	1.3	8.3
城镇非私营单位从业人员期末人数*	372 万人	2.2	14.3
城镇非私营单位在岗职工工资总额*	3005 亿元	1.8	11.6
城镇非私营单位在岗职工平均工资*	90508 元	92.9	85.6
社会消费品零售总额	8573 亿元	2.2	17.1
限额以上批发零售商贸企业法人数*	4863 个	1.8	10.7
限额以上批发零售业商品销售总额*	14886 亿元	1.7	11.7
年末金融机构人民币各项存款余额*	32691 亿元	1.5	10.9
年末金融机构人民币各项贷款余额*	33620 亿元	1.9	14.5
商品房销售面积	5700 万平方米	3.2	25.5
其中：住宅	5023 万平方米	3.2	25.7
待售面积	1405 万平方米	2.8	17.9

续表

指标	2020 年北部湾城市群合计	相当于全国（％）	相当于粤桂琼三省区（％）
货物进口额	2705 亿元	1.9	9.0
货物出口额	2971 亿元	1.7	6.4
货物贸易开放度	25.4%	80.2	45.9

注：标"＊"者表示未包括海南省东方市、澄迈县、临高县和昌江黎族自治县等 4 个县市数据。由于相对于地级市而言 4 个县市数据很小，故大多数情况下标"＊"与不标"＊"的指标基本相近。

资料来源：根据 2021 年《中国统计年鉴》《中国城市统计年鉴》、全国和相关地区第七次全国人口普查统计公报以及统计年鉴等数据整理。

附录二

北部湾城市群空间结构中心性测度方法

一、经济首位度

衡量城市首位度的方法主要有两类，一类是衡量首位城市规模占整个城市群规模的占比，另一类是计算一定数量城市之间的规模比，包括两城市指数、四城市指数和十一城市指数。考虑到各种方法的优劣性和北部湾城市群的城市数量，最终使用十一城市指数度量城市的首位度。计算公式如下：

$$s = \frac{P_1}{P_2 + P_3 + \cdots + P_{11}}$$

式中，s 表示经济首位度，P_i 是经济规模从大到小排序后位于第 i 的区域的经济规模量（$i = 1, 2, \cdots, 11$）。

二、Mono 指数

Mono 指数是在城市位序规模法则的基础上计算得来的。[①] 城市位序规模

---

① 张鑫，沈清基，李豫泽. 中国十大城市群差异性及空间结构特征研究［J］. 城市规划学刊，2016（03）：36-44.

法则定义为:

$$\ln P_i = C - q \ln R_i$$

式中,P_i 是第 i 位城市的经济规模,C 为常数,R_i 为城市 i 的经济规模位序,q 为最小二乘回归斜率的绝对值。Mono 指数是用城市群经济规模最大的前两位、前三位和前四位城市计算所得 q 值的平均值来反映城市规模及中心的变动。从数值上看,若该值大于 1,表明核心城市很突出,城市群服从单中心首位分布;若该值小于 1,则表明城市群经济指标比较分散,城市之间规模差异较小,城市群服从多中心结构分布;若该值等于 1,则认为该城市体系完全服从齐普夫定律。从变化趋势上看,若该值逐步增大,说明城市群呈发散增长态势,此时中心大城市的增长快于中小城市;若该值减小,说明城市群呈收敛增长态势,小城市增长快于中心大城市;若该值保持不变,则说明城市群呈平衡增长态势,城市规模等级体系相对稳定。

三、Pareto 指数

Pareto 指数是城市群空间结构分形特征参数,描述城市群的空间结构网络与等级体系的关系,其值的高低反映了城市群空间结构总体特征,计算公式为:

$$P(K) = P_1 K - q$$

式中,$P(K)$ 是位序为 K 的城市的经济规模,K 为城市位序($K = 1$,2,$\cdots$,N;N 为城市群内部的城市总数),P_1 为首位城市的经济规模。令 $\alpha = \dfrac{1}{q}$,求得各城市的 α 值后取均值 $\overline{\alpha}$(令首位城市的 α 值为 1),即可得出城市群的 Pareto 指数。西方区域经济学的城市群空间结构分形维数研究假设若 $\overline{\alpha}$ 越接近 1,城市群的系统形态越好;若 $\overline{\alpha} = 1$,则城市群空间结构呈现分形特征;若 $\alpha > 1$,则城市群内大多数城市的实际规模大于理论规模,反之有 $0 < \alpha < 1$。

附表 2 2001—2020 年北部湾城市群 10 个地级市夜灯光数据均值及在全国地级市的排名

地区	2001年		2002年		2003年		2004年		2005年		2006年		2007年		2008年		2009年		2010年	
	均值	排名	均值	排名	均值	排名	均值	排名	均值	排名	均值	排名	均值	排名	均值	排名	均值	排名	均值	排名
南宁市	241.9	149	267.3	148	302.9	143	322.7	154	312.8	157	323.2	160	353.7	156	352.9	159	307.9	160	340.7	158
北海市	485.6	89	503.5	93	597.4	85	598.5	99	567.3	104	613.5	103	672.7	96	661.4	96	605.2	100	656.2	93
防城港市	106.3	220	122.8	217	166.9	200	183.2	215	169.0	219	191.3	210	203.2	212	194.7	215	160.3	219	173.7	221
钦州市	140.1	196	141.3	208	188.6	184	203.3	198	186.1	209	198.2	205	225.1	202	204.5	210	169.3	215	210.0	206
玉林市	201.9	166	196.8	176	232.4	169	258.4	180	241.5	180	261.2	178	288.1	177	293.6	174	260.6	176	281.8	176
崇左市	74.4	243	65.1	258	85.6	245	120.3	239	111.8	240	117.2	244	135.5	237	129.8	241	132.0	230	146.3	230
湛江市	393.6	108	416.5	112	479.9	104	495.7	116	443.7	145	490.8	120	533.1	118	530.1	118	497.9	120	506.0	120
茂名市	315.5	126	319.2	132	377.0	125	423.8	133	381.3	140	418.5	133	453.1	133	446.3	131	436.1	132	428.4	135
阳江市	294.4	133	329.9	128	372.0	126	435.4	127	414.7	128	418.4	134	468.1	127	434.7	133	442.1	129	449.2	127
海口市	775.0	46	830.7	46	905.4	41	996.9	45	950.9	48	1055.6	45	1041.1	46	1065.1	46	1057.9	46	970.6	46

地区	2011年		2012年		2013年		2014年		2015年		2016年		2017年		2018年		2019年		2020年	
	均值	排名	均值	排名	均值	排名	均值	排名	均值	排名	均值	排名	均值	排名	均值	排名	均值	排名	均值	排名
南宁市	405.7	156	370.0	157	437.3	149	458.1	151	476.9	150	464.8	152	454.2	150	459.0	146	538.1	147	500.3	148
北海市	792.6	89	736.9	89	848.8	88	889.5	90	849.7	97	850.4	95	891.4	92	786.1	96	923.4	96	861.7	96
防城港市	233.9	211	237.0	202	339.3	171	350.5	176	363.7	177	354.3	180	267.4	203	316.3	194	392.6	185	397.4	175
钦州市	271.2	195	230.4	207	359.8	164	352.7	175	376.3	172	369.5	174	311.1	186	383.3	169	428.4	174	379.7	178

续表

地区	2011 年		2012 年		2013 年		2014 年		2015 年		2016 年		2017 年		2018 年		2019 年		2020 年	
	均值	排名	均值	排名	均值	排名	均值	排名	均值	排名	均值	排名	均值	排名	均值	排名	均值	排名	均值	排名
玉林市	346.0	174	319.6	172	354.3	167	373.1	167	391.6	169	395.1	167	379.5	166	384.4	168	441.6	168	415.4	168
崇左市	170.5	233	153.1	236	241.1	212	248.1	217	243.5	224	266.2	215	246.2	213	256.7	217	297.1	215	290.9	210
湛江市	615.1	118	557.0	118	589.0	116	608.2	123	636.5	119	618.6	122	607.6	118	589.5	121	696.9	121	647.8	120
茂名市	507.0	132	479.9	129	455.4	144	498.4	142	520.5	143	512.0	140	493.1	142	478.8	142	574.3	141	533.8	140
阳江市	546.7	123	499.2	125	554.8	127	606.6	124	610.4	125	625.8	120	564.9	127	577.3	126	698.8	120	636.9	122
海口市	1168.7	45	1022.0	54	1234.5	38	1368.7	33	1303.8	37	1325.4	34	1450.0	31	1362.6	25	1566.4	28	1416.6	31

资料来源：作者计算整理。

年份	经济首位度	Mono 指数	Pareto 指数
2001	0.3184	0.5539	1.1831
2002	0.2833	0.4555	1.2793
2003	0.2921	0.4691	1.2673
2004	0.2812	0.4645	1.3141
2005	0.2857	0.5606	1.2987
2006	0.2737	0.4935	1.3368
2007	0.2641	0.4533	1.4018
2008	0.2637	0.4795	1.3969
2009	0.2398	0.3693	1.4729
2010	0.2631	0.4773	1.4399
2011	0.2430	0.3777	1.5303
2012	0.2677	0.4932	1.4323
2013	0.2482	0.5111	1.4815
2014	0.2299	0.4391	1.5413
2015	0.2278	0.4160	1.5942
2016	0.2321	0.4462	1.5666
2017	0.1979	0.3162	1.6836
2018	0.2144	0.3801	1.6487
2019	0.2091	0.3905	1.6928
2020	0.2257	0.4837	1.6213

资料来源：作者计算整理。

附表4　北部湾城市群 2001—2020 年 Moran's I

年份	Moran's I	z 值	p 值
2001	0.2588	3.7407	0.0002
2002	0.2685	3.7887	0.0002
2003	0.2615	3.7101	0.0002
2004	0.2665	3.7581	0.0002
2005	0.2520	3.5674	0.0004

续表

年份	Moran's I	z 值	p 值
2006	0.2770	3.8640	0.0001
2007	0.2744	3.8090	0.0001
2008	0.2646	3.6725	0.0002
2009	0.2871	3.9188	0.0001
2010	0.3000	4.1692	0.0000
2011	0.2908	3.9772	0.0000
2012	0.2804	3.8892	0.0001
2013	0.2668	3.6538	0.0003
2014	0.2709	3.6567	0.0002
2015	0.2745	3.7032	0.0002
2016	0.2572	3.4955	0.0005
2017	0.2856	3.7733	0.0002
2018	0.2801	3.7484	0.0002
2019	0.2835	3.7748	0.0002
2020	0.2585	3.4905	0.0005

资料来源：作者计算整理。

附表5 北部湾城市群各县域第五次至第七次人口
普查常住人口及城镇化率

地区	第五次人口普查		第六次人口普查		第七次人口普查	
	常住人口（万人）	城镇化率（%）	常住人口（万人）	城镇化率（%）	常住人口（万人）	城镇化率（%）
北流市	104.9	24.6	113.2	47.0	121.2	47.4
宾阳县	85.3	24.5	78.2	33.9	80.1	45.3
博白县	124.8	21.4	134.3	30.4	139.1	43.1
昌江县	22.0	45.4	22.4	47.8	23.2	60.7
澄迈县	43.5	26.2	46.7	39.4	49.8	60.4
赤坎区	22.6	100.0	28.5	97.6	39.0	97.8
大新县	31.4	14.1	29.7	19.8	28.3	36.0

续表

地区	第五次人口普查		第六次人口普查		第七次人口普查	
	常住人口 （万人）	城镇化率 （%）	常住人口 （万人）	城镇化率 （%）	常住人口 （万人）	城镇化率 （%）
儋州市	83.5	44.8	85.6	48.4	87.1	51.9
电白区	145.9	22.4	149.5	32.8	150.4	40.4
东方市	35.8	36.4	40.8	37.6	44.4	58.0
东兴市	10.8	60.5	14.5	63.8	21.6	72.0
防城区	31.6	35.5	36.3	45.0	39.1	54.0
扶绥县	36.6	22.0	37.9	36.3	40.9	47.1
福绵区	—	—	37.9	29.4	31.9	41.9
港口区	10.6	65.6	15.5	74.5	24.4	84.2
高州市	121.9	32.3	128.9	27.4	132.9	36.9
海城区	27.3	100.0	34.9	93.8	52.8	—
合浦县	86.5	24.3	87.1	30.4	86.4	—
横县	89.0	15.0	86.3	26.9	89.6	41.5
化州市	100.8	31.7	117.9	27.2	129.2	36.6
江城区	53.8	77.3	53.5	77.8	67.4	84.2
江南区	19.3	100.0	56.8	72.9	99.0	83.4
江州区	—	—	31.7	40.5	43.5	60.9
雷州市	126.8	36.6	142.8	61.7	132.1	68.8
廉江市	120.6	30.6	141.8	59.8	136.3	67.5
良庆区	—	—	34.5	62.1	58.8	83.5
临高县	39.0	19.6	42.8	36.4	42.0	50.1
灵山县	114.1	12.6	115.3	23.2	121.8	32.1
龙华区	—	—	59.3	85.4	79.8	—
龙州县	25.6	18.5	22.2	30.3	23.2	35.6
隆安县	31.3	15.2	30.0	23.4	32.5	33.9
陆川县	71.8	16.8	76.2	33.1	80.4	45.3
麻章区	41.2	33.5	26.0	34.3	32.6	45.2
马山县	39.9	14.7	39.1	19.5	38.2	30.4

地区	第五次人口普查		第六次人口普查		第七次人口普查	
	常住人口（万人）	城镇化率（%）	常住人口（万人）	城镇化率（%）	常住人口（万人）	城镇化率（%）
茂南区	64.4	100.0	94.1	60.4	103.5	67.6
美兰区	—	—	62.4	78.2	85.3	82.6
宁明县	34.3	7.6	33.7	20.3	31.9	33.4
凭祥市	10.7	71.1	11.2	63.6	13.0	63.0
坡头区	32.9	25.7	33.3	34.8	33.8	43.4
浦北县	71.8	16.8	72.9	23.2	68.4	32.9
钦北区	52.7	21.7	308.0	30.7	330.2	42.0
钦南区	50.9	49.8	56.7	62.1	61.7	67.5
青秀区	—	—	71.0	86.4	112.4	93.5
琼山区	67.8	40.0	62.4	78.2	65.6	—
容县	62.1	21.5	63.3	33.9	65.5	42.4
上林县	38.0	16.0	34.4	25.6	35.9	34.1
上思县	20.5	19.2	20.4	23.2	19.5	36.6
遂溪县	80.7	25.8	89.7	28.5	82.5	35.1
天等县	31.1	9.1	33.1	18.7	28.0	31.0
铁山港区	14.6	43.0	14.3	22.5	14.6	—
吴川市	82.2	38.6	92.7	50.2	90.7	57.2
武鸣区	60.3	19.7	54.4	33.2	68.4	52.2
西乡塘区	—	—	115.6	83.3	164.4	90.7
霞山区	38.4	100.0	48.7	94.3	53.6	—
信宜市	90.8	30.4	91.4	36.5	101.5	41.3
兴宁区	13.2	100.0	39.9	79.3	61.5	87.8
兴业县	53.1	13.1	56.0	29.9	50.8	37.7
秀英区	15.6	53.5	35.0	58.9	56.7	78.6
徐闻县	61.6	23.7	69.8	58.8	63.3	62.4
阳春市	84.1	32.2	242.2	46.8	260.3	54.2
阳东区	41.0	28.8	44.3	44.7	47.8	51.5

续表

地区	第五次人口普查		第六次人口普查		第七次人口普查	
	常住人口（万人）	城镇化率（%）	常住人口（万人）	城镇化率（%）	常住人口（万人）	城镇化率（%）
阳西县	38.0	27.6	33.1	46.5	43.4	56.3
银海区	13.9	75.7	17.7	58.9	31.5	71.0
邕宁区	85.2	23.8	26.0	27.7	33.2	55.4
玉州区	91.8	53.2	67.7	71.9	90.8	81.9

资料来源：根据第五次、第六次和第七次全国人口普查数据计算整理。

参考文献

［1］安树伟. 都市圈内中小城市功能提升［M］. 北京：科学出版社，2019.

［2］曹海军. 城市政治理论［M］. 北京：北京大学出版社，2017.

［3］曾鹏，阚菲菲，韦正委. 广西城市经济地理：结构演进与空间布局［M］. 南昌：江西人民出版社，2009.

［4］陈林杰，张家寿，赵禹骅. 广西北部湾经济区产业布局优化研究［M］. 北京：人民出版社，2011.

［5］成伟光. 国际区域经济合作新高地探索［M］. 北京：社会科学文献出版社，2013.

［6］董光器. 城市总体规划［M］. 南京：东南大学出版社，2017.

［7］范祚军. 区域开发与金融支撑：以环北部湾经济区开发为例［M］. 北京：人民出版社，2011.

［8］方创琳. 中国城市群地图集［M］. 北京：科学出版社，2020.

［9］方创琳，鲍超，马海涛. 2016 中国城市群发展报告［M］. 北京：科学出版社，2016.

［10］广西壮族自治区北部湾经济区和东盟开放合作办公室，广西社会科学院，广西北部湾发展研究院. 广西北部湾经济区开放开发报告（2014—2015）［M］. 北京：社会科学文献出版社，2016.

［11］国家发展和改革委员会，自然资源部. 中国海洋经济发展报告（2021）［M］. 北京：海洋出版社，2022.

［12］韩立民. 海洋产业布局的基本理论研究［M］. 青岛：中国海洋大学

出版社，2010.

[13] 韩小明. 经济可持续发展与产业结构演进 [M]. 北京：中国人民大学出版社，2014.

[14] 胡宝清，等. 北部湾科学数据共享平台构建与决策支持系统研究及应用 [M]. 北京：科学出版社，2016.

[15] 黎昌珍. 广西北部湾经济区基础人力资本投入研究 [M]. 北京：中国社会科学出版社，2011.

[16] 黎鹏. 提升沿边开放与加强跨国区域合作研究：以 CAFTA 背景下中国西南边境跨国区域为例 [M]. 北京：经济科学出版社，2012.

[17] 李红，韦永贵，等. 广西经济地理 [M]. 北京：经济管理出版社，2022.

[18] 李红. 边境经济：中国与东盟区域合作的切入点 [M]. 澳门：澳门学者同盟，2008.

[19] 梁双陆. 边疆经济学：国际区域经济一体化与中国边疆经济发展 [M]. 北京：人民出版社，2010.

[20] 刘容子. 中国区域海洋学：海洋经济学 [M]. 北京：海洋出版社，2012.

[21] 柳思维，唐红涛，等. 城市商圈论 [M]. 北京：中国人民大学出版社，2012.

[22] 马大正. 中国边疆经略史 [M]. 郑州：中州古籍出版社，2000.

[23] 马军伟. 中国城市群效率评价及驱动机制研究 [M]. 南京：南京大学出版社，2021.

[24] 莫秀蓉. 建国以来中国产业结构思想演进研究 [M]. 北京：中国人民大学出版社，2016.

[25] 宁越敏. 中国城市群选择与培育的新探索 [M]. 北京：科学出版社，2015.

[26] 邵赤平. 城市商业银行发展之路 [M]. 太原：山西经济出版社，2018.

［27］孙尚志. 中国环北部湾地区总体开发与协调发展研究［M］. 北京：气象出版社，1997.

［28］王燕祥，张丽君. 西部边境城市发展模式研究［M］. 大连：东北财经大学出版社，2002.

［29］王竹君. 金融发展支持实体经济研究［M］. 南京：南京大学出版社，2017.

［30］韦海鸣. 广西北部湾经济区经济整合研究［M］. 北京：中国经济出版社，2009.

［31］吴进红. 绿色发展与产业结构变迁［M］. 南京：南京大学出版社，2019.

［32］吴永超，谢正娟，等. 金融结构、实体经济与金融宏观调控［M］. 成都：四川大学出版社，2017.

［33］吴中超. 产业结构与金融结构优化下区域创新产融模式研究［M］. 成都：四川大学出版社，2018.

［34］夏飞，等. 中国南海海陆经济一体化研究［M］. 北京：中国社会科学出版社，2013.

［35］肖金城，袁朱. 经济引擎：中国城市群［M］. 重庆：重庆大学出版社，2022.

［36］杨鹏. 通道经济：区域经济发展的新兴模式［M］. 北京：中国经济出版社，2012.

［37］姚士谋，陈振光，朱英明. 中国城市群［M］. 合肥：中国科学技术大学出版社，1992.

［38］姚士谋，周春山，等. 中国城市群新论［M］. 北京：科学出版社，2016.

［39］叶大凤，王天维. 广西北部湾经济区政策创新研究［M］. 北京：经济管理出版社，2015.

［40］袁少芬，李红. 民族文化与经济互动［M］. 北京：民族出版社，2004.

［41］张京祥，罗震东，何建颐. 体制转型与中国城市空间重构［M］. 南京：东南大学出版社，2007.

［42］张丽君. 毗邻中外边境城市功能互动研究［M］. 北京：中国经济出版社，2006.

［43］张炜，方堃. 中国海疆通史［M］. 郑州：中州古籍出版社，2003.

［44］张协奎，等. 广西北部湾经济区城市群可持续发展研究［M］. 北京：中国财政经济出版社，2009.

［45］张协奎，等. 广西北部湾经济区协同创新研究［M］. 北京：中国社会科学出版社，2017.

［46］张学良，等. 2015 中国区域经济发展报告：中国城市群可持续发展（2016）［M］. 北京：人民出版社，2016.

［47］张耀光. 中国海洋经济地理学［M］. 南京：东南大学出版社，2015.

［48］张云，等. 广西北部湾经济区资源环境与社会经济发展研究［M］. 北京：经济科学出版社，2019.

［49］中共广西壮族自治区委员会宣传部. 泛北部湾经济合作读本［M］. 桂林：广西师范大学出版社，2007.

［50］Bastos P., Lovo S., Varela G., Hagemejerk J. Economic Integration, Industrial Structure, and Catch-Up Growth：Firm-Level Evidence from Poland［R］. Washington DC：The World Bank，2022-03-29.

［51］Chen, K., Y., & Kwan, C., H. Asia's Borderless Economy：The Emergence of Subregional Economic Zones［M］. Australia：Allen and Unwin，1997.

［52］Lösch, A. The Economics of Location［M］. New Haven：Yale University Press，1952.

［53］National Research Council et al. Perspectives on UrbanInfrastructure［M］. National Academies Press，1984.

［54］Yang X., Jiang S. (Eds.) Challenges Towards Ecological Sustainability in China：An Interdisciplinary Perspective［M］. Switzerland：Springer，2019.

后　记

2017 年 7 月 7 日，在上海财经大学举办的中国城市群发展高端论坛暨中国城市群研究联盟成立会上，我们被委以撰写《北部湾城市群》的任务。经过多时准备，如今，作为国家自然科学基金项目"北部湾城市成群结圈的文化动力机制研究"（批准号：72163002）的阶段成果，本书幸得以出版。

全书框架和各章提纲由李红确定，各部分的初稿完成人分别为：绪论（李红）；第一章（李红、李艳泓、刘雨婷）；第二章（甘志捷、李艳泓、李红）；第三章（韦明君、廖佳逸、李红）；第四章（麦韬、李红）；第五章（覃巧玲）；第六章（刘伟平、李红）；第七章（朱明敏）；第八章（农方）；第九章（杨倩、李红）；第十章（覃雨宜、李红）。通过十余次的审稿会，最后由李红完成统稿和校对。在编写过程中，韦永贵、周菁、卢万国、许露元、欧晓静对书稿的推进也作出了贡献。

针对新兴的北部湾城市群，本书重点分析其 2000 年以来的发展过程，侧重从经济地理角度，通过从全国、省域、市域及县域层面的数据对比以及个案分析，描述 20 余年来北部湾城市群在发展条件、基础设施、产业结构、空间结构、向海经济、外向型经济、空间治理与区域协作、生态文明建设以及典型企业方面的演进与成长。尽管准备了六七年时间，但囿于笔者的视野和能力，本书仍然只是关于北部湾城市群的初步探索结果，当今的智慧城市、城市网络等新主题，尚未能包括进来。期待未来有更精深的专题研究。

感谢上海财经大学及中国高校城市群研究联盟的推动。感谢广西大学经济学院/中国—东盟金融合作学院、边疆经济研究院的支持。感谢中国商务出版社编辑的严谨修审，让书稿得以增色并出版。

关注边远地区、边缘群体及边疆发展，是一个社会健康和成熟发展的体现。本书的出版恰逢其时，幸甚。在恳请读者批评指正的同时，期待更多的相关研究成果问世。

李　红

2023. 2